识人九段

一套从表层行为到深层内核的九段识人体系

姜振宇 著

中国出版集团有限公司
研究出版社

图书在版编目（CIP）数据

识人九段 / 姜振宇著 . -- 北京 : 研究出版社 ,
2025. 6. -- ISBN 978-7-5199-1930-6
Ⅰ . C912.11-49
中国国家版本馆 CIP 数据核字第 2025RZ4433 号

出 品 人：陈建军
总 编 辑：丁　波
策划编辑：于　彬
责任编辑：于　彬
责任校对：杨芳云　林娜

《识人九段》

姜振宇 著
研究出版社 出版发行
（100006　北京市东城区灯市口大街 100 号华腾商务楼）
北京隆昌伟业印刷有限公司印刷　新华书店经销
2025 年 6 月第 1 版　2026 年 1 月第 2 次印刷
开本：710×1000mm　1/16　印张：21
字数：243 千字
ISBN 978-7-5199-1930-6　定价：79.00 元
电话（010）64217619　64217652（发行部）
59901966（心理学）

目　录

第二部分 勘验过去

第三部分 评估核心

第四部分　预判未来

自　序

识人，我是有研究的。

我曾经做过18年大学老师,组织数百名学生做过多不胜数的关于心理应激微反应的观察分析实验。

同时进行的还有15年司法案件研究。我参与过400多次案件侦查，面谈分析过近千名犯罪嫌疑人，判断准确率与传统测谎仪结论重合度超过90%。

为了科普，我还参加过很多电视节目，结识了很多娱乐圈的朋友，也见证过很多素人和明星台前幕后的表现。

另有5年，为了见识更多类型的真人，经历更复杂游戏规则的训练，我曾专职做风险投资人，主要负责对创业者的面谈分析，经手项目过千，所有项目涉及的投资金额累计超2亿美元。在这5年中，我对创业者做出的风险分析报告几乎全部得到事实验证。

每天保持学习，阅读海量文献，分析海量录像。

这本书也写了5年，以风险投资人的视角为切入点，提炼并打磨出了九段识人法则，建立了体系化识人、用人的评估思路，给出了细致入微的观察方法。

九段识人法则大体分成四个阶段：**防止被骗，勘验过去，评估核心，预判未来**。

具体来说，依次分为以下九个步骤。

人设破解，主要用于防止被对方身份光环所误导，被其人设伪装所欺骗。

接近真相，通过专业的聊天方法，观察对方的真实心理波动，获得有效信息。

底层储备，用体系化的提问方式考量一个人的真实技能水平，判断其与一件事情是否契合，起点是否健康。

知行高效，通过目标、方法和知行合一的能力来判断一个人的效率，做事情效率越高获得成功的概率越大。

升维思考，头脑的升维思考能力非常重要，具备回溯推理、战略前瞻和俯瞰全局能力的人具备坚韧、自信和乐观的品质，面对问题有能力找到更好的解决方案。

容人有度，主要看一个人能容什么人，容多少人，如何容人。客观上，要做的事情越大，要容纳的人数就越多、人的类型就越复杂。

情绪稳定，讲述了情绪稳定的正确定义、重要作用和评估方法。情绪稳定可以在未来保底。

心态开放，高开放度的人学习快、进步快、解决问题的方法多样有效；低开放度的人则固执、死板、难以交流，容易推卸责任和爆发情绪。开放度高低决定一个人未来发展空间的大小。

使命愿景，一个人持有的使命愿景决定了他能走多远、做多强。

当然，使命愿景也有些相关漂亮的辞藻和流行的语汇，我们需要加以客观甄别。

我在书中列举了大量真实的人和事，结合当前最先进的心理学知识，组建了这一识人体系，并命名为九段识人法则，以飨诸君。希望有助于您系统而准确地理解一个人，找对那个可能对您具有重大意义的人，助您大展宏图！

第一部分

防止被骗

第一段　人设破解

想要看准人，入门级段位的目标是**不要被骗**。

普通的骗子随便编一编、演一演，就可能骗到普通人。

高级的骗子会更用心，当他们做到九真一假时，就能骗到很聪明的人，给他们造成很大的损失。我们先讲一个投资失败的案例，这里的骗子最终造成的损失，可不仅仅是几百万美元的投资款。

1. 投资失败的案例

几年前，一家美元基金曾经投资过一个创始人，这家美元基金一度非常注重“**投人**”的策略，专门组织力量寻找有潜力的创业者。大厂离职的高管是他们特别喜欢的一类人群。

我们简称这个创始人叫小张。

小张那时还没过30岁生日，是一个顶级互联网大厂离职出来的产品经理，在大厂里带过一个20多人的团队，开发过一款非常火爆的产品。尽职调查发现他的各项工作履历属实，可以确认其基本的开发经验和业务能力。所以，小张刚刚宣布要创业，这家基金就安排人去和他见面。作为专业的风险投资基金，他们的想法是：越早“捞”到厉害的人，越早成为他的股东，后面盈利空间就越大。

见面后，双方依次聊了以下几个问题。

首先，聊的是**核心业务**。

小张此前的经验是开发社交产品，他对开发过程和技术核心理解透彻，带队开发的产品市场表现也很好，业务经验丰富。现在出来创业也是要继续开发理想的社交产品，离职原因是小张认为“大厂能给的资源是有限的，对自己的开发设想有很多限制”。

其次，聊到**市场竞品**。

小张对社交产品的理解比较专业，对所谈及的国内外社交产品都有自己的见解，观点准确、思考深刻，包括 Facebook、Instagram、当时的 Twitter、中国的同类产品等。他对这些软件的历史、各自的特点、用户人群、用户数量、传播影响、收入状况等都如数家珍，条理清晰，所谈的内容能让投资人感觉有收获。这说明他对自己未来创业的赛道具备比较专业的认知水平。

然后，话题自然转到他的**个人爱好**。

小张说自己非常喜欢音乐，从高中开始就做过自己的乐队，会弹吉他，大学有过演出经历。虽然算不上职业乐手，但乐理知识储备、音乐欣赏品味和实操经验肯定远超普通爱好者，关键是对音乐不仅仅有表演的欲望，还有更深的兴趣和思考。他说，希望创业做出来的新产品里可以把音乐社交作为一个亮点。

自然而然，接下来聊他**个人的好恶**。

小张强调自己比较内向，甚至有点社交障碍，跟人打交道的时候会感觉有点累心。平时喜欢思考，不喜欢发朋友圈——他认为这种交流或者表达是肤浅的，对他来说意义不大。他只喜欢在一些自己加入的特定群组里发表观点，和特定的人群进行探讨交流。他喜欢用比较高级的思维去理解这个现实的世界，用战略思维来指导战术。所以，平时非常喜欢阅读各类书籍。

投资人也喜欢读书，便随口问了一句："你最近在读什么书？"

他停顿了几秒钟，看神情是在快速思考或者回忆，然后略有迟疑地回答说："我最近在看《呐喊》《彷徨》。"

"鲁迅的小说集？"他的这个回答让投资人产生了兴趣。

"是。我觉得鲁迅精神在我们这个时代还是非常需要的，尤其对我创业来讲。"他坚持了一下。

"我也很喜欢啊！从高中开始就反复阅读了。"投资人希望小张能多聊聊他的思考。

小张的身体和眼神同时缩了缩，在明显犹豫了一秒钟之后，讲了一些投资人想听的内容："我觉得创业其实就是和大众打交道，了解未来的用户，就能更好地做出产品。鲁迅笔下的人群其实非常经典，虽然过去了几十年，但依然可以作为我们了解用户的好教材。"

投资人立刻知道，对方会有很多"正确"的话会继续讲出来，后面的交流会变得低效，于是便换了个方向，微调了一下细节问题："你刚才说最近一直在读这两本吗？"

小张目光闪烁了一下，回答："嗯。"

可能他从来没见过一个投资人会愿意跟他聊鲁迅的小说吧。

投资人问："除了《狂人日记》《孔乙己》和《社戏》之外，我还特别喜欢里面的一篇《鸭的悲剧》。一个人先养了蝌蚪，希望听蛙鸣，后来不知为什么又养了一群鸭。最后的结局挺让人无奈的。"

小张认真听完，点点头，补充道："是，所以他老人家写的故事寓意都很深刻，这也是我喜欢读的原因。"

投资人心中一紧，微微笑了一下，结束了这个话题。

最后，聊了**未来创业的组织架构问题**，以及他自己也承认的弱项——和人打交道。

投资人直接讲了自己的担心："虽然此前的产品非常成功，技术能力和产品设计是有良好储备的，但是，职业经理人更像是部队中层指挥官：执行命令，完成任务。打仗的过程中，有人给你供粮食，有人给你供弹药，有人给你供情报，中层指挥官只要负责把阵地打下来就行，不需要操大心，不用做方方面面资源的整合。但是，当真正的老大就必须会从外部拿资源，对内部做管理，指对方向用对人，做出准确的判断并让手下人去执行。这两个角色操心的复杂程度和难度完全不一样。既然你觉得自己不擅长和人打交道，那么如何面对这个不可避免的挑战？"

小张的回答比较直白，自己擅长产品和技术，对人的经验确实不够强。但是，自己还是有亲近和信任的朋友的。目前，已经为团队找到了一个熟人作为内部管理的主力，这个人目前还没有完全离职，但已经口头答应加入创业团队。

会谈结束之后，这名投资人给领导汇报了过程，并给出了自己的建议：这个人有巨大的风险，不宜投资。

很可惜，当时社交产品是很流行的创业赛道，经过多方面数据的综合研判，基金最终的决定是不能因为创始人的一个小问题而否定更大的可能性，还是要投资。

这个案例讲完了。

当时正处于社交产品赛道火热的时候，基金都在抢优秀的创始人。那个时候，社交赛道的火热程度真的会让大家生怕错过。至少我知道在那之后的一年里，国内有三家比较著名的创业公司在同一天发布自己的新社交产品，这条赛道在当时的热度可见一斑。我也知道，很多投资人就是看那条赛道的风正在呜呜地刮，就往赛道里投钱，想万一捞到大鱼呢。

这个案例想提问的是：创始人身上的风险（可能看起来很不起眼），和一个火热的大趋势，你更愿意选择哪个？

现在，我来回答小张身上的问题。他的问题到底出在哪里了？

小张身上其他都挺好，但埋设了**人设陷阱**，这也是九段识人法则第一段必须破解的问题。

他的身份、阅历、能力都是真实的，但在交谈的过程中，犯了撒谎的错误。投资人聊天过程中问起了小张的个人喜恶。聊个人喜恶表面上看起来跟业务没关系，但其实具备很大的价值，尤其是在看人的时候，可以更多面地了解一个人的头脑专注点和价值观，而且问题都在舒适区，一般不会有压迫感和进攻性，被问及的人不会反感。人不反感，就不会进行有针对性的掩饰或者伪装。**人在松弛的状态下也很难进行掩饰和伪装。**

他讲自己的爱好是为了表达自己的思想深度，所举的书籍是为了证明自己的思想深度。《呐喊》《彷徨》是高中阶段的推荐书目，鲁迅的故事的确有思考空间，对人性的介绍也很真实，选这两本书本没有错。可惜，那篇蝌蚪和鸭子的故事，名字是《鸭的喜剧》而不是《鸭的悲剧》，如果真的是常读的手边书，这个地方不会将就。再加上讨论书籍这一段他的神情显得惶恐，所以那名投资人当时判断他并没有如他所言那么爱读书。

令很多投资人感到困惑的一个问题是：难道一个创业者有些地方作假，道德上有瑕疵，就不能对其进行投资吗？人无完人，历史上有很多有道德瑕疵的人就是很好的创业者，公司做得很大，投资人赚得盆满钵满，这个小小的地方怎么能作为评判和否定的标准呢？

我们只能用事实来说话。

一年后，为了下一轮融资，小张的公司购买了大量手机用于数据造假，意图也是骗得投资人的欣赏和信任。可惜，公司整体造假的难度比一个人信口而言的难度大很多，最后无法继续经营，基金对他的投资当然也就打了水漂。

在这个真实案例中，就是通过这么小的一点“瑕疵”，专业看人的投资人按照九段识人法则的第一个法则——人设破解，判断出小张在人设上做假，意在提升自己的思维深刻程度，这是一个性质很严重的伪装。和贫穷与否、美丽与否方面的伪装不一样，这个伪装是为了误导投资人对其公司和产品发展空间的判断。

假设小张只是一个懂技术、有作品、有经验的大厂经理，而没有更高级的思维和愿景，投资人对他的预期就不会那么高。小张也知道这一点，所以在言谈中或有意或无意地对自己进行了人设包装。这就是那种很容易让人上当的九真一假。

2."真我"难见

人和人一起做事情。对人判断得准，事情就会做得好;被人骗了，事情肯定会搞砸。

如果你需要见一个人，那就不要无所谓，需要打起精神来。

动脑的人掌握生产力，不动脑的人容易成为生产资料。

那么，现在请接收第一个惊人的事实:几乎人人都有人设。甚至，一个你已经见过很多次且觉得自己熟识的人，你所了解的也未必都是那个人的"真我"。

大家看下面的数轴。

数轴的起点是“真我”,里面的问号就是那个人的真面目。真我可能是好人，可能是坏人，也可能是普通人，有优点也有缺点，有风险也有利益。各种各样的可能性都有。

普通相识看清楚“真我”很难，甚至有些夫妻相处多年也未必知道对方的“真我”。什么时候才可以看到一个人的真面目？

只有深度相处，经历过利益、情感、过程和结果，并经过大量的事实验证后，才有可能看到“真我”。

从“真我”的起点开始,数轴向右的方向代表人设包装。越向右，也就意味着离“真我”越远。有些包装是放大，有些包装是收敛，有些甚至动用伪装的手段，可以装得很可怜、很恭顺、很卑微，也可以装得很英勇、很慷慨、很高贵。

你所遇到的每个人，其状态都在这个数轴上的某个点位上。按照正态分布的基本规律，“真我”状态极少，“全伪装”状态也极少，更多的人处于中间状态。至于你遇到的那个人以什么面貌呈现，就需要具体分析了。所以，你要注意对方在数轴上可能的点位。

了解“真我”的难度大，但不上当没有那么难。

3. 搞清游戏规则，推理对方动机

如果你要见一个人，你能确定自己是因为什么事情、遵循什么规则，才要和这个人见面交流吗？

有些场景非常清晰，比如风险投资，投资人有钱要投，创业公司需要钱做大，两者想的都是做大，目标是一致的。这是最容易理解的模式。当然，如果有一方并没有想做大，而是想套现，那情况就会相应复杂一些。

同样，生活里的恋爱约会、亲人聚会、体育训练，如果规则明确、动机清楚，这些事情处理起来就很简单。即便是工作中的项目会议、合同谈判、业务拓展、领导视察，规则和动机可以确认的话，也不会太复杂。

那么以下几件事情，你能确定人们心里的目的是什么吗？

· 飞盘兴趣小组线下活动；

· 相亲的时候，对方重点关注你的财产；

· 合同谈判之后，甲乙双方转至 KTV 唱歌；

· 你在出差的酒店里偶遇佳人主动搭讪。

只要人的动机一变，游戏规则就不再像表面那么清晰，如何应对就加倍复杂起来。

你以为玩飞盘是为了运动健身，也许人家是为了拍照；你以为相亲的时候应该谈感情，也许人家是为了骗钱；你以为去 KTV 唱歌是培养感情，也许人家是为了服从性训练；你以为佳人搭讪是因为你的个人魅力，也许人家是为了从你身上套情报。

不知道自己在什么游戏规则之中，不知道对方抱有什么动机，甚至不明确自己和对方交流的目的，那真的如同盲人摸虎、危险异常。

我们可以把常见的人类活动动机分成三种：任务、感情、欲望。

第一种是任务动机。

上面提到的飞盘兴趣小组线下活动，很多网红参加其中的任务就是拍照并在各个平台上发布，以获得关注、打造品牌或者获利。有很多人为了不同的任务在忙碌，大量的工作任务是明确的、直接的，也有一些工作任务需要欺骗和伪装，比如，在特定人下榻的酒店制造一场看似偶然的艳遇，然后通过建立亲密关系和威胁关系双管齐下的手段，实现套取情报的任务。

第二种是感情动机。

正经谈恋爱，就是最典型的感情动机行为。生活中的感情动机大概有爱情、亲情、友情、资源情这么几类，所有的感情建立都需要一个“**厚积薄发**”的过程，多相处、多积累才能产生真实的感情。这个特点掌握住，就不难判断感情的薄厚和真假。

第三种是欲望动机。

有些人做事不是为了完成任务，也不肯通过长期积累获得感情，只是为了满足心里的某种欲望。欲望有好的，比如保护欲或者帮助欲，即使没有回报也心甘情愿，能付出就很开心。欲望也有坏的，比如惦记着别人的钱、色、权、名，算计着怎么利用别人、战胜别人、伤害别人。

很重要的一点是，上述三类动机可能同时出现在同一个人身上。

人类的大脑可以并乐于处理多维度的复合信息，越是聪明人越喜欢这样。俩老板谈生意认识的，结果成了好兄弟；一对恋人谈感情，互相帮忙完成工作任务也无可厚非。同理，感情里有欲望很正常，任务里出现了某些欲望，也未必就是邪恶。

如果对方的动机是复合的，他们的大脑就必然会分个主次。我们的应对策略，也必然可以根据对方的主次来分出轻重。

总结：当你需要判断一个人的时候，第一步是尽量搞清楚你在打什么牌，对方的主动机是什么。倘若你用打麻将的心态来参与，但对方一心想玩掼蛋（一种扑克游戏），规则和动机的预判差异会导致你们双方效率不高，而且你的很多判断都会出错，因为你以为对方也是在打麻将。

搞清楚对方的主动机，才能在接下来的游戏中不至于混乱盲行。

知道了对方的动机，才可能更加准确地判断对方所有人设的真伪。

4.“人设三角函数”

每个人都希望别人是真诚的。

如果我们遇到的对手心灵非常纯净，展示出来的每一个信息都是真实的，讲出来的每一句话都是由衷的，那我们都会非常开心。世界如果是这样透明，那么好人的效率会很高，坏人一下就暴露了，根本没有作恶空间。

但其实你也知道这样的概率有多小。在大多数社交场合里，你都需要判断对手的人设在数轴的哪个点位上，甚至要计算对方伪装了多少、掩饰了什么真实信息。

经过对大量实证样本的统计我们知道，陌生人的伪装通常会从以下三个角度来实施：经济实力、身份角色、言谈举止。

经济实力人设

想要了解一个人的经济实力，最好的方式是调查取证，包括工作单位、收入水平、银行存款、有价证券、固定资产、花销流水、个税数据等等。如果有条件，上述客观信息收集得越多，对一个人经济实力的了解就越全面。

不过，这些调查对普通个人来讲颇有难度，如果是公对公的系统性造假，随着伪装手段的复杂性升级，调查手段也必然变得更复杂、更专业。

九段识人法则提供了另外一套简单有效的分析方法，可以用于没有条件调查或深交时，通过接触和观察对方的外在特征来简单判断其经济实力。

初次接触或浅层交往中，大部分人会通过衣食住行和随身物品来设定自己的经济实力人设，我们简称为外表人设。当双方有了更多相同的任务，或者产生了更多共同行为之后，才可能通过其他渠道了解对方的真正经济实力。所以，我们暂时用外表人设来举例，说明如何观察和分析。

讲究型

使用奢侈品牌或者是某个品类里的顶级产品，就是讲究型的典型代表。奢侈品牌的本质是两个特征：一是品质足够好，二是溢价的确高。某个品类里的顶级产品，比如某品牌旗下的顶级手机，虽然称不上奢侈品，但也没有其他竞品可以超越。服装、手机、手表、首饰、包、车，都是常用的人设物料。

真正财富充足的人选择奢侈品和顶级产品，其实是为了省心。因为这些产品的品质有保证，社交效用也很好，在购买的时候不用花大量时间去做比对和验证，所以成为富者首选。因为他们对自己的时间价值预期更高，比花心思找东西要高很多。

还有一部分人购买奢侈品和顶级产品的时候，财务上是吃力的。这部分人群的外表人设更多聚焦于其社交效用，也就是为了让自己更容易被认可。花掉几个月的储蓄精挑细选一件高端物品，既能让自己开心，也能让大家高看，这样的人也较为常见。

当然，还有在品质有保证的前提下希望追求美学和独特品味的人群，他们未必会选择大众熟知的奢侈品牌。一些小众品牌的设计、品质和价格也都上佳，更符合这类人群的使用体验和人设需求。他们对常见的奢侈品牌或过于流行的品牌持避而远之的态度，以表达自己不仅仅是有钱这么简单。

如果你看到了讲究型的人设，就既能看到其消费能力，也能看到人设的用心。

当你对他的高奢打扮和用品表示羡慕之后，如果发现对方平静中略带点轻蔑，说明这些是他的标配，只是“图个省心”而已；当你夸奖他的包或者鞋是高奢品牌限量款之后，如果发现对方神情中有些得意，说明其社交的意图更明显；当你能识别出他的小众品牌，并讲出其所代表的故事和含义，就已经基本上可以在对方那里建立好感，因为“人以群分”。《玫瑰的故事》中，黄亦玫（刘亦菲饰）去面试，偶然借了一条丝巾应急，被面试官苏更生（万茜饰）问及丝巾评价时，原原本本讲出了其背后的设计师和艺术追求，就立刻获得了巨大的好感，因为苏更生就是丝巾的主人。

当然，如果你识别出他的小众品牌，试图交流过程中却发现对方一无所知，说明这个人设选品不是他的特意为之，也许只是巧合而已，不代表任何复杂含义。

随性型

随性是指选品随性，没有明显的社交意图，不突出奢侈品牌，不突出花纹面料，不突出品类顶级，不讲究套装搭配，等等。

在北京市海淀区，有些行业大佬很有可能是骑着共享单车来聊商务的。映入眼帘的第一个形象，除了普通白 T 恤和牛仔裤外，夏天也许你还会看到人字拖。落座之后仔细观察的话，发现他的手机是去年的产品，屏幕上已经有了少许裂痕，衣服的品牌也大多是几百块的常见货。

有一个老笑话：在北京你同一天可能会遇到两个富豪，上午在东三环见到的一位全身西装革履、高奢品牌，下午在北三环海淀见的一位就是大裤衩、大拖鞋配搭一件老头衫。这两位的身家，真不一定谁更多。

这种随性的外表装备，肯定算不上讲究，和大多数普通人没有太大差别。然而，这一切代表他没有经济实力和消费能力吗？其实他们很有钱，这样随性的表象来自"不需要"。他所处的社交环境不需要精心打扮，不需要通过衣着用品获得社会认同，业务的促成和赚钱也不需要从头到脚的得体打扮。一个忙于内容生产的大佬很有可能同一件衣服买 7 件不同颜色，每天换着穿，目的就是省心、省时间，留出精力来做好他擅长的事情。

那么遇上随性穿搭的人，我们失去了表层判断依据，接下来应该怎么办？

答案是，通过言谈看他头脑的关注和思考。后面我们会详述。

在了解外表人设的类型之后，请大家避免犯两个低级的错误。

第一种，一看外表人设，"哇！一身富贵名牌，肯定有钱！我要全力投入，甚至以身相许！"

要知道，在外表人设方面，处心积虑的骗子比真富贵者会更用心，伪装出来的花样更多。如果你真的使用高奢不费心、不费力，其实也不需要动用技术来判断真伪，日常的大量信息自然而然会给你逐一验证。

另一种，一看外表人设，"过于普通，没有利用价值，滚一边去吧！"

这种想法容易让自己的判断变得非常狭隘，从而失去很多机会。更关键的是，这种思维模式是低级的，缺乏必要的实事求是心态，无法做出符合实际的最优判断。

脑袋空空的年轻人特别容易被外表人设欺骗，有些社会阅历的人就不会“以貌取人”，但他们特别容易上另外一个当——身份角色的人设陷阱。

身份角色人设

我们用“名片”这个词来统一指代身份角色的呈现形式，具体材质可以是传统纸质小卡片，也可以是用于手机传递的电子信息，大到会场出现在大屏幕上配有宏大音乐的巨幅信息，小到一个胸前的小徽章，都是身份角色的说明载体。在文中，我们统称为“名片”。

单一身份

如果一张名片上内容很简单，只写了一个身份，如某大学教授，然后是姓名，最后是联系方式，这样的名片你会如何看待？

现实生活中，单一身份的名片是简单有力的，因为方便查证。只有单一身份角色的话，要么真、要么假，对于造假者来说是很容易被识破的一件事，风险高。只要能通过相关渠道验证这个单一身份，就能获知身份的意义。所以，造假者通常不太会用这种方式来孤注一掷。如果信息为真，这张名片意味着很多，包括他的能力、阅历、资历、关系等等。

更重要的意义是，使用单一身份的人只需要或者只希望你关注到他的这一个身份，说明这是他投入最多时间和精力所建设的主身份，我们以此来判断一个人的底层储备（第三段中详述）更高效。如果真的有人会印制很多不同单一身份的名片，要么他极蠢，因为很容易造成交叉验证后的翻车，要么他有绝对能力保证这些身份不会相互冲突，这种像隐秘间谍一样的行为方式不在我们这本书里讨论。

零身份

还有一类人没有名片，见面现场交流后，感兴趣了可能会留下联系方式，甚至是随手写一个号码，也可能就此一别两散，淹没在人群里不见踪影。

零身份的确是非常特殊的存在。

第一类零身份的人是刚入社会的基层角色，身上职责少，能够提供的价值有限，还不具备身份。第二类零身份的人是一些名人，他们经过前期积累，已经具备了广泛的认可度，不需要名片身份作为自我介绍的载体。第三类零身份的人是一些更特殊的人，刻意隐瞒自己的身份线索，这样可以避免更多无意义的接触和互动，以节省时间精力，全力谋求更大的目标。

举个例子，按照《三国演义》的描述，诸葛亮就是第三类零身份人物的典型代表。在刘备三顾茅庐的时候，诸葛亮只是经由他人介绍的一个乡野文化青年，没有任何政治身份，表面上看是个零身份的小白。他后来在《出师表》中回顾这段历史时也说，“臣本布衣，躬耕于南阳，苟全性命于乱世，不求闻达于诸侯。”

但实际上，诸葛亮可不是真的小白。他的零身份背后，潜藏着一张显赫的、与政治有关的人脉网络。

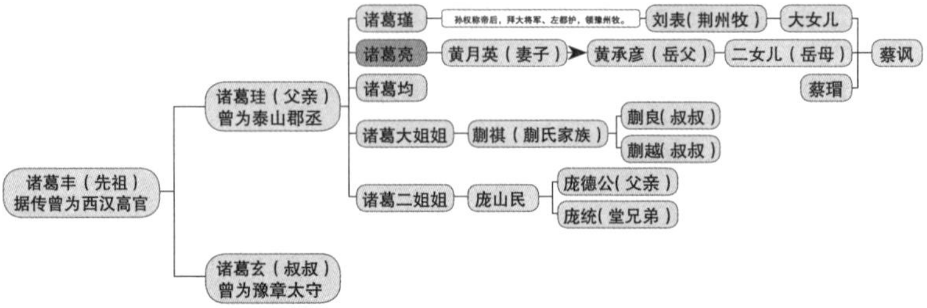

复合身份

另有一类人的名片，身份的位置会罗列 3 个以上的多种身份，包括但不限于董事长、执行董事、经理、委员、理事、会长、主任、教授、创始人等等。仅就字面意思来看，这属于兼职很多。那么，兼职很多并逐一罗列的背后蕴含着什么可能性呢？

第一种可能性是：此人能力极强，资源也极为丰富，可以每件事情都全心投入，以达成更多收获。

第二种可能性是：此人能力普通，像常人一样只能高度投入少量事情，其他身份的事情投入不多，收获可有可无，只是个身份而已。

第三种可能性是：此人没什么能力，这些身份有些真、有些假，只是用来社交的角色而已，因为有个身份比较好开口说话。至于投入度和收获，可以忽略不计。

每一个人的时间都是极为有限的宝贵资源，在这一点上每个人都是平等的。在有限的时间内能投入很多、收获很多，才是真的了不起。

无论要辨识的人在他的名片上给出了多少身份，我们的任务都是

确认其主身份。

确认一个人的主身份，不要依据各种“传说”，而是要看对方花时间和花精力在干什么。

如果我的名片上印有“识人九段课程主讲人”，那就看看我为这个课程的开发、讲授和推广投入了多少时间。如果经过信息搜集发现，我大量的时间都在训练综合格斗，还参加了职业比赛，那我真正的主身份就应该是综合格斗运动员。之所以没有拿这一项做主身份，也许是因为成绩不好拿不出手，也许是因为主观的梦想更希望成为讲课人，但只是梦想而已。谁不愿意拿高级点儿的身份来见人、见社会呢？

而实际上，对方所投入的时间和精力最多的事情（职业），才是他真正下本儿的事，那件事既决定了他的身份，也决定了他的水平。确认了主身份，才能让我们更容易拨云见日，见到更真切的对方。

最后，我们说说近几年流行的**斜杠青年。**

再重申一遍，多身份不代表一定是骗子。

有可能你遇到的多身份的人，在每个身份上付出的成本和取得的成果比较平均，这就是我们常说的斜杠青年。因为年轻，技能多、机会多、市场多，所以什么都做点儿。这种情况很难辨识出对方的主身份是什么，因为对方还在尝试期，**客观上没有确定主身份**。

遇到这一类人，可以得出一个清晰的结论：他之所以愿意同时把这些身份推送出来，是为了有更多机会获得接触和连接，也就是“大面撒网，捞一条算一条”，因为“技能多、机会多、市场多”。

总结：很多时候，身份与实际业务的关联是直接而扎实的，在健康的社交和简单的社会关系里，这一点本不必过虑，但是当社会活动鱼龙混杂后，的确会有一部分人做假，给自己设定一些易于引发联想的身份，目的是获得机会。

言谈举止人设

我们希望遇到的最理想的状态是，每个人都真诚，心口合一。

当然我们也知道，真诚到心口合一的人在真实的世界万里挑一。

我们开篇所讲的案例中，小张就是在努力雕琢自己的言谈举止人设，几乎做到了九真一假。懂得九段识人法则的投资人从中发现了破绽，并且是很关键的风险，所以才会给出不宜投资的建议。

还有些人的言谈举止或多或少带有一些“表演”风格。倒不是说这些表演风格的背后一定隐藏着什么害人的阴谋诡计，他们只是在尊重社会规则扮演着自己的社会角色，比如，严肃的警察、欢乐的艺人、宽厚的长者、精明的商人、礼貌的服务者等等。其中有些角色及其表达方式甚至是受过严格训练的表演，但目的只是为了符合规则并提高效率，减少在工作中自然人格的不必要冲突。

由此，我们必须要评估对方的言谈举止中的“**表演强度**”。

第一类简称为“熟练风范”。

这一类人的言谈举止具有明显的表演强度，有一套完整话术和肢体语言，近似于富有经验的主持人或者演讲者。他们的言行搭配流畅，毫无滞涩，与普通人相比具有明显的风格，就像一个演员在表演排练过很多次的成熟戏剧。

第二类简称为“多变油滑”。

这一类人的言谈举止不太认真,有明显的表演强度但是不太规范,总让人感觉“滑不留手”。常见的表现是随性不羁地讲点儿什么是非,或者先严肃认真地发表一个观点,转脸一笑拍拍你的肩膀说“刚才我是在开玩笑,千万别当真”,脸上和眼睛里还带有一丝神秘的笑意。观者很难确认他的真实意图,也没法进行有逻辑的深入交流。

表演强度大的本质是什么呢?

其背后一定是**此人受过训练且动机复杂**。对方的风格是经由大量专业训练或实践经验积累而来,他们并不希望观者能直接获知他们内心的真实想法。在这种情况下,如果你单方面希望通过真诚获得有效信息,就属于一厢情愿了。遇到这两类人,就必须提醒一下自己:和他们此时交流的效率不会太高。要等到他们表演结束后恢复正常的呼吸、眼神和语言节奏,我们才有可能获得更多真实的信息。

当然,我们依旧不能百分之百确认对方藏有恶意动机,也许他们所有表现仅仅来自习惯,甚至是出自弱势心态的自我保护性习惯。但即使是无意之间习惯使然,依旧说明对方没有直接投入真实意图,处于一个“不走心”的状态。

对于普通人来说,言谈举止的真诚和真实特征还是非常明显的——紧跟话题、逻辑顺畅、情绪鲜活。

没有复杂动机的人参与交流就会呈现出上述三个特征。紧跟话题是投入诚意的首要反应，他们对所交流的话题参与度高，关心，希望输入输出更多有效信息。在这种期待之下，无论是提问还是回答，或者从其他角度提供新的信息，都会存在和话题相关的逻辑衔接，而不会自说自话，不会忽略他人的感受，引入毫不相关的新话题。同时，因为投入鲜活的精力和关注，他们还会自然出现情绪的轻微波动，比如笑、尴尬、羞涩、得意、严肃，等等。

表演强度大的言谈举止，则会缺乏上述三个明显特征。

5.“反伪装三角函数”

伪装成富二代的小青年，为了骗钱骗色，不但编造一个上市公司的老板给自己当爸爸，还花了点儿成本租豪车、租别墅，一小部分涉世未深的少女就会吃这一套。伪装成精英的应聘人，为了加入大公司拿高薪，精心编制一份九真一假的简历，显得异常高级和出色，面试时的言谈举止也都像模像样，只有进厂之后才知道是人才还是祸害。即使没有华丽的外表人设，没有各种闪光的头衔，有些人仅凭言谈举止就能搞定目标，如果再加上相辅相成的外表和身份，这种全套伪装是很难识别的。

我们提出一套“反伪装三角函数”，给大家建立一个框架思维，用来系统性防止误判。

第一个关键点是：他的经济实力如何？他的头脑和他的挣钱模式匹配吗？

第二个关键点是：他的身份是真的吗？里面有多少水分？他的头脑和身份职责匹配吗？

第三个关键点是：他的言谈举止是否真诚？有没有明显的自相矛盾和破绽？如果有，他为什么要伪装？这个问题更多要依靠微反应的判断标准来识别，在我的作品《微表情》《微反应》《人心可测》和《掌控者》里有系统性介绍。使用专业的提问和交谈技术，稍微拉扯一下就能够看得出对方的言谈举止是不是有准备的表演。

外表的人设，是为了显示其消费能力或品味

如果有人想要伪造自己的经济实力，主要的伪装手段包括化妆整容、衣着服饰、随身用品，以及固定资产的展示。比如，穿一身名牌服装，用最高端的手机，开很酷的跑车或者聘个司机开豪车，带你到近郊别墅或海上游艇玩儿，提供名牌酒水和各种奢侈用品。遇到这样的人，你的本能预判会是什么？

又或者，长发花白盘于头顶，颏下长须，双眼微合，穿一身打了补丁的棉袍，手拿拂尘盘腿打坐。面对这样的人，你又会产生什么联想和判断？

请大家记住一件事，每一个人的穿着打扮都有意义。即使是非常真诚的人，也是按照自己大脑中存在的自我意象进行设计，通过化妆整容、衣着服饰、随身用品等外部事物来实现。即使是普通人，每天也会在出门前稍加搭配，以实现自己预期的样子。至于想要骗人的人，更是每个细节都有特定的目的，希望外界获得他想传达的特定信息，

从而达到特定目的。

身份的人设，是为了告知其社会价值

在现实中，的确有些人剃了光头、身着黄红相间的僧袍、脖子上挂着大串佛珠，双手合十、口诵佛号，自称为上师，就这样破绽百出还能获得弟子无数。这就是身份的伪装能够起到的直接而强劲的效果。

总裁、董事长、理事、委员、主席、教授、专家、艺术家、歌星、大厂高管，是目前社会上常见的身份。从好的方面想，这些身份可以代表高级认知和优质资源，但是，也必须小心其中有些身份可能只是空壳，甚至可能是个精心设计的陷阱。

现实中有个有趣的现象：一个人名片上的身份过三，往往越多越虚，需要小心面对。

究其原因也很简单，人的时间是有限资源，人脑算力也是有限资源，所以，在时间有限的情况下同时兼顾很多事情，大脑算力的分配肯定是有限的。也许有些特殊身份的确可以通过少量算力分配就可以实现，但这种四两拨千斤的能力对人的实际要求极高，需要此人认知达到高远的境界，更需要他的实力可以调动很多人助其实现意志。

更多名片头衔过三的目的，不是负责任地向外界介绍自己有多少好资源可以提供，而是为了有更多机会获取资源。

总结成一句话，知晓对方身份的同时要注意，这个身份后的真相未必符合你的想象。

言谈举止的人设，是为了影响他人判断

成功学大师最讲究其言谈举止。

“背叛我的人，我都给他 100 万，那忠诚我的人，将来就是几个亿了！”

“现在花钱，是为了赚钱，你现在花个十万八万，是为了之后赚个百万千万，这叫能量的变迁。”

虽然这些话在正常人听来都不值得搭理，但在付费买课的人那里就可能感觉值回票价。这种针对特定人群（层层筛选后）的话语编排和豪迈风格，就属于经典的言谈举止人设。

同样，那些专门卖保健品或理财产品给老年人的销售人员，先用免费送鸡蛋、大米等方式获客，建立关系和取得信任之后，再嘘寒问暖培养感情，最后寻找合适的机会讲述他们的主力产品。其所有的言谈举止都是经过培训和打磨的，因此确实可以获得（层层筛选后的）老年人的好感和信任，继而促成消费。这类言谈举止的编排和训练不求对所有人有效，但具备对特定人群的影响就已经可以获得远高于成本的收益。

要特别注意，不仅仅是骗子，**所有人的言谈举止都可以进行百分之百的编排、训练和造假**。如果他们的动机好，当然可以取得更好的效果；如果他们的动机恶，那么必然会有一些被他们锚定为目标的人群受骗，最终遭受损失。

遭受损失的人群中，不仅仅是买课的学员或者期待关怀的老年人，还有想要谈一场好的恋爱的年轻人、想要招聘到优秀员工的 HR、想要找到优秀合作伙伴的创业者、想要投资回报的投资人，我们都有可能一脚踏入言谈举止人设挖的坑。开篇所讲的实际投资案例中，小张就在言谈上进行了伪装，试图误导投资人在一个关键问题上对其产生信任。

你跟他之间的那件事价值越大，对方花心思做伪装的可能性就越大。这一点，往往只有伪装的一方心知肚明，而另一方较少具有清晰的思路去防备。我们并非在讲所有讲究穿着用度、身份地位和言谈举止的人都是骗子，这不客观也不公平，但是大家只要稍微用心总结一下，就会发现基本上精心的伪装都在上述三个方面。所以，看人的第一步，一定要把这套反伪装三角函数在脑子里逐一校验一遍，就能大幅提高避坑概率。

和人打交道，尤其是为了重要的事情和人打交道，一定要保持清醒，不要被“人设三角函数”的光环照得上头。能提防这些常见的人设陷阱，就已经取得了非常好的开局。我们当然希望遇到的人都真诚，这样就可以全心投入事情本身。不过，如果你遇到骗子，也不一定非要避而远之（通常也不允许），可以通过一些识人法则看清骗子的真面目，变被动为主动，掌握更多有效信息。

本段总结

我们在这一段介绍了九段识人法则的入门段位——人设破解。

每个人在社会上行走都或多或少带些人设，带人设出现不一定是骗局，但如果你很重视对方，就需要保持头脑清醒。

绝大部分人设是从经济实力、身份角色和言谈举止三个方面来展开的，所以，我们使用“反伪装三角函数”来作为分析框架，逐一进行判断。

第二段　接近真相

第二段位的目标是“接近真相”。

如果发现对方有人设伪装的迹象，接下来要做的事情不是揭穿，而是验证。

通过不动声色的聊天来验证我们的分析，不但能验证对方是不是在伪装，还能一定程度获知很多真实有效的情报，逐渐看穿对方的真面目。

1. 聊天验证伪装

对于不善于聊天的人来讲，和人聊天是个费脑筋的事。也有很多人看起来能和他人聊得热热闹闹，但既没有获得有效信息，也没有获得情感联结，属于无效聊天。

和人聊天的时候，我们很难像投资人或者面试官那样有权利把问题问得细致深入。比如，关于经济实力的问题，我们就不好问人家有多少钱、怎么挣钱、花多少钱；关于身份角色的问题，我们也不好直接问人家哪个业务是主项，哪个领域投入精力最多，这样有点粗鲁和略带侵犯性，效果肯定不好。

咱们得明白，对方未必是难以接近和充满防备的人，也未必是高高在上需要巴结的人，所以我们的出发点不是为了“撬开紧闭的嘴”或是谄媚攀附，而是获取更多有效信息，用来验证伪装。

我们可以聊一些“得体”的有效话题，核心规则是围绕着**对方感兴趣的话题**来聊。

以下五个方向作为建议：

方向一，聊对方愿意放大、突出、显摆、表现的内容。

在这个方向聊起来的话，验证结果很快会显现。因为对方有意显摆的背后动机就是希望引起其他人注意。这样一来，他愿意抛，你有意接，很快就能验证出大量信息。

例如，对方在外表人设里突出了他的服装品牌，或者对正在使用的新手机刻意显摆，或者因刚刚换了一辆新车满面春风，那么这些东西都可以用来交流。

“我也很喜欢他们家的衣服，这件应该是今年巴黎时装周主推的那款吧？”

“这款手机用起来怎么样？听说是全国产，速度快吗？我买的还在配送中。”

“最近这车爆火啊！听说大灯打出来的光还能拐弯儿，夜里驾驶感受还行吗？”

如果你懂的多，就有意让对方多说一点他的兴趣；如果你懂的不多也没有关系，用“好奇的请教”姿态，可以让对方给你讲讲他为啥有这些喜好。

再例如，对方的职位相关内容也是好话题。如果对方是个教授，那么可以就他的专业方向、课程安排等内容进行请教；如果对方是个理事会的会长，那么可以从这个理事会的作用以及理事会里的其他成员切入，听听对方讲述的内容。

更常见的场景，是**从对方的言谈举止中选择一些亮点或特点来切入**。例如，对方口中称诵“阿弥陀佛”或者引用“大音希声，大象无形”（语出《道德经》)，这些明显的亮点，已经足够开展一段交流和“请教”。如果对方主动讲一些专业特长，你会比较容易判断他的水平高低。如果对方主动聊起传统文化、历史典故、宏观经济、国际局势等话题，那么他的兴趣触点已经明显向外展开，等待产生某种联结。

当然，前提是你对他所聊的内容要有适当储备，不能在毫无基础的情况下硬接话，否则对话会无法继续，进而导致对方打消和你对话的兴致。

方向二，聊对方的兴趣爱好。

对方可能会主动放大这个话题方向，例如“我最近迷上了高尔夫”，也可能并不会主动说，因为关系还没近到聊私人爱好，这就需要我们更仔细地观察。

一个人的兴趣爱好既可以从外表人设中体现出来，也可能在他的身份人设中自然涵盖，不经意的言谈举止也会透露出很多信息。

有一次我见到一个明星艺人，爆红于20年前，再度出山来做节目。他应该不认识我，为人也比较平淡，没有太多寒暄的客气。我的印象非常深刻，当时他的手上拿了一串 108 颗直径 1 厘米左右的绿松石手串，很纯，没有其他的东西。显然他很喜欢这副手串，忙的时候缠在手腕上，不忙的时候就拿在手里把玩，只有轮到他录像的时候才不舍地拿下来，完成录像后又赶忙戴回手上。

他也许并非有意向其他人展示自己所爱，但这么突出的特征，显然就是可用来开启话题的关键词了。在适当的时候，先表达对东西的喜爱，然后讲讲自己与之相关的经历，再请教一下这东西的讲究和背后的故事以突出其品味，最后表达敬佩或赞许，这样一来一段好的聊天就能快速展开。同时也别忘了，我们的重点不是巴结谄媚，而是验证人设伪装。

当然，这个例子的前提还是你得有能开展交流的知识储备，你得知道这个东西是绿松石，且对方的东西是真货，这么纯的绿松石手串比较罕见就很贵，等等。否则不但不能获得信息，还会让对方在心里悄然把你推远一点儿。

遇到作家，尽管对方不会主动提及自己的作品，但聊他的作品细节是很有效的推进方式。

遇到奥运冠军，对方也不会主动提及自己的成绩，但聊他的比赛，聊伟大的成绩和胜利，总是好的推进方式。

在言谈举止中接收到的信息也是非常有效的提示。比如，遇到一个企业高管讲自己是马拉松爱好者或者电竞爱好者，跟他们聊这些你有储备的内容，都是好的推进方式。

依此类推，如发现对方有什么突出特征，包括但不限于爱吃什么、爱玩儿什么、喜欢去哪儿旅游、平常怎么锻炼等等，这些都是可以迅速拉近心理距离的话题。

方向三，聊双方拥有的共同话题。

前面两个方向是我们“凑近”对方的话题，而聊共同话题则可以让双方往一块“靠近”。有的时候，这需要提前做一些基本的信息搜集和准备工作，而有的时候是在聊天过程中发现自己和对方有一些共通的地方，这样的交流就能更加有效，情感联结也能变得深入。

常见的共同话题有成长的时代（年龄）、家乡记忆、读过的学校、学什么专业、曾在哪个城市等，这些都能够快速唤醒双方大脑中的相关记忆并激发熟悉的感受。例如，对方从事的行业是直播电商，恰好和你现在的行业一样，那么双方的思路就会很容易进入同一个神经通道，就可以聊一聊行业见解、现象、数据，甚至是相关的价值观。在这个交流过程中，你就能听得出来他有多深的涉猎、懂多少核心、价值观怎么样，甚至知道对方的自我评价如何，总之可以获得大量有效信息。

人类的大脑会对熟悉的信息产生自然而然的亲近感。诸如校友、老乡、同单位、同行业、共同喜爱的品牌等等，都会激发这种自然亲近的效果。比如你看到对方恰好也穿了你喜欢的某品牌的服装，不管自己当场是否也穿着同品牌，单凭“慧眼识珠”地认出来并表示赞许，就能让对方感受到某种“自己人”的亲近感。因为同品牌选择的背后，是很多相同的品味和认知。

类似的话题还有共同认识的朋友、最近看的电视剧、喜欢的公众人物等等。当然要特别小心，**不要一上来就表达出极大的热情，而要逐渐确认再升温**。因为品牌的选择不一定出于喜爱，还可能是偶然为之，如果一下子投入过猛，反而容易弄巧成拙。尤其是喜爱的公众人物或者文艺作品这种话题，如果对方表达喜爱仅仅是出于客气或随口敷衍，那么你的用力过猛反而会让对方避而远之。

方向四，聊公共社会话题。

如果你们既不是老乡，也不是同行，也不是校友，也没有共同的朋友或偶像，聊什么？

这个社会每天发生很多事情，总有些公共话题可以聊，包括世界大事、名人八卦、历史事件、时事新闻、网络热点等等，这些话题也是进行信息交换的常见手法。最关键的是，通常提起这些话题不会唐突，有意无意地随便抛出来一个，就有可能抓到对方的兴趣点，进而掌握主动权。

当然，也必须提醒大家，公共社会话题是把锋利的双刃剑，大家要小心。

在过去的十年里，很多人共同经历了一些重大的社会事件，有的发生在身边，有的发生在地球的远端。尽管经历是一样的，但立场和观点可能是针锋相对的。如果在这样的话题上不谨慎，一味地套近乎，就有可能造成对方的态度立刻改变。对方产生敌意，你若不在意，那倒无所谓，刚好察觉出一个不同观点的人。但倘若你很重视眼前的事和人，就要特别小心。我们现在不是打辩论会、不是要压制对方，而是要获取更多的有效信息，所以掌握对话的主控权，让对方多说，我们多听，来判断、验证和培养关系才是我们的目的。

方向五，聊情绪可以“破窗而入”。

有时候我们会遇到两类比较难交流的对象，即因为厌恶而抱有排斥心态的人，以及因为小心而抱有防范心态的人。他们不愿意开口，所以交流和分析的难度更大。不得已时我们还有一个角度可以切入，但使用时要拿捏好分寸。

聊情绪和感受，能立刻激活对方的杏仁核，可能会突破对方理性的约束。

情绪这种硬核的生理现象，是每个人大脑中的敏感点，只要被刺中必定有反应。

例如，在投资场景中，创始人一方因为某种原因不太积极。为了激活更多交流，我们可以这样提问：

“我发觉今天您好像不是特别有兴趣讲自己的融资计划，是有什么**困难**吗？”

“我们刚才聊到的哪方面让您觉得有点**尴尬**吗？还是冒犯到您了？”

“之前那一轮融资之后，是不是遇到过什么**不太愉悦**的事情，您感觉今天不方便讲？”

“我们的问题是不是让您觉得**不舒服**了？”

“我刚刚看到，您对竞品的评价不多，是因为它们**不值得**，还是您不太**愿意聊**？”

这些问题都比较尖锐，也许会造成对方的不舒服，但这是在对方无法正常交流的前提下所使用的方法，关键时刻可能有奇效。

不仅仅是投资这么正式的、业务性的场景可以用，日常生活中难以交流的场景也都可以用。

例如，当我们把这个聊情绪的方法平移到相亲场景中，效果也是一样的。

“是不是你之前的相亲都**不太顺利**，你爸妈是逼你**特紧**吗？”

“你现在是不是有点**不耐烦**，这次来你其实根本就**不乐意来**，对吧？”

“你是不是跟我一样，其实根本就**不喜欢**相亲啊？哈哈。”

“需要我配合你演出吗？让他们开心一下，我们也可以都**减减压**。”

情绪角度的问题如果拿捏得当，会引发巨大的信息输出。对方有可能会基于情绪而输出，这就便于我们判断立场、态度、心境等很多关键问题了，在本书的“情绪稳定”一段会有详细解读。对方也有可能因为情绪开关被触碰后，说出大量原本不想讲的有效信息，也就是“因为急了说了真话”，指向情绪的问题就是触碰开关的关键一手。

当然，对于经验丰富的投资人而言，可以做到轻松地、得体地、没有进攻性地、共情地把这个关于情绪的话题抛出来。聊情绪以及情绪背后的原因，是进可攻、退可守的策略，在对方不配合的状态下，可以成功激活对方的状态，也可以巧妙地开启新话题，或者优雅地退出。

对于经验不够丰富的人来说，使用这个角度强行“破窗”具备一定的风险，可能让对方的坏情绪加剧，进而让双方的交流陷入新的尴尬境地。

所以，情绪和感受相关的方向如果没把握，不要轻易使用。

使用这五个方向的聊天素材，可以比较轻松地破冰，目的是激活对方的意愿，让对方感到熟悉且安心，进而能够有输出的欲望。当对方觉得你是一个可以交流的人，他就能够输出更多。我们作为信息收集者和校验者，才能有更多信息可用。

聊不热的人怎么回事？

最后，如果对方始终聊不热，无论你开启什么话题对方都不大参与怎么办？

假设你的言行举止没有过失和冒犯而出现这种状况，那么只有两个原因。

比较常见的原因是对方无意和你交流，有**防备心或排斥心**。如果你几次尝试都没有获得对方的有效回应，说明人家没打算跟你打牌。高位心态的人认为你的价值不大，有防备的人怕言多必失，不想在你这里浪费机会。无论对方处于什么心态，我们的聊天验证获得了这样一个客观结果，行为上不必勉强，接下来应该以对方的拒绝心态为起点，重新部署应对策略。

另一种可能是对方的人设是假的，脑袋是空的。因为不知道，所以聊不出东西来。

根据我的经验，对方完全封闭或者完全无知这两种情况都是比较罕见的，大多数社交场合不会出现如此极端的境况。例如，在经典的风险投资场景中，我是投资人想要好项目，对方是创业者想要资本加持，双方的游戏规则是明确和清晰的。因此，投资人有权利问大量的问题，创业者也有意愿（不是义务）回答问题，只有这样才可能促成合作。一问三不知的无法交流，在真实社交中是非常罕见的。

最后需要再强调一次，无论对方反应如何，我们的任务不是强势审讯，也不是弱势巴结，而是收集信息进行防骗的验证。牢记这项任务，让自己始终保持清醒，不要拘泥在得失胜败。

经过五个方向的聊天验证——聊放大、聊兴趣、聊共同、聊公共、聊情绪，我们基本可以验证对方在相应方面的破绽。

外表人设

对方实际的经济能力，与他所表现出来的消费水平之间，是否存在破绽？

对方最有可能获得经济收入的方式是什么？大概是什么收入体量，与消费能力平衡吗？

如果消费明显大于收入，哪里来的钱支持这种不合理的经济平衡？很多骗子会暴露于此。如果消费明显小于收入，为什么这么谨慎和收敛？一些贪官被查处的时候属于这种状态。

身份人设

对方的诸多身份中有没有造假的？

对方的诸多身份中有没有金玉其外、败絮其中的虚名？

对方在实际主身份上投入多少资源（时间和心力）？

言谈举止人设

对方的经济实力和身份人设与他应有的能力、思维和言谈举止匹配吗?

有些人是身份高贵，头脑空空；有些人是天之骄子，行为龌龊；有些人是专家教授，常识和逻辑混乱；有些人喜欢塑造自己的高深形象，言谈之下却是一穷二白。上述这些明显的矛盾就是我们要寻找的破绽。有破绽说明有伪装，看到这些人设伪装，我们就可以在心里建立一根清晰的基准线，大致了解了对方的“成色”。

2. 识人的真面目——兴奋点

高手聊天看似漫不经心，但其实每句话都可能暗藏深意。

聊天的表层意义是交流信息，**深层意义是激活对方的大脑**，让更多真实有效的信息在不经意间流出。**那么，穿透伪装来接近真相的方法，就是在聊天中找到对方的兴奋点。**

一个人的兴奋是很难被掩饰住的，尤其是在对全员都有价值的社交场合。不管是谈感情的人，还是谈欲望、谈任务的人，只要有诉求就会在言行之中频频闪现出自己的兴奋点。即使是在那些非常用心戒备的对抗场景中，比如审讯或者外交谈判中，尽管双方都会用尽控制手段来保护自己的真相，但依然会或多或少流露出真实的兴奋点。心理学研究认为，人类的兴奋点很多都是非理性的大脑加工产生的——如情绪和生理反应——且并不能完全被理性思维所约束。这一点即使是伪装到牙齿的骗子也无法打破。

我们把场景设定回普通的社交场合。

不做重装设防的人会产生很多兴奋点，一方面他自己并不想控制，另一方面想控制也不容易做到。为了挣钱来的人，聊挣钱不兴奋才怪；奔着欲望来的，涉及欲望的兴奋会非常明显；八卦褒贬、风流韵事、项目分配、官职升迁、活动铺陈、事业发展，所有这些都是人心所好，其中一定会有让人兴奋的元素。

经过归纳总结，我们把人类常出现的兴奋点分成七类：

（1）钱：从普通的挣钱、花钱、存钱，到对金融产品涨跌的关注，再到盗抢贪墨，都属于对钱的兴奋。

（2）权：有的人要权，是为了要别人的敬畏；有的人要权，是为了组织人干更大的事。这两种对权的渴望都会让人兴奋，遇到需要仔细分辨。

（3）色：从生理欲望到欣赏、追求和占有，还有纯粹的审美和眷恋，都属于对色的兴奋。

（4）名：有些人靠名挣钱，所以“黑粉也是粉，骂名也是名”；有些人爱惜羽毛，希望建立好的名声以得到更多人的认可和尊敬。无论哪种，都很容易因名而兴奋。

（5）事：有些人喜欢做事情，更关注计划、组织、实施的过程，以及得到成果的那种成就感。其间可能涉及钱、权、色，但这些在他们看来都是推进事情的工具而已。

（6）敌：有一部分人心里惦记的都是敌人（对手）。有些人处于被敌人压迫的状态，有些人处于主动进攻的状态。无论哪种情况，关于敌人的一切都容易激起他的兴奋。

（7） 友：有两类人看起来都崇尚朋友，但本质大大不同。一类人主动宣扬“XX是我朋友”，实际上是在推销自己，真正要的可能是钱、权、色、名，这样的人很多。另一类人主动介绍“（和XX）我们是朋友”，没有特定目的，只是因为人格、品德、学识等方面惺惺相惜。这样的人往往做事纯粹，追求远大，并非普通的钱、权、色、名，也不需要靠朋友关系来绑定事情或区分敌友。这样的人很少，但因为少而珍贵，一旦提及友人就可以唤醒他的兴奋。

在和人交流的过程中，如果能细心找到这些兴奋点，就能更快地看懂对方的真面目。这些兴奋点就是他们复杂而神秘的大脑中数十年的过往和成千上万算力所指向的总目标。

前面学习聊天的基本方法，第一个目的是辨别对方有没有人设伪装，第二个目的就是实现兴奋点的收纳和整理，看看什么内容会让他兴奋起来。不要把那些有“很高身份”的人想得特别复杂，他们也是人，只要掌握了**收集兴奋点**的思路，很多情况一目了然。

案例辨析：大生意人的兴奋点

有一位老大姐在加拿大生意做得很好，她回忆说自己曾经跟国内（当时）一位生意做得很大的商人一起吃饭，在座的各位都是非富即贵，很多还有高级的身份，席间也都是聊些经济建设和项目合作类的高端话题。大家都是场面上的体面人，自然说些非常得体的话。

不知怎么，大家聊起了最近上映的某部电影，纷纷表示看过，且电影不错。到这里，那位生意做得很大的商人斯文地对身边人说："我和彬彬（化名）很熟的，如果大家认可她的表演，我可以打电话给她，叫她过来给各位敬个酒，向大家学习。国内的三个彬彬，我都可以一个电话就直接叫过来。"

说是酒致酣畅也好、激情豪迈也罢，在座的各位也都见多识广，不会趁势起哄真叫人过来。但就这一句话，其实已经暴露了他的兴奋点。

色在这个场合不算他的兴奋点，展示权力和控制才是他真正兴奋的关键。

一句无关紧要的玩笑话背后，是他向在座的各位暗示自己的控制能力，以期获得某种机会。毕竟，对于很多人来说，名满天下的明星也是不容易及手的资源。谁掌握了稀缺资源，谁自然就有一些优势可用，因为他掌握的可能是某些人的需求。

当你观察到对方的关注点和兴奋点之后，就接近了对方"真我"的面目。

有些人以官员的身份参加公务活动，却讲究吃喝，声色犬马；有些人以专家学者的身份参加论证，却拉帮结派，打压异己；有些人以合作团队的身份参加活动，却盯着姑娘频频骚扰；有些人以企业家身份出席论坛，却流连赌场。

这是一局什么规则的游戏，对方应该抱有什么目的来参加，他用什么人设和大家互动、表达的是什么、真正兴奋点又在哪里，这么多信息一比对，这个人的真面目就接近清晰了。

3. 捕捉兴奋的表现

一个人不会直说“我兴奋了！”但他的言行中会自然流露出兴奋的痕迹。

当一个人交流中产生兴奋的时候，有以下两个层次的表现：**容易观察到的层次是愿意多花时间、眼睛的关注度提高、表情动作变丰富、动作频率和幅度增加、内容的输入输出和互动增加；相对隐蔽的层次是音量提升、瞳孔放大、排汗增加等。**

愿意多花时间

假设双方一共聊了60分钟，对方有40分钟在聊他的新创业项目，包括战略方向和各种细节，其间情绪饱满，那么我们可以得出结论，对方的大脑中想得更多的就是这个创业项目，这也是对方最想跟你交流的内容。

反之，如果对方40分钟都在聊过往的资历、此前的成就、目前的生活方式等内容，我们同样可以得出清晰的结论，对方大脑中的重点在于过去和生活，而不是事业和未来。

时间是个硬指标，非常硬，非常准。

对于任何一个人而言，舍得投入时间的事情，一定是他非常重视的事情。反之亦然。

眼睛的关注度提高

有一次我去录制节目，搭档的是两位家喻户晓的主持人。我到拍摄地点时，分别去他俩的化妆间打招呼，看到了细微的差别。

推开门和 A 打招呼的时候，我先问候“A 老师好”，对方也认识我，热情地回馈问候。在不到 5 秒钟的时间里，无论是肢体的趋近还是握手的力度，尤其是一双眼睛专注地看着我的眼睛，都和我对他的态度一样。这 5 秒是尊重的表现。这个积极的态度是合作应该持有的诚恳。

当我推开门和 B 打招呼的时候，我也是先问候“B 老师好”，对方也认识我，也有微笑和握手，但关键的差别在眼睛。他只闪了我一眼，随后眼睛就转向别的方向不再看我。虽然动作和语言都中规中矩，但眼睛的差别却说明**心不在焉**。

正式开始录制之后的表现，验证了这几秒视线背后的心态差别。A 老师交互积极，精神投入，交流内容丰富；B 老师则没什么主动输出（不是针对我），只是中规中矩走完流程便赶时间离开了工作地点，行色匆匆。

我并不是在挑剔对方的礼貌或涵养，因为积极地对待我并不是别人的义务，有心就有，无心就无，大家都很忙碌且有自己的追求，但通过这个几秒眼神的例子，可以说明眼睛的关注程度反映了大脑的关注程度。

眼睛关注的时间越长（或者关注度增加），说明对所关注的东西越在意；眼睛关注的时间越短（或者关注度减少），则说明心态上越不

在意。

也许会有人拿“害羞的眼神”来做反例举证。

害羞的时候，心态是又想看又不敢多看，所以青涩的姑娘和小伙子们持一颗“弱势”的心，还不断试图偷看。但这其实恰恰证明了我前面所讲述的视线规律——感兴趣就会试着多看。

表情动作变丰富

当一个人兴奋的时候，本质是交感神经系统主持身体工作，表情动作变丰富是其中一个结果。

如果对方一开始的表情是平静或阴沉的,后来慢慢有了一丝笑容，就算表情丰富度增加。

如果对方一开始的表情平静或阴沉，后来慢慢转为忧愁和惶恐，也算表情丰富度增加。

如果对方一开始面带微笑、礼貌得体，后来变得笑容频频、眉飞色舞，也算表情丰富度增加。

如果对方一开始面带微笑、礼貌得体，但突然变得面沉似水、拧眉立目，也算表情丰富度增加。

我们都有过类似的经历：跟一个不苟言笑的长辈（前辈）在一块，即便聊得好，他也不会失控到手舞足蹈或肆意张狂，但严肃的脸上可能笑容会增加，话语会多一点，动作也会稍微积极一点，而不再是之前平静的状态。

在年轻人之间会更容易观察到变化。聊着聊着如果不开心了，对方可能会一下子“掉脸”收声；如果聊得开心，对方的眉毛、眼睛、嘴就会变得活跃。

在实际应用场景中，要根据你观察的人的年龄、阅历和风格，来建立不同的基线。有些人的基线是平静稳重，那么他们身上的变化就会比较细微；有些人的基线是豁达开朗，那么他们身上的变化就会比较明显。但无论基线如何，相对于基线值的变化规律都是相同的，那就是表情的丰富程度增加。

动作频率和幅度增加

和表情变化一样，我们首先要给不同风格的人建立不同的基线。

根据对方特色的基线来进行判断，如果一个人的身体姿态开始向外扩张、伸展，动作的频率增加（动作变多），幅度也增大，那么代表对方的神经系统变得兴奋了。这些描述不仅限于手舞足蹈这样大的明显动作，还包括点头幅度和频率、晃动手指的幅度和频率、抖腿的幅度和频率等等，都要和初始基线相比较，注重看变化值。

反之，如果一个人的身体姿态开始往里收缩、拘束，动作的频率降低（动作减少），幅度也减小，那么显然代表对方变得不那么兴奋了。这通常是因为某一个外部压力导致他的大脑在警告身体，“谨慎！少动作，否则会吃亏。”

会有人提问，如果参加面试的应聘者为了保持礼貌和好印象，特意采取了偏拘谨的、礼貌的身体姿态，没有什么大的动作幅度和频率变化，表现得规规矩矩，那么这种有训练、有准备的特意肢体动作应该怎么判断呢？

遵守社交礼仪的拘束和谨慎姿态，恰好就是他的初始基线。无论是真实状态还是伪装状态，这个拘谨的样子都可以作为判断变化的参照线。我们要留意后面发生的变化。

如果一个好的问题问出之后，对方产生了肢体放松、表情活跃、手部动作增加、脊柱伸直等变化，就可以判断得出兴奋的结论；反之，如果问题抛出后，对方身体回缩、动作减少、表情僵硬，连言谈都开始减少或变得不流畅，那么显然之前的问题对他产生了压迫感，让他变得不安。

有自信、有把握的兴奋，是神经系统的积极兴奋，身体会增加动作表达来实现更多收益。

没有自信且不安的紧张，是神经系统的恐惧状态，身体会减少动作并自动收缩进行自我保护。

例如，面试官问应聘者过去最值得骄傲的一项成绩，论文也好、项目也好、管理绩效也好，如果对方在讲这些东西的时候，身体姿态是活络的、松弛的、扩展的，那么说明他对这个成绩也是自信的；如果对方身体姿态变得拘束、回缩，刻意控制动作增加，说明他紧张了，在讲一件值得骄傲的事情时身体没有表现出应有的同步积极，说明对方不自信。

上述关于视线、表情和动作的变化规律一旦掌握，**再同步观察对方所谈论的内容增减，以及对交流提问的回应量增减**，就可以基本判断出对方的真实兴奋点了。

更加细微的变化

在特定的场景下，如果你还能观察到对方的瞳孔放大了、音调变高了，可能还会有微微冒汗，那么更可以确信对方兴奋了。

人体内部有两套神经系统，一套称之为交感神经系统，另外一套称之为副交感神经系统。其中，交感神经系统主管兴奋，让身体所有器官配合，包括心脏、血管、大脑、肌肉、汗腺等等，全都处于积极状态。积极的兴奋就会呈现出上述表现，这些都是交感神经主管身体的典型特征。压抑的紧张则可能导致瞳孔收缩、局部体温降低（比如手脚冰凉）、肌肉虽然紧张但不活跃（比如表情死板、动作僵硬）。

副交感神经系统会让人变慢、变软、安静，让全身的大部分器官变得舒缓，人会觉得松弛、乏力，更想要休息和进食，不想折腾。只有在完全绝望放弃，或者特别安全惬意的状态下，副交感神经才会掌控身体的变化。例如睡眠，就必须先把身体的主控权切换到副交感神经系统后，人才能平静入睡。

当然，这些都是很细节的地方，在日常大部分社交场合是用不到的，不过一旦你观察到了，判断的准确率就会更高。

总结：我们通过聊天，观察并判断出对方真正的兴奋点之后，就掌握了对方伪装之下的真实信息，他们心中所想会更有效地被我们所获取。无论对方伪装得多严密，总会露出破绽。

找到破绽有两个作用：第一是不被伪装所骗，不会傻乎乎地掉入对方的人设陷阱；第二是在接下来的判断中，进一步看清面前的这个人还有哪些秘密。

4. 寻找两个重要答案

识破人设伪装之后该怎么处理？

我们必须要强调一个原则——**看破不说破**。

日常社交行为不是审讯或者测谎，**不是一个聪明人对其他人的单向审视和揭秘**，所以不需要把你看到的破绽作为对方的错误一一指出，只需要自己默默记在心里就好。这些被你发现的人设伪装，对于我们后面的更多判断会起到“基准线”的作用，会帮助你更准确地判断对方的行为和事情的发展变化，不但能减少自身上当的概率，还能在对方不知道我们已经知道的前提下，加强对整件事情的掌控。

所以，要特别注意**看破不说破**。在穿透人设、聊天验证和找到兴奋点之后，我们要分析出两个重要的答案。

对方有意放大什么？

在我们第一段所讲述的《呐喊》《彷徨》的案例中，那个创业者试图通过宣称自己勤于阅读来放大自己对人性的理解，恰好他的创业产品又必须基于对人性（用户）的理解，所以对这一关键基点的虚假放大成为高危风险。

放大好的，是为了吸引别人；放大坏的，是为了威慑别人。

自古以来，具有重要价值的事情，人们都会设法搞得隆重一些，从“净水泼街，黄土垫道”到红毯仪式，再到至高的国家礼节，其目的都是通过放大而引起人们的重视。

那么，当你要判断一个人的时候，如果感受到对方在放大某些信息，就应该敏锐地进一步去判断他的意图。无论是财力还是身份，或者自己拥有的社会关系，这些刻意放大的内容背后，都隐藏着对方想要满足的**某种需求**。

有一次，我参加一个饭局。在座的客人有的是著名企业家，有的是著名主持人。其中一位曾经非常有名，但已经连续两年没有新节目上线了，只有一档曾经的代表作每年能播出 3 个月的时间，相比于同席的其他主持人来说，略显弱势。

席间大家纷纷交换资源，以图日后可能的合作。这位主持人也是笑容可掬、言谈得体，因为喝了些红酒而满面红光，突然开启了一个新话题。他回忆道三十多年前自己上大学的时候曾经选修过一门课程，成绩很好、收获很大，重点是那位讲课的老师今时今日声名显赫，表情里透着些许骄傲和满足。

他对这段真实存在过的师生关系进行放大，只是希望让自己看起来不弱，凭借显赫的老师和相关联想让在座的人更重视他，从而在这样一个资源饭局上能获得尊重和机会。

倘若是寻常饭局，可能这样一位著名主持人再加上此时声名显赫的老师，已经能让人感受到某种光晕了。但可惜的是，在座的每一位都有自己的资源优势，也都明白那位显赫的前辈其实和眼前的这个人不可能有什么太大的关系了。这种喝过酒之后的扯虎皮做大旗的手法，对于在座的其他人并不能产生效果。

对方想要隐藏什么？

水平比较低的骗子才会自相矛盾，他们比较容易被识破，不值得介怀。

水平比较高的造假需要堆砌很多互相支撑的材料，验证起来难度较大，成本也很高。

对于常见的社交级欺骗，更安全的是隐瞒和掩饰，把自己的不堪之处藏起来，成本低见效快，容易蒙混过关。

投资人经常在寻求融资的企业介绍里看到这种隐瞒和掩饰，它们的经典表现分成两种。

避而不谈

最经典的场景是听企业创始人按 PPT 介绍融资计划。商业计划书里能呈现出来的，都是经过审慎选择的内容，按照目前的行业现状，还很有可能是经过 FA（融资中介机构）包装精修过的，创始人精心按照 PPT 准备好的内容介绍，表面上不会有什么问题。

但是，也恰恰因为每一页的内容是被精心挑选和准备的，所以 PPT **里没有的内容就变得重要且有趣了**。比如，只提营收不提成本和负债，只提日活用户增长不提复购率，等等。业务水平高的投资人可以专门针对缺失的内容进行提问，观察对方回答时的微表情，从而找到这次融资业务里的某些重要信息。

减少细节

人们对自己熟悉且有掌控感的内容，倾向于多听、多看、多交流。

人们不愿意过多涉及的内容，或者是因为不熟悉，或者是因为保密需求。

像我们在《呐喊》《彷徨》的案例中所讲的那个创业者，对于团队组建和人员管理的相关内容就不愿意多谈，显然是因为这是他的弱项，一方面没有什么可谈的，另一方面一定要谈会不断露怯，使自己陷入窘迫的境地。

遇到这类情况，我们可以采取**连续追问细节**的策略来一探究竟。当然，连续追问更多是指对内容线索的跟踪，而不是语气和节奏上的急迫，那样会显得没有礼貌或者意图太明确。在被问及不愿意触碰的话题之后，比如“我们看财务报表里记录，固定资产购入了 10 辆最新款的豪华汽车”，对方通常会有以下几种应对来进行掩饰：

转移话题

“大概知道有这么件事，不过具体我不太清楚，回头问下采购部。不过，说起汽车，最近我看周总和米总联手搞了个直播送车的事情，流量很大，说是只要加关注并看直播，就有资格参与抽奖。虽然我们公司不缺车，但也可以参与玩玩，支持一下两位前辈。你有兴趣吗？”

如果你的注意力成功被转移和吸引到新的话题上，那么之前的提问价值会大幅衰减，让局面落于被动。

加水稀释

“哦，买车的事情当初是经董事会商议一致，并就具体情况第一时间邮件报备所有投资人的。而且，我们绝不是为了贪图奢华或者安逸才脑袋发热买的新车，这些车真正的价值主要是研发实验，日常也能用作企业形象、财务平衡和二次租用业务的开发，表面上看是花了一笔钱出去，计划则是二年不但回本，还能利用这些车获得一倍左右的收益。”

对方解释的花样繁多，同时也布下了一个分支复杂的系统性陷阱。无论你接下来问哪个分支，都会得到一个同样被稀释得很厉害的回应，好像说了很多，实际上没有听到有用的进一步线索。更关键的是，在一条支线上毫无收获之后，很少有人会再就另一条支线细细询问，这是人类思维的惯性。除非提问的人非常专业，或者带有任务必须继续深入，否则提问者大部分会两手空空无功而返。

大家要特别注意这种表面信息丰富的**稀释性回答**，如果遇到了，说明这一系列回答的背后，是个对方不愿意触碰的问题。

本段总结

发现对方有人设伪装后，最常用的验证方法就是聊天，聊天的时候有一些重点内容可以用来获取更多有效信息。

其中，最重要的目标是看到对方的兴奋点，因为无论人设有多精致，兴奋点都很难伪装。

通过聊天找到对方的真实兴奋点后，和“人设三角函数”里的三个端点进行逐一验证，大量有效信息就会被我们清醒的大脑所掌握。

最终，我们的目标不是戳穿对方，而是穿透伪装。我们要找到 3 个重要的函数解：

对方有什么破绽？对方有意放大什么？对方有意隐藏什么？当你掌握了上述信息，基本上就已经穿透了对方的人设伪装，至少不会被骗。那么接下来，就是看到对方真实状态的阶段了。在九段识人法则的第三段，大家将学习了解一个人的**底层储备**，用来看准对方的“前半生”，以便能准确判断他和你之间到底合不合适开始。

九段识人法则的作用，就是科学而系统地尽量还原一个人的“真我”。

第二部分

勘验过去

第三段　底层储备

通过第一段和第二段的内容，我们学习了防伪装的基本技术，已经可以看到一个对你而言很重要的人可能装配了哪些人设，以及他们真正关心的是什么。但我们的目标不仅仅是要知道他有多假，还要挖掘他的各项真实状态，这样才能透彻地了解一个人。

九段识人法则的作用是看准人。其中,第三段要看清一个人的“底层储备”,也是一个人的最基础“真相”。无论你是希望投资给他创业，还是打算嫁给他寻求爱情，或是追随他去奋勇拼搏打江山，或是聘用一个能干的人才来冲锋陷阵，**这个人的头脑和身体中储备了些什么内容，对我们而言是最有价值的信息**。

更关键的是:对底层储备的判断准确，就可以了解一个人的过去，了解他此前的生命积累了哪些价值；反之，如果对底层储备的判断不准确，那么对其现状和潜力的预判就会受到干扰，可能形成坍塌式判断错误。

底层储备是既有事实，它最为客观、稳定，易于判断。

如果连过往的客观信息都不能摸清楚、不能分析到位的话，那么对于纷繁复杂的现状，以及尚未发生的未来，就更无法判断准确了。

1. 大脑喜欢熟悉，也容易产生误判

熟悉的东西会让大脑产生亲近感。这就是人类大脑的一个认知取向，是在数百万年的进化过程中历经锤炼而养成的。

为什么?

因为大脑倾向于节能。人类从自然界摄入能量不易（吃饱不易）、身体储备有限、面对的任务繁多，又需要随时动用能量处理新事物，所以已经了解过很多次的熟悉信息再次来临时，大脑就会自动减少能量的消耗——按照过往对它的认知进行处理，同时引发熟悉而亲近的感觉。这就是明星做广告可以提升商品信任度的原理。

即使是面对敌人，大脑也会产生这样一种感受，即对熟悉的敌人更容易接受。假设你突然遭遇两股敌人：其中一股完全陌生，没有任何已掌握信息；另外一股则非常熟悉，你曾与之血战并有大量不愉悦的记忆。对于陌生的敌人，你的大脑知道要费尽心力去了解才可能做出决策，所以会产生恐惧情绪以及疲劳的感受；但对于熟悉的敌人，不管此前胜败如何，即使你是纯粹的手下败将，你的大脑也会产生“亲近”的感受，毕竟信息易于获得，结果易于判断，对自己的情绪也有预判，因此更加容易掌控。让你二选一的话，你的大脑肯定会倾向于应对熟悉的敌人。

敌人尚且如此，无害的甚至讨喜的信息，就更加会催生大脑的这

种“熟悉”感受。

这是很硬核的进化心理学原理。

举个实例。

如果你在现实生活中遇到了一位“医学博士”，还是顶级名校毕业，心里会产生什么感受？

仰慕第一，信任第二，第三就是希望建立关联。

这样的身份很容易获得认同和信任。如果他们想谋私或者伤人，也会容易很多。

然而，这个光辉熠熠的医学博士身份背后，事实却可能非常不堪。从小成绩不太行，在爸妈和家族的帮助之下，避开高考去国外读个大学，再通过国内暗中交换运作，以“优秀留学生”的身份定点申请某个医学院的特殊博士招生入学。这类博士招生规则在设定之初就已经给他这样的人预留了通道，同时也给有真才实学的竞争者建立了申请屏障。然后，通过关系运作找到行业里的教授写推荐信，满足申请条件后一路保驾护航成为医学博士生。读博其间，即使是按规定必须经历的规培流程，有关系的人也可以打几个电话托人求情避免三年艰苦奋斗，也就减少了三年实操经验的积累和知识融合。最后，再找到行业大佬做导师，即使最终脑袋空空、论文言之无物也可以顺利毕业，成为真正的“医学博士”，一切“合规”，一切“真实有效”。身份是闪光的，头脑却是空空的，你愿意找这样的人治病吗？

现实中有一些投资人看到闪光的简历就兴奋，遇到熟人推荐“好的”创业者就倾向于认可，找到连续创业者就要生扑，这些现象和普通受众看到明星广告产生亲近心理在本质上是一样的。也正因为这个原因，有名的、闪光的、显赫的人容易被简单判断为优秀的创业者。而事实上，面对即将投资的企业和创始人，**投资人必须认真地、审慎地考察其真实的底层储备，不要被有名或显赫这样浅层的信息所误导。**

底层储备是人头脑和身体中所存储的思维能力、知识、经验、技能等等。

无关他的财产（哪怕他真的很有钱），无关他的身份（哪怕他真的身居高位），无论他说得多么天花乱坠或做出什么惊人之举，或者是周围的人怎么评论他，这些信息都要放在底层储备之后再评价。

这就像大家常说的“肌肉记忆”。其实肌肉记忆需要两个组成部分：一个是以大脑和运动控制神经为核心的软件储备，另一个是以骨骼、韧带、肌肉为核心的硬件储备。软件中储备了熟练的神经通路，也需要功能良好的硬件储备才能进行优秀的动作展示。

我们要清楚把握的是一个人的底层储备。对于绝大多数人来说，底层储备主要是头脑中的储备，而对于运动员、动作演员、杂技表演人员等特殊人群，他们的骨骼、肌肉、韧带、神经系统等能力储备也属于底层储备。

判断一个人是否足够优秀，接下来把事情做好的概率是否足够大，**首要步骤就是判断他关于这件事的底层储备是否够丰厚。**

2. 底层储备案例：上市公司前 CEO 并不适合创业

有一家基金内部曾经为是否投资一位上市公司前 CEO 而争得面红耳赤。

首先，据查这位前 CEO（以下简称为“大佬”）的身份是真实可靠的，他曾经供职的公司是市值过百亿的上市公司，各种数据都是公开的、可确认的。

其次，推测可知目前大佬应该已经实现财务自由。根据行业里的一些标准算法和数据，例如薪金、股票和套现行为等，如果他没有特别不健康的消费行为，一切正常的话，个人财务上是很富裕充沛的。

第三，根据业内一些消息，大佬卸任后生活在南方某个一线城市，目前没有新的职业，日常会和行业里的一些人员联系得比较密切，据说是在思考和筹备自主创业，也会接触一些投资人和投资机构。

基金成员立刻动身，去到他的城市并主动请见，在当地跟大佬非正式地浅聊了两次，了解了一些情况，顺便印证了一些信息，包括他此前在行业里的人脉关系、对行业的认知深度，以及接下来想要做的事情，等等。

双方交谈愉悦，基金内部都为“捞到这么一条大鱼”而感到鼓舞。第一是因为他是上市公司前 CEO，理应“见过大场面、管过大团队、心怀大格局”，这样的人才在投融资市场上是比较罕见的优质资源；第二是因为大佬还没有具体的创业计划，目前还只是有个框架意向，所以没有什么可以进一步调查的信息，投资决策会被直接提上日程，为的就是决定是否投资他。

当然，如果真是一条“大鱼”，那么越早投进去将来就挣得越多，基金将占尽优势。

决策会当天，基金成员全体到会，大佬在线上接入，按照 PPT 讲他的创业计划。

在讲述 PPT 的过程中，大佬对自己当初做 CEO 的时候的见闻和人脉关系讲得非常详细、用时很长，包括经历过什么项目、管理过多大规模的资金和团队、那时有多少营收、竞品出了什么故事、和哪些大佬兄弟特别熟等等。但讲到未来创业方向的时候，用的时间就较少，PPT 的内容比较宽泛。而且，进入到这一部分的时候大佬明显对内容不熟，多次停下来看 PPT，语速变得迟缓。

等到大家提问的时候，更明显的问题出现了。面对这些有针对性的创业问题，大佬的响应速度很慢，语速迟缓、回应模糊，有时甚至会停下来“思考”，然后说点不疼不痒的话，尤其对团队组建的计划和产品开发的周期表述得比较模糊。特别是问到他 6 个月后会有什么进展的时候，他竟然说出了“到那时自然会有比较明确的进展”这种不含有效信息的话来作为回应。

综合评估：他意在突显过去，对未来的规划比较模糊，人在后半程表现出反应迟钝的状态，情绪自始至终是平静的，没有急躁或惶恐。这样的现象说明，他对未来的创业其实还没有准备好，至少在跟基金进行最重要交流的这个过程中，头脑中还没有成形的想法和澎湃的干劲儿。

陈述结束后，大佬下线，基金内部讨论得非常激烈。

尽管大家都能看得出他对于未来的业务还没准备成熟，但几位合伙人认为这是早期投资可以接受的状态，这样一位业界一线公司的前CEO，认知和眼界应该很好，见过世面，管过人管过钱，这种人出来做公司一定不会差。而且，准备创业的初期被投资人推动，计划里有些瑕疵和没想明白的地方很正常。关键是人才难得，有位合伙人尤其坚定，“这样的人出来创业，我们不投他还要投谁呢？”

负责人员评估的心理专家从专业角度提出了反对意见，给出了详尽的分析如下。

“尽管大佬的身份是真实的，但需要注意以下几点：

“第一，他的言谈举止是突出过去、弱化未来的创业计划，他强调前面经历太多了，兴奋点在过往成就，而不在未来发展。因此，他个人还没准备好。

“第二，即使是处于创业早期，但他的思考和响应速度证明，他的大脑关于创业的算力是比较低的，没有清晰、成熟的思路储备，证明大脑里的神经通道还没有形成。不过好在他面对压力的时候没有什么情绪波动，没有出现负面的表情和动作，所以整个人处于一种‘安逸’的状态，不紧张，但也不兴奋。

“人体有一套自主神经系统不受思维控制，自动调节人体的系统化状态。其中交感神经系统主管人的兴奋，让人能折腾，思维、心跳、血压、肌肉都会提升功效用以完成任务。与之平行的是副交感神经系统，主管人的松弛，让人放松并处于安逸、舒适的状态。因此，根据大佬开会时的表现可以明显判断出，在这么重要的会议上他仍然处于舒适状态，反应平和，算力迟缓，明显是副交感神经主控身体。然而，对双方而言，这件事本应该足够重要、足够让人兴奋才对。

“怎么才能让一个处于舒适安逸状态的人变成战斗状态呢？答案是遇到猎物，或者遭遇危险。对于饥饿的猎手而言，遇到可以捕获的猎物就会自然兴奋起来，有进取心、有掌控感。对于一个吃饱了躺在沙发上的人来讲，你给他食物他都不会兴奋，只有遇到危险才会让他应激而起。

“回到这笔投资，此刻他面对创业这件事既没有野心，也没有危机感，所以才不会兴奋，而后续实干起来遇到困难和疲惫时只会表现出更低效能。很有可能这个‘创业的契机’是投资人的决心，对大佬而言只是个理所应当的概念。现在把钱投给他，如果对方还没想好要干什么以及怎么干，这个钱投进去大概率会打水漂。

“这位大佬头脑中的底层储备与其想要创业的事情之间是有严重偏差的。他的确是上市公司前 CEO，但他并不是在公司上市前做的 CEO，打仗上市的过程中他并不是领导队伍的老大，而是在一众团队努力拼搏上市后，幕后更大的老大为了平息‘诸侯’之间的利益纷争才把他空降到公司做 CEO 过渡局面的，任期也只有一年。一年后，按幕后老大的安排他离职、拿钱、退休。这就是最重要的底层储备问题。虽然他的身份人设是真实的，但头脑中的底层储备是做‘监国太子’，而不是‘作战将领’或者‘开国皇帝’，没有带队打仗的经验和阅历，也没有攻坚克难的开创能力，所以人设显赫光鲜但与底层储备其实是脱钩的。对其的判断不应该过于突出前 CEO 这个身份，而是要更注重头脑中的底层储备是什么。”

以上关于人员底层储备的专项分析并没有获得大多数人的支持。

最终，当天的会议还是决定投资这位大佬，用天使轮 500 万美元购买他创业公司 20% 的股份。

接下来的事情不再赘述，我们把时间轴快进到半年后，大佬的创业公司没有任何进展，比他当初 PPT 陈述的进度还要慢，业务没推进，甚至人员团队都不齐整。眼看着节奏离预期差异过大，投资人这边才开始面对现实。

在这个案例中，投资人决定投资的思维过程跟什么一样呢？

跟普通老百姓看见明星代言产品后产生信任消费是一样的。因为对方是明星，所以就会对他代言的产品立刻产生亲近感，接下来就是消费。

那我们要记住什么呢？不要看人设，要特别注重看清一个人的底层储备。

围绕下面的三个问题进行信息收集，可以有效判断出对方的底层储备。

3. 三个关键测评问题

问题一：曾经获得的最佳战绩（成就）是什么？

再丰富的履历、再高级的头衔、再精致的个人材料，也会在此问题下褪去伪装。

一个人的时间是最宝贵的资源——不可延续、不可复制。值得投入时间、投入心思和各种努力的事情才是对其最重要的事。在其所认为重要的事情中所积累的认知和技能，就是一个人最客观的底层储备。对方在见到你之前的几十年时间里可能干了上百件事，无须逐一问遍，但最佳战绩那件事必然是他花了最多时间和最多心思的事情。

有的人可能会在这个问题上做假，但**不会有人不想回答这个问题，**所以对方应该会做积极回答。如果回答做假，我们可以用很多方法去验证真伪，这对于回答者来说做假的风险很大。如果他回答的内容经过核验为真，就可以评估得出三方面重要的信息：

（1）他的最佳战绩（成就）在同行内水平如何?

如果一个大厂高管的最佳战绩是开发过某款手机端软件，那么这个软件的技术水平、下载量、日活用户、用户增量、口碑等等，就可以作为客观指标来被具体评估，这是评估一个人底层储备的有力抓手。

同理，一个军人打过什么仗，一个教授讲过什么课，一个商人做过什么项目、挣了多少钱等等，都是他们底层储备的最有力依据。要特别注意的是要在同行业内进行水平判断，正如一个高中生考上了清、北、复、交，可以肯定他在高中知识的储备程度上要远超考上二本院校的学生。倘若一个工作十年的职场人还认为自己当年考上清华是人生最佳战绩，而非十年来工作业绩的某一项，则说明他在工作中没什么像样的储备，因为他的对比群体不应该是高考生。

（2）他的具体角色和效能如何？

有些人很滑头，在回答最佳战绩的时候，挑好听的、伟大的成就来回答，这就好像一个散户股民说“我的最佳战绩是投资了英伟达公司”一样好笑。

所以，**如果他回答的成就很大，那就必须追问细节——“你具体负责什么？做了什么？”**

越是伟大的项目，参与的人越多。

以战争为例来解释。军队的司令员所指挥的战斗胜利，凭借的是成千上万战士的舍命拼搏。大家都参加过这场大胜仗，功劳不能是一个人的，所以他在大胜仗里具体负责什么、完成得怎么样、成本用了多少，都需要细细问一问。

一个产品卖爆了原因有很多。选品质优价廉符合需求，这是供应链管理的功劳；促销表达感染力强，这是销售员的功劳；互联网用户有效触达多，这是技术人员的功劳。“您在那次单日销售过千万的战果里，主要负责哪些工作？”问细一点儿没问题，骄傲的人是愿意说的，因为他付出过、有成就感，这个成果他愿意讲细一点儿。

如果进行深度调研发现，当时那一整个月因为平台大促，每天的销售都是 3000 万左右，只有那一天是 1000 万出头，是相对弱的一天，而对方的回答虽然是真的，但你会怎么看待这个“单日销售过千万”的最佳战绩？完成度是很重要的细节，无论是以任务分工的职责为依据，还是通过横向比较同期、同类战绩，都可以确定对方引以为傲的最佳战绩完成度如何。

完成这么好的战绩，用了多少成本？有的人只提前复习一天考 90 分，有的人辛苦努力学一学期考 90 分，他们的最佳成绩都是这门课 90 分，但成本差别很大，背后的原因就会差别很大。3 天时间战斗结束，消灭敌军 5000 人，自身伤亡不到 1000 人，这就是很厉害的战斗成果；同样是消灭敌军 5000 人，为期一个月，自身伤亡 10000 人，消耗弹药资材无数，动用和牵扯的支援部队更是人困马乏，仗是打赢了，战果听起来也很威风，但成本巨大、入不敷出，显然就不如前者厉害。

时间、人力、财力，打一个漂亮胜仗之后，负责任的将军一定会算算成本这笔账的，因为这是一种责任感和自我要求。只有不负责的贪慕虚荣者，才会一边说成绩，一边不肯想或者不会想成本问题。

（3）实现这个最佳战绩必要的认知和技能有哪些？

最后这个问题的答案，其实是水到渠成可知的。提问者注意提问的方式要多样化和灵活化，这样可以避免对方背词作弊，谈过上述两个问题，自然会知道对方头脑中实际储备了些什么。

我们要**高度关注一个人头脑中的底层储备**，因为那些认知方式和解决问题的技能才是我们最需要了解的。最佳战绩问得够细，才能最大程度知晓一个人的真实水平。

问题二：在实现最佳战绩过程中，克服过的最大困难是什么？

搞清楚最佳战绩之后，下一个问题就是在实现最佳战绩的过程中克服过的最大困难是什么。让对方讲自己曾经克服的最大困难，可以穿透问题获得两组有效信息。

第一，真的打过硬仗的人是很愿意分析自己遇到和克服过的困难的。

因为他克服了，头疼过、付出过、努力过、收获过，他曾经有段时光把所有心智、兴奋和期待高度集中在那里。克服困难的本质不是受伤害的过程，而是接受训练的过程——困难越大，成长越快。如果一个人真的克服过一个他认为了不起的困难，内心台词大概率是这样的："怎么样！这么大的苦难，老子给搞下来了！"

最大的困难虽然让人焦虑和疲劳，但更深刻一层的本质是——那件事让他高度兴奋。我们前文讲过兴奋点的重要性，此处不再赘述。如果一个商人跟你说他克服过的最大困难是同时追了三个女生都成功了，你敢跟他做生意吗？善于打仗的人对打仗是真的有自信和有追求的。

第二，判断一个人的真实水平，只需要看他对手的水平。

如果一个人说，"我之前最艰难的对手是泰森"，那么哪怕他在拳台上第一回合就被 KO 了，也可以知道他的拳击水平是高段位的。如果一个人说，"我之前最艰难的对手是姜振宇，打他很难，经过五回合的鏖战才获得胜利"，那么无论他描绘得多精彩，拳击水平也非常不堪。

继续以拳击为例的话，细问最大困难还能解决另一个关于最佳战绩的盲点："金腰带选手"很多，发金腰带的组织机构也多如牛毛，怎么判断一个金腰带选手水平如何？

其实很简单，看他金腰带是打谁得来的。**既然金腰带是他的最佳战绩，那么金腰带比赛击败的对手就是他的最大困难。**如果真的遇到了那种打败40多岁日本业余选手获得金腰带、走“爱国”路线的拳王，或者打败外国留学生业余爱好者、走民族自豪路线的“国际金腰带”，鼓鼓掌不失礼貌就好。倘若你真指望这样的金腰带拳王能在重要赛事里获胜，那就是你的误判。

一个关于困难的问题问出去，两个富含有效信息的结果得出来：一是这个困难属于什么档次；二是他是如何跟这个困难角力的，取得了何种习得性自信，获得了什么样的成长，他头脑中感兴趣的是什么，储备能用于解决什么问题。这就是他真实的底层储备。

需要注意的是，最佳战绩和最大困难二者需要有关联性。如果他说，“我的最佳战绩是做了一家公司上市，我克服的最大困难是和我媳妇离婚了”，那么要注意，除非离婚的事情是左右上市的关键因素，否则这个回答是无效的。现实中也的确有很多人用这种看起来像是开玩笑的方式绕开话题、避而不答，但我们要做到心里有数。

当然，像曾经克服过的最大困难这种问题，贸然地提问可能也不会有什么收获。但是如果你们确定需要合作，或者关系已经达到可以深入交流的程度，而对方不愿意回答，或者推说没遇到过什么困难，那各位要小心，**不说的背后很有可能是虚妄。**

问题三：当前有什么遗憾和不足？

这个问题能反映对方当前的思考和未来的发展空间。

能找到遗憾和不足是思维开放度高的典型特征，关于思维开放度的详细内容，我们将在第八段详细阐述。

一个人能复盘最佳战绩、最大困难以及遗憾和不足，把经验教训和思考得出的新思路、新方法用在接下来的事情里，就能大概率提升未来解决问题的整体水平。

最关键的是，遗憾和不足是一组独立存在的信息，既包括主观总结，也包括客观依据，是基于事实的思考结果。它与成就和困难不同，又与之存在必然且明显的逻辑关联，既可以校验前面两项关键信息的真伪，又可以显示对方的思维水平和学习能力。其次，一个人经历困难取得战绩之后所总结出来的遗憾和不足，理应比前两者更高级、更精准一些，用在新的事务上会发挥更重要的作用，也许下一次的突破就来自这一次的遗憾和不足。因此，这组独立信息的水平高低可以代表未来可能取得的进步和提升水平。

根据研究结论，人类努力、学习、进步的最佳节奏是，**以 100% 的实力去努力实现 105% 的目标**。这样的进步节奏会让人感到快乐：首先不会因为难度太大而感受到焦虑和内耗；其次更容易取得成功、获得成就感和信心，不容易陷入挫败和沮丧；再次根据复利效应，稳定按照 105% 的进步速度来迭代的话，15 次之后就可以接近原来的两倍水平，即 $1.05^{15}=2.08$。因此，真正优秀的人一定不会止步于 100% 的现状，只要有机会，就会去努力摸高到 105%。

所以，厉害的人一定会愿意讲遗憾和不足是什么，不羞怯、不遮掩，很愿意跟懂的人分享。这就是那些人自强不息的动力和快乐来源，是他们不断迭代和优化自己的底层欲望。

当然，我们不可能仅仅通过问答就获得这三个关键信息，因为“训练有素”的人回答起来可以把内容组织得很好——尤其是这本书出版之后。我们要结合更客观的方法来获得答案：调查、谈话和相处。

如果和对方还不熟，那么浅层接触很难聊出真相，这就需要进行专业的背景调查和尽职调查，依靠专业的方式或机构来完成信息搜集与分析。这种方式的优点是数据客观、详细，缺点是很难搜集到遗憾和不足，也会错过很多当事人的主观感受。

如果已经和对方建立了信任和理解，那么还需要通过谈话的方式来补充更多宝贵信息。有共处的机会更好，就可以在具体的任务过程中进行观察和总结。

当最佳战绩、最大困难与遗憾和不足这三件事都搞清楚之后，我们就可以把对方的底层储备摸清楚了。

一个人的底层储备就是他当前的核心发动机。

4. 三个关键测评问题的案例分析

案例分析：商二代适合做生意吗？

小孙是个年轻人，他爸爸是国内小有名气的商人。之所以没有用“富二代”这样的标签来定义小孙，是因为我们没有办法准确定义“富”。公司资产是明的，规模的确可观，但家族私有资产是不公开的，只能靠“推测”——应该比较富。其实小孙是不是真的富有并没有那么重要，我们可以更多关注他的底层储备是什么，而不被标签所误导。

小孙行事比较高调，社会上有很多他的信息和传言，但还没有人准确评估过小孙的能力，我们就可以用**底层储备**的框架思维来研究一下，看看小孙的未来发展会如何。所有信息都来自公开可查的客观信息，我们分别从**最佳战绩、最大困难以及遗憾和不足**来梳理，尽可能还原小孙的底层储备。

第一，小孙喜欢约会美女，更换频率和出手大方程度远超普通人。他也喜欢和娱乐圈的人隔空吵架，自己的粉丝不比偶像明星少，一旦吵起架来流量也很大，时常上热搜。也许是因为家族的生意有覆盖，所以小孙了解内情，性格直爽不惧，事后也有能力化解风险。

之所以把这两项放在最前面，不是因为这些事情很八卦，是因为它们非常明显且足够客观。大家可以根据公开的数据，**反推小孙在这两件事上所花费的时间和精力，这就是非常明显的兴奋点，时间、精力、兴奋点都是用来判断底层储备的重要参数**。

第二，小孙从父亲那里得到资金开创了一家投资公司，十余年来进行了标准化的基金运营，所投资的公司有盈有亏，赢的时候风光显赫，亏的那些也广为人知。这个客观结果比较正常，符合基金行业的常态，所以我们可以推导出一个结论，小孙是认真在做基金运营和投资的，投资水平中等。如果能够有机会看到更多的详细数据，还能分析出他更擅长什么领域的投资和分析。

第三，小孙的所有投资行为中，最佳战绩是组建了一支职业体育运动队，最初甚至自己也参与其中，试图成为职业运动员，但不久就退出，成为专职的领导者。他所带领的这支队伍取得了洲际比赛的好成绩和亚洲冠军。**由此可知，小孙在职业体育竞赛的组织和运营方面，应该储备最丰厚，心理优势也最为明显。**当然，鉴于隔行如隔山，如果将这项特长简单复制到其他体育或文娱行业，继续成功的可能性不必然大，但至少不会是小白打底的盲动。

第四，小孙在整个商业活动中克服过的最大困难，是旗下公司管理不善导致基金股权被法院冻结，部分实体公司股权被冻结、部分实体公司停业或注销。小孙个人也受牵连，两次被法院判了限制消费或冻结部分财产，当然很快调整完毕后该限制已被取消，不至于让他一蹶不振，毕竟手里业务多、公司多，调整得过来。经过大量调整，小孙退出了一些公司的董事会和相关职务，仍在不断摸索自己应有的更恰当的身份。推导这一组客观数据可以得知，**小孙在部分公司的运营管理方面，尤其是资金、股权和风险控制方面，曾经存在短板。**如果这些挫折能够带来成长和积累，那么弥补所得的新储备会有较高水平。

最后，小孙有什么主观上感受到的遗憾和不足吗？这个关键信息组很难收集数据，因为以小孙的个性，不会对公众和陌生人袒露心声。所以，我们也不能随意猜测他人的自我复盘内容。**有多少证据说多少话，是准确分析一个人的必要条件。**

现在，大家可以按照我们的范式总结小孙的底层储备：

他的最佳战绩是什么？

他克服的最大困难是什么？这个困难在行业中属于什么水平？

他可能有的遗憾和不足是什么？未来发展空间大致如何？

理性清晰地分析完底层储备之后，当小孙把一份商业计划书提交到你面前时，他做什么创业项目会让你比较放心？

人是一个复合体。

一个人可以非常光鲜亮丽，也可以同时做很多事情。**要想在未来把一件事情做好，则需要在这件事上拥有专属的优质底层储备。之前的底层储备和未来要做的事之间的重合度越大、事情的起点越好，未来获得成功的概率越大。**

这个道理放在生活中其实很容易理解，就如同长得好看不一定能成为好演员一样，因为好演员需要的底层储备不是颜值而是文化。商人的孩子就算很有钱，也未必会做生意，因为这要看他的脑子里经年累月储备了些什么。

然而，就是这么简单的事情——**分事情、分清楚**——却是很多人想不明白的事情。我们再讲一个更具迷惑性的案例。

案例分析：著名公司联合创始人再创业

有一家创业公司曾经非常知名，一度估值超过百亿美元，可惜突然之间就崩盘了。从资金链到内部管理存在很多问题，尽管国内顶尖的机构都有投资入场，最终也没能挽回。

负债出走，这家公司的创始人后来去美国再度创业，也并没有再度辉煌。不过我们要说的不是他，而是他身边的一个联合创始人，也就是那家曾经估值过百亿美元公司里的一个骨干联创。我们称呼他为小蔡。

小蔡在前公司里股份占得不多，因为公司最终没有上市，所以可以变现的数字也没法计算。但有两个客观信息值得注意。第一，小蔡和创始人是大学同学的关系，是一起从零开始把公司做起来的元老级联合创始人。第二，小蔡是前公司的 CMO（首席营销官），负责所有市场和营销的工作，而前公司的市场和营销工作的确做得有声有色，一时风光无两。

小蔡主动约见多家风险投资基金，说是有项目思路。一般而言，这种创过业的联创人员，尤其是前代创业成绩（融资成绩）很好的联创人员，都是风投基金非常希望接触和评估的。见面的时候发现，小蔡看起来年龄不到三十，但已经是成熟的样貌。

因为他作为联创人的上一家公司状况太过特殊，所以基金负责分析人员的专家把更多焦点放在分析他的底层储备上。通过聊天，按照最佳战绩、最大困难、遗憾和不足的框架，基本可以得出下面的结论。

最佳战绩方面，是他在品牌打造和市场运营方面的成绩。这方面小蔡的确成绩突出，由于前公司融资顺利，预算充沛，三年时间里小蔡请了很多一线顶流明星来短期合作，也举办了很多基于 App 的线上和线下的宣传活动。在当时，市场上一共有四五家竞品，这家公司及其产品应该能位列全国前二，而从产品投放规模和用户使用占比来讲，经常能拿到第一名。所以，市场运营的成果是好的。客观方面我们可以确定，小蔡是花过钱、打过仗、见过大世面的。除此之外，小蔡工作内容无关公司的融资、人力、财务等方面。

接下来，我们通过三个关键问题来分析小蔡的底层储备。

最佳战绩方面，在成本预算充足的情况下，配合公司的生产、投放、服务和融资等环节，能够通过各种方式把公司的品牌推至当时市场 Top2，算是合格的 CMO，可以给 7 分。如果再来一个大规模的公司业务，把市场营销方面的工作交给他管理，只要预算充足、其他环节配合，肯定也能做得不错。

克服过的最大困难，应该是当时的竞品公司挑起的宣传战。由于竞品公司投入更多成本在硬件提升和算法优化方面，所以其产品的使用体验一度口碑更好，且竞品公司在产品投放量、费用优惠、平台联合促销等各个方面也都颇具竞争力，所以与之比拼产品的硬实力难度很大。这就要依靠小蔡的工作——邀请知名艺人或利用 IP 形象做推广——才能拼出特色。小蔡显然扛住了压力，在这方面没有落败于竞品公司。未来如果再有类似规模的宣传战，以小蔡的储备水平应该也能控制得不错。

我们问到了遗憾和不足，他虽然表达得比较平和和隐晦，但还是对前公司最终的失败表达了唏嘘和无奈，虽然公司亏损不代表创始人及团队的私人收入方面也必然亏损，但是毕竟更值钱的是公司成功之后的期权，两者不是一个量级的“富”。所以，虽然现在也不算穷，但没体会到那些期权变现所带来的财富自由，是他花最多时间表达和情绪有微小波动的兴奋点。这显然就是他的遗憾了，因为公司的失败并不是他所管理的工作内容导致的。

当然，小蔡表达上述内容的时候是积极的，表达的是对未来新机遇的期待，而没有在字面上表达对过往损失和未果的无奈。谈及新业务相关具体的团队组织、人才招募以及融资计划的时候，都因为目前的业务选择还不是非常笃定而不能深入。

到此为止，我们已经可以确定小蔡的底层储备水平了。

作为一个联合创始人兼 CMO，在市场营销业务方面是有比较好的储备水平，但需要注意其经验建立在预算充足的前提下。在投资创业方面还不具备应有的储备，无论融资、财务、人力、项目管理等，都需要更多学习和历练才能承接住创业这样一个复杂的事情。当然，如果他开公司不是按照投融资模式，而是做一个专业提供市场营销服务的业务公司，应该是可以谋求较好收益的。

客观验证：一年之后，创业市场上并没有出现小蔡和他的创业公司。

尽管是前顶级创业公司的联合创始人再度出山，也不意味着他就能够“再塑辉煌”，他的底层储备决定了他出发时的定位、战术和心态。**底层储备与当前业务重合越多，出发时的动力才越足，路线也越安全可靠，未来的发展机会才会越大。**

下面我们再看一个大家感兴趣的历史案例，通过这个案例，我们可以把思路扩展到投资创业之外的其他识人领域。底层储备可以用来判断任何人，哪怕他看起来身份高得吓人。

案例分析：一人之下万人之上的王爷，厉害吗？

很多时候，你可能做不了第一人，而是要选对人，在关键时刻紧紧跟随他，把自己的命运依托于他的能力和未来。

明正德年间，有一个朱家正宗主力藩王——宁王朱宸濠宣布起兵造反。

明朝的起兵造反大家并不陌生。前有朱元璋从一个参加造反的小兵最终成了皇帝，后有他儿子燕王朱棣造反成功，推翻了朱元璋亲选的继位皇太孙，成为实际上的明朝第二任实权皇帝。再之后，宁王朱宸濠也正式宣布造反了。

当时的正德皇帝朱厚照是个不理国务、信任权奸、贪玩胡闹的皇帝，他虽然没什么直接坑害百姓的恶行，却纵容手下的刘瑾、钱宁、江彬、张忠、许泰等太监、武官滥权，导致乱象丛生、民不聊生。

按体制，大明藩王的身份地位极其高贵，虽然没有具体干预国家决策的权力，但是他们享受的品级待遇是高于所有大臣的，是“一人之下、万人之上”的政治地位，所有大臣见到藩王都要毕恭毕敬行礼。藩王的政治地位与普通阶层之间有一道巨大的鸿沟不可跨越，必须仰视、必须敬畏。

不同的藩王势力大小也不太一样。有些岁数小的或者能力差的就处于“好好活着”的状态。而宁王朱宸濠是大藩王，大到远超其他藩王，他甚至拥有自己的军队。那时的明朝对兵权管理极其谨慎，在正德年间，普遍情况是藩王不允许拥有自己的护卫军队，但宁王通过以贿赂为主、夹杂糊弄为辅的手段，搞定了朝廷相关大臣和糊里糊涂的正德皇帝，成功设立了自己的护卫军队。

因此，在宁王造反之前，他的势力和影响力都已经非常大了，是当时顶级的藩王——有巨大的财产，有自己的护卫军队，同时还有大量招募来的贼匪巨盗和武装势力。他贿赂了朝廷里的很多官员，也就同时拿捏住了这些人的软肋，尤其是皇帝身边的人，所以也就拥有了巨大的情报网和强大的政治威慑力。而且，他运作多年，通过贿赂和打擦边球的方式把自己的世子送到了具备监国资格的政治高位上。因为正德皇帝没有亲儿子，一旦出事，这个“监国”的身份极有可能成为继承皇权的明牌。

所有这些硬件和软件，都会给当时的人造成一种感觉——宁王是真强!

宁王宣布起兵那天，杀了不听话的两个当地高官，扣押了几乎所有重要的地方官员，号称十万军队顺水东下，长江水面风帆蔽日，大军奉命直取南京，并顺利在第一仗就攻破了九江、南康，然后兵临安庆城下。

当时就是这样的局面。

就是这么一个势力极大、有兵有钱又狠心、有能力办大事的朱家大藩王，起兵针对一个水平不高、身边势力纷乱的朱家皇帝。

如果必须面对命运的岔路口进行二选一，你会选择加入哪边保住自己的命甚至谋求做强做大?

我们不妨让时间在此刻暂停一下，冷静地用底层储备的角度看一下宁王和他要做的事。

宁王现在要做的事是起兵夺权当皇帝，他过往的底层储备和他要做的事，有多高的重合率呢?

第一关键点，宁王的最佳战绩。

政治行动方面，他的最佳战绩是把世子送到了接近“监国”的位置，还是用擦边规则的方式以贿赂实现，并不光明正大。

民生管理方面，他把自己的属地江西搞得民不聊生，不会建设，不懂生产，没有秩序，只会强取豪夺。

组织管理方面，不听话的官员都杀，听话的官员重奖，手下招募的谋士也尽是些投机之辈。

军事管理方面，最佳战绩是搞了一支合法护卫军队，还有一支强盗贼匪组成的打手军队。不会练兵，不懂做政治建设和组织建设工作，鼓励官兵的方法是升官发财，造反之前也没有指挥正规部队的实战经验。先头突破的九江和南康，是两座没有城墙的城池。

意识形态方面，没有最佳战绩。

第二关键点，克服过的最大困难。

说起来宁王也不是一帆风顺就把上述成果给轻轻松松拿下来的。

把世子送到“监国”位置上的成果，是通过贿赂宠监钱宁，让他蒙骗正德皇帝批准宁王的请求——允许他的世子参与太庙的献祭，并将诏令写在一种叫做“异色龙笺”的特殊纸上。这种特殊的“异色龙笺”圣旨按惯例只有在太子监国时，才会由皇帝颁发给太子。不过正德皇帝显然没有那么在意。而且，因为搞这件事，他还得罪了皇帝身边的另一个权奸江彬，因为钱宁得势会影响到他的切身利益。所以，这的确是顶级的困难，但宁王用这种方法办到了。

同样，别的藩王没有护卫军队，宁王却通过贿赂权监刘瑾而给自己搞来了建立护卫军队的权利，这也是万分困难的事情，但宁王办到了。

至于其他的招募土匪、坑害百姓、欺男霸女、抢人田土、杀戮官员、横征暴敛什么的，对宁王来说倒是没什么难度，遵循着自己的本性肆意妄为就能做到。

那么，我们可以确定，他克服过的最大困难具备共通性，那就是通过贿赂等手段、玩复杂规则的钻空子游戏。但这里有个重要的前提，那就是正德皇帝本身不在意，他对正经事儿都持无所谓的心态，所以宁王才能克服那些困难。

第三关键点，遗憾和不足。

其实，宁王在造反前还是有很多不足的。

首先是兵力和战斗力。强大的军队战斗力要靠招募、训练、实战和军心建设，这些宁王都不擅长，他只擅长一件事，那就是发钱赏赐并许以高官。军队从官到兵，都是为了升官发财而打仗的，缺钱了就抢，所以没有什么民心基础，更不具备好的训练和实战经验，要不然也不至于招募一大批土匪强盗。

其次，老是有些“不懂事”的官员向朝廷告状，说宁王要造反，导致最后皇帝真的派人来查（其实是皇帝身边的恶人互相排挤戕害的结果），导致他辛辛苦苦铺的那条监国身份之路功亏一篑。如果大家都相安无事，安静等待正德皇帝驾崩，宁王也许可以平稳继承政权，而不必起兵造反这么麻烦。没能力让治下官员保持忠诚，是宁王一个很大的不足。

那么，我们要提出关键问题了。宁王想要在接下来的造反过程中升级优化此前的不足吗？他会潜心训练和建设部队吗？他会用心学习如何任用贤能和管理人员吗？

我想答案是不存在争议的两个字——不会。

宁王的底层储备三要素分析完毕。我们现在可以反推：宁王都存储了些什么样的技能、擅长解决什么问题。这些大脑里的底层储备，和他想要实现的军事斗争胜利，以及未来成为一国之主统治江山，重合率有多高呢？

后来的故事大家也知道了，四十三天时间不到宁王兵败，被王守仁（即王阳明先生）活捉，最后被废为庶人，伏诛。

实际上，除了开局斩杀两名官员、浩浩荡荡发兵攻打了九江和南康之外，宁王再也没出现过“风风光光”和“势如破竹”的威风时刻。

一开始，他在南昌有一共十万反兵整装待发，这是真的。但听说王守仁已经从各地紧急征调了数十万大军准备围困南昌城时，他在不明真假的情况下重兵缓发，只出动了先头部队。过了半个月他才知道，王守仁手里根本没啥兵力，纯粹是缓兵之计，这才大胆催动主力出了南昌城。

而王守仁一开始是纯粹吹牛，真的是两手空空，但经过这半个月虚虚实实的信息战，他还真的汇聚了几万义兵，使局势发生了巧妙的变化。尽管这时候朝廷还没有官方回应和命令，但王守仁毫不犹豫要第一时间将宁王势力彻底剿灭。此前他的主任务就是在江西剿匪，所以领导过本地的将领和兵士，他振臂一呼，大家都愿意跟着他平乱，大量兵将汇聚到他麾下。

王守仁是真真正正懂民心、懂军队建设、懂战法训练、懂官员调选的，尤其是真刀真枪打过仗，知道情报战和攻坚战如何实施，是能够克敌制胜的优质将领。所以，接下来他围攻南昌，拿下了宁王的老巢，让宁王这个没远见、没战略、没见过世面的家伙急火火赶回来保本，并在鄱阳湖上最终打赢了这场硬仗。

本段总结

合上史书，我们把注意力转移回当前的世界，会发现：虽然过去了五百年，但识人的思路变化不大。

头脑糊涂的人还是会拜倒在盛名之下。他们的大脑在看到显赫的头衔或听到骇人的传闻后，会自动脑补很多“厉害”和“强大”的联想，而且越补越跪，还没起跑就已经错了。也正是这批人给很多金玉其外的人留出了欺骗空间。

看本质的人还是会非常耐心、用心地查看他人的真实水平，看到他的强与不强，看到其中的成因，也预判未来的发展。

用底层储备的思路来判断一个人的过去，再判断这些储备水平和即将发生的事情能有多少重合，这种方式虽然不能百分百预言未来的结果，但可以确保在开端处取得一个客观而准确的结论，以真实的优势起跑。

第三部分

评估核心

第四段　知行高效

九段识人法则的第三段底层储备用于分析一个人的过去、辨析他大脑里擅长的事情。他可能创造过非常辉煌的战绩、底层储备也很丰厚，但此刻未必处于好的状态，低迷、彷徨、沉溺、自大，都有可能。此刻状态不好，未来发展也会堪忧。如果把人比作一台汽车，那么底层储备就是车子的发动机，而当前的状态就是驾驶程序。好的发动机也需要有敏锐、精准、高效的驾驶算法来匹配，烂程序发挥不了好的发动机性能。

你会怎么描述一位很优秀的人?

思虑周密、算无遗策、热情积极、主动尽责、积极进取、顽强奋斗、百折不挠、果敢决断、雷厉风行、胸怀博大、温柔细腻、训练有素、不卑不亢……这样的词太多了，容易夸张、容易片面，没有办法准确描述人格本质。

九段识人法则的第四段到第六段，主要用于客观地评测一个人的当前状态，**它们依次是：知行高效、升维思考、容人有度。**

1. 什么是知行高效

心理学里有一个概念叫做自我效能，是一个人对自己的内化评估，它包括了两件事——能力和效率，可以理解成“我能做什么（能），我能做到多好（效）”。这个“能做到多好”其实就是效率的本质，是**单位成本内可实现的成果量，即成果量 / 单位成本**。

九段识人法则的知行高效指标非常精准地指向效率，而“能”的部分其实就是第三段的底层储备。

一说到效率高，人们会快速联想到办事利索、能在短时间完成任务安排等情况。这种联想没错，其中成本是时间、成果是做完的任务。的确，很多时候讲效率是以时间为默认成本的，但现实中的**成本还包括：人力、财物、情绪、情感、大脑算力**等等。

所以，**效率高的准确定义是以较少成本获得较大成果**，包括：

少花钱、多办事；

少犯错、求稳健；

少拉扯、说正事；

……

快准狠是个好词，快是时间成本低，准是解决方法准确，狠是一击即中，指在没有任何浪费的情况下获得成果。所以，我们常说“这人是个狠人”，并不是说此人凶狠得像动物，而是说他不浪费情绪、不受情感牵绊，做事成本低、收益高。

效率高是“优秀”这个词的解析因素之一，甚至可以说，效率不高的人就不够优秀。

为了更准确、更全面地评估一个人的效率状态，九段识人法则不是简单地看他手脚快不快、干活麻利不麻利，而是注重观察他的三个日常状态：

（1）他知道自己要（在）做什么吗？

（2）他知道应该怎么做吗？

（3）他实际执行得好吗？

如果一个人明确知道自己要做什么，并且知道应该怎样解决问题，还能努力落实执行推进，那么他的效率一定高，即使在曲折的道路上遭遇了巨大的困难，他也一定是效率最高的那个人。反之，如果做不到这三条，即使他处于顺风顺水的环境，也会随波逐流、随风飘零直到最终失控。

（1）不知道目标瞎忙乎的，小事做得再多再快，也是瞎忙乎，谈不上效率；

（2）只会说志向高远的漂亮话，但具体不知该怎么做，遇到问题像没头苍蝇一样乱撞的，浪费大，效率低；

（3）知道目标，也知道正确的方法，但抗拒不了诱惑和干扰、不能落实执行的，最终还是输。

以上这三类人在现实生活中其实并不罕见，他们做大事效率都很低，也容易误事。

其实，这三条并不是九段识人法则的原创，而是古人所说的**知行合一**的现代版解读。

通常我们所理解的知行合一，都是对自己的修养要求，就是要说到做到、不说空话。很多人都知道它来自王守仁的“心学”，但并不清楚其真实含义和价值。我们这里先不详谈那些对王守仁、心学和知行合一最常见的误解，仅借鉴知行合一的思想来检验观察对象的效率，这是一个非常棒的方法，故此，我们把这项关于效率的指标最终命名为“知行高效”。

2. 定义成果

效率是单位成本内可实现的成果。

不同的人对成果的理解千差万别。具体该怎么定义成果？

是挣了多少钱、谈了多少恋爱，还是玩了多少泥巴、搭了多少乐高？

九段识人法则**把成果分成三大类：保底不差、生产建设、愉悦享受。**

（1）保底不差类成果

最典型的例子是健康。如果你能够把自己的身体底线保住，不痛苦、不生病、不动手术，保持自己是一个健康的状态，不必为补漏洞、治毛病付出太多成本，那么你的**保底不差**这个成果就已经做得很好了。

作战的时候，抓到对方的间谍、排掉雷区的地雷、推平敌人的碉堡，也都属于保底不差类别的成果。间谍、地雷和碉堡都是对我军造成伤害的点，仅仅干掉它们不算获得胜利，也没有增加收益，但不干掉它们会严重拖慢甚至破坏胜利的进程。去除这些破坏点、修补好自己的漏洞，就能够避免大量损耗，这就属于典型的保底不差类成果。

以此类推，公安机关抓坏人、纪律部门处置贪腐、新政权宣布废除不平等条约等，这些都没有新增的收益性成果，却都很重要，都属于保底不差类成果。

（2）生产建设类成果

人们常识中所认为的成果大多是这一类。从生产出产品到通过交易产生利润，从建设高铁站和机场到开发互联网软件，从教育孩子成才到投入经费搞基础科研，从文艺作品排演到体育训练和比赛，从组建一家公司做项目到花费巨资进行品牌宣传，大部分我们要完成的任务都属于生产建设类成果。它们都需要大量的投入——时间、精力、财力、物力，也都有着各自的增益成果反馈。

人的一生，大部分时间主要都在努力实现此类成果。

一个社会存在的价值也是把更多人的努力组织协调在一起，大家互相配合支持，让此类成果更高效、更丰富。

所以，我们也可以得出一条判断好坏敌友的黄金标准：**谁在帮你搞建设，谁就是你的朋友，是有益的；谁在破坏你的建设和积累，谁就是你的敌人，是有害的。**

（3）愉悦享受类成果

大脑接收到满足期待的信息、分泌奖励激素，让人产生生理性的放松、舒适和满足，这就是享受的本质。前述两类成果通常都会引发大脑的愉悦，让人产生享受的感觉，这也是人类努力奋斗的基本原理。

虽然前述两类成果可以包含愉悦和享受，但基于下面两个原因，我们在这里单独提炼出愉悦享受作为一类成果：

第一，保底不坏类的看病、手术、吃药和康复训练，往往过程比较痛苦，取得成果了也未必都能产生享受的感觉。种田、上班、贸易、养娃、科研，这些事情属于生产建设，其过程可能带来很多痛苦和折磨，主观上未必事事愉悦享受。一些怕看病、怕上班的人就不会以前述两类为自己追求的成果，但他们也有自己所定义的其他成果，不能漏缺。

第二，享受是一种主观感受，可能客观上并没有修补任何漏洞，或者形成任何增加的收益，但主观上依然享受。比如，悲伤时一句电影台词带来的温暖，平凡时一个美好的梦想带来的希望，孤独时一个棋局的取胜带来的满足，众口铄金的时候一个温暖的宽容，等等。

所以，愉悦享受类成果是一部分人群追求的目标，应该单列出来作为逻辑上的补全。

清晰地定义了成果，才能清晰地理解效率的概念，才能准确地评估一个人的效率高不高。

更关键的是，人类的很多行为都是**以成果为目标的**。

效率分析三要素

评估一个人的效率高不高，主要看三个因素：目标、方法、做到。

没有目标的人，效率肯定高不了。

目标既定、方法恰当，不是乱来，效率才可能高。

有目标、有方法，最关键要落实做到——扛住压力、排除干扰，这是真正的知行合一。

当你发现一个人在做事情的时候三个要素都是齐的，那么他在这件事情上效率就极高。

特别注意，判断效率要分事情。必须明确的是，每个人在不同的事情上效率有高有低，有的人可能做公司效率非常高，但他谈恋爱不行；有的人可能谈恋爱这件事情效率非常高，但是他的考试成绩不行，等等。

我们不能想当然地认为某人做一件事情的效率高，这个人做所有事都会效率高。事实并非如此。

3. 目标合理

案例：没有目标的盲动

第一份工作

有一位年轻人本科毕业于国内 Top5 名校，出国之后拿到了藤校的金融硕士学位，接着去华尔街大机构实习，然后被前辈投资人介绍回国，在一家头部基金找到了第一份正式工作。

前辈介绍是他能入职的一个因素，前辈每年会介绍很多优秀的新人填充到一线。更主要的因素是他自己的目标就是一定要在知名的基金里上班。他的逻辑是，“我的第一份工作是一个知名大基金，将来我的履历就会非常漂亮，而且可以‘站在巨人肩膀上’开始职业生涯。”

但干了半年左右，他感觉遇到了很多问题。

首先是不受重视，上级交办的活儿都是非常基础的工作。其实，基金规模大了之后，即使是藤校硕士去了，也不会在短期内被分配到重要的岗位或承担重要的职责，所有新人肯定都要从基层工作做起。

其次是待遇差别很大。一起出差的时候，他会发现比他职级高的人待遇好很多。像合伙人这个级别都是头等舱，住酒店都是套房，餐费标准也高很多。而像他这样的基层分析师，飞机坐的都是经济舱，住的都是面积不大的大床房，餐费标准也较低。在他看来，这些高职级的人其实工作量并没有他大，业务上也没见什么高水平的独到见解，两者根本不应该有这么大的价值差异。

所以，他只坚持了一年，便离职进入了另外一家中等规模的基金公司。

第二份工作

有学历、有专业水平，还有头部大基金的工作履历，让他在第二个基金公司找到了一个比较不错的职位，他也愿意拼命干，愿意实现自己的价值，所以很受老板赏识。半年后，他开出了自己的条件：出差的时候必须坐头等舱，酒店必须住五星酒店行政间，而且要报销出差其间所有费用，餐费、车费之类的不受限制。这家基金刚刚新募集了一批有限合伙人的钱，手里资金多，业务发展有需求，又看好这个优秀的人才，所以答应了他的条件。他扬眉吐气地开始了新征程。

但没过多久他就发现，因为这个基金规模不够大，所以接触的创业案源普遍体量比较小，很多还都是一看就不值得投资的“没未来”。

想当初在顶级基金里，虽然干的都是基层工作，但参与的都是名噪一时的大案子，现在聊起来都让人有“忆往昔峥嵘岁月稠”的豪迈感。反观现在的这家基金里，就算偶尔遇到个大案子能去谈一谈，往往也因为人家融资的轮次偏后、对资金的体量需求大，老板的犹豫导致推进过程磕磕绊绊，最终失去了参与投资大案子的机会。

就这样，他又努力拼了九个月，还是觉得浪费时间，明白了出差这些待遇什么的都是表面浮华，如果不见大案子就没有意义，所以再次决定跳槽。

第三份工作

第三家基金公司很新，是行业内一个非常知名的大佬主持的。因为内部矛盾和业务瓶颈，这位大佬从他合伙的前一家基金里带出一批人成立了这家新基金。大佬的人脉资源、行业资源以及阅历和资历都非常丰厚，正是招兵买马的时候，看中了这个优质的年轻投资人。

履职之后，年轻人一心跟着大佬看项目、做研判，薪资和福利待遇也不错，也见到很多好项目，认识了很多行业里的传奇，真的是开了眼界、长了见识。但是，这次的问题是他的工作能力不行。

他的底层储备，只有扎扎实实的基础分析工作，没有判断案子的大格局和战略眼光。而大佬本人自己水平高，所以对工作流程和规范要求严格。再加上是刚刚成立的新基金，大佬不希望就此没落，所以他对手下人要求非常高。年轻人的工作总是被大佬批评不扎实，尽管他工作做得很细，时间精力没少花，但他提出的观点总是得不到充分的认可，大佬总说他这些工作价值不大。

时间长了，他的压力很大，心情很不好，大佬和合伙人们究竟是怎么评判的项目、如何决定投或者不投，他也没摸到门道。所以，他再次心生不满，觉得这样不行——这样做下去对自己来说是消耗战，投不出业绩还被人看不起，于是决定再换工作。

第四份工作

要投出项目，有一个潜在影响因素是有高层合伙人支持。很多基金里面其实是有内部派系的，有一个合伙人给支持，下面的人推荐的项目就更容易通过投资委员会的审议。所以，他在选第四份工作的时候，就和一个基金的合伙人敲定了这种“忠诚”的绑定关系，目的就是获得稳定的支持，好给自己的投资生涯积累一些成功案例。那个合伙人当然也有需求，也需要有优质的自己人来确定势力，以形成更大的决策影响力。

敲定关系之后，效果果然很明显。他很拼，每个月都积极谈好多项目，他推荐的很多项目也确实被合伙人推上去并过会了，一度非常风光。

然而，接下来遇到了新的问题。

这家基金过去的投资项目中有几家成功上市了，基金也因此获得了好的回报。在他加入之前的投资人都获得了丰厚的分红，但还没轮到他。新投的项目还需要时间，短期内不可能退出分红，所以老员工们一夜发达，他却还要继续奔波而只拿基本薪资。他想来想去，觉得这样太不公平了。人心理一旦不平衡，处处都觉得别扭。

于是，他开始准备换第五份工作，目标是寻找综合年薪最高的基金。分红指望不上，那就用高薪来弥补。

后面的故事不再赘述，从应届毕业生到三十出头的投资老兵，他目前基本处于不上不下的没落状态，饿不死，但也没有好的发展机会了。

这个优秀的年轻人，头脑聪明读书好，名校毕业成绩高，履历漂亮阅历广，行业里也见得多，薪水不低不缺钱，出差行程也都是高级待遇，按理说已经超越了很多人的客观状态。但是表面的光鲜只能骗外行，他过去的几年始终在漂浮，在随波逐流，无论是和当初他的那些同事比较，还是仅仅看他自己的人生成长，都处于低效率的状态，也没给社会做出太大贡献。

其中最主要的原因，就是目标不清晰。

既然决定投身于投资行业，那么必须先想好自己的目标。

你是要光鲜生活，还是要丰厚收入，还是要深耕行业学习、最终能投出好的项目？

我们每个人，无论做什么工作，每天都会身陷大量噪声之中，如果目标不够清晰，特别容易稀释和降低自己的单位时间价值，也会严重拖慢向目标前进的节奏。这里说的噪声是与目标无关的干扰信息。

案例中这个优秀的年轻人先要光鲜，再要待遇，然后回归到找好项目，找不到好项目又归咎基金太小，真的遇到好老板和好项目却又扛不住压力和批评，最终几年的时间过去，对如何投资一家了不起的公司一无所获。换来换去，最终只把自己换得荒废了，没有换来真知灼见的行业经验，也没有换来后面更好的底层储备。

虽然他每一步都清楚地知道自己下一步要什么，每一次换工作都不能说没有目标，但可惜的是，他的每个小目标都不是朝着成长为一个优秀投资人的大目标去的。迷失了正确的大目标，所有的努力都是无效努力，效率接近零。

在这里，我们**把小行动的阶段性小目标简称为“小知”，把所有努力和时间成本指向的大目标简称为“大知”**。确定大知，所有时间和精力不散乱，分解成无数小知来指导具体行动，这样的效率最高。

目标不能换吗？

有些人会迷惑，上一个案例中的年轻人做错了吗？难道不应该发现问题、分析问题，最后解决问题吗？如果现实中发现了问题，却因为执着于“不能频繁更换目标”的原则，岂不是很容易走入死胡同？

简单的两句话可以解答这个问题。

第一，目标可以变化，为了与生存环境和发展环境相适应，应该积极主动地去选择变化。

第二，要做到**以“大知”选择变化**，而不应该在自己没有大方向、大目标的情况下散乱地小变化。

如果当前处境不好，你可以为了长期大目标而选择**忍耐**，也可以为了寻求生存而选择**脱离**，还可以为了训练战斗力和经验而选择**对抗**，哪一种决策都行，但需要头脑清醒地知道自己为什么要这么做。

如果当前局面有利，你可以意气风发地趁热打铁继续扩大战果，也可以为了避免引人注意而选择低调隐藏实力，还可以放弃小利益用来迷惑对手、以退为进。但以上方式的共同点是自身头脑清醒地知道自己在做什么，以及为什么要这么做。

所以，不是说案例中的年轻人不应该换工作，不是要求所有人一头扎进死胡同不变，我们强调的是每次选择变化都要问问自己究竟想要什么。盲目而冲动的变化肯定会拉低时间和努力的效率。

反之，假设一个人明确地知道自己未来三年的目标就是见世面、交学费，就是体会人间百态和尝尽酸甜苦辣来攒阅历，那么接下来他或者深耕细作吃苦耐劳，或者蜻蜓点水浅尝辄止都是可以的，三年后大脑里储备的内容就可以为下一步的大目标服务，提供大量一手见闻和感受。这种表面上看起来的三年“布朗运动”,实际上符合自己的大知，就是优秀的决策。

目标导向 vs. 进化论

虽说都是为了适应环境，但有目标的主动变化和生物的自然演化有所不同。

生物的演化规则是“物竞天择、适者生存”。每个物种在产生基因突变的时候并没有明确的目标，只是通过繁衍子代的多样性来寻求生存机会，这个多样性就是为了防备环境的变化。环境稳定不变，那么和上一代特征相同的子代就能继续适应环境从而生存下去，产生了关键变化的其他子代则可能因为不适应而自然灭亡；环境一变，则只有那些能适应新环境的子代才有希望生存下去，而保持不变的子代则被新环境淘汰。

在这种多代繁衍的演化中，物种的突变多样性是没有目标的、是随机而盲目的，因为在产生这些子代的时候，亲代没有办法预测环境的变化，也没有办法控制自己的多样性突变结果，所以只能通过冗余的超量准备（指突变的多样性）来应对环境变化的不可知性。

但对于一个人的一生而言，其实大部分环境的变化不会如天崩地裂般巨大，社会事务的规则也极少只有活下去或者灭亡两个选项，更关键的是，一个人的思维和决策都是和周边环境互动产生的，无论是上学、上班还是谈恋爱、创业，每分每秒的所思所想其实都来自身边的环境，每次大大小小的决策也都会回到环境中去，这种互动是连续的、密集的、彼此相关的。所以，一个人不应该用多样性突变这种冗余的超量准备来应对环境的变化，而应该基于经历、知识和环境状况来清楚地设定自己的目标，然后选择恰当的方法去践行。

目标清晰，非常重要。

想象一下，你现在跟一个成年人在谈生意，如果他连下一步的目标都没有明确的话，你怎么能指望他各方面的效率会高起来呢？

明确这一点之后，我们可以开始思考两个问题。

第一，看自己。你自己当前的状态是否有明确的大知和小知，小知和大知能保持一致吗？

第二，看别人。你特别看重的那个人，在他关心的那件事情上，有没有明确的大知和小知，小知和大知一致吗？他知道自己正在花时间、花精力干什么吗？他知道自己将来要实现什么目标吗？

大知和小知

什么人的效率高?

大知和小知统一的人，他们的效率非常高。

所有的小知，也就是所有的眼前目标、短期目标和具体的努力，都是为了二阶甚至更长远的目标去努力和储备的，哪怕是遭遇挫折都没有关系，这就是小知和大知统一。这种情况下，一个人的效率会非常高。

大知和小知的“大”与“小”是相对的。

对于学生来说，小知是每天完成作业，大知是日积月累取得好成绩。

对于运动员来说，小知是每天完成训练，大知是在比赛中拿到奖牌。

对于商业人员来说，小知是签单之前的每件事都尽量做好，该追捧追捧，该退让退让，大知是把大的商单签下来赚大钱。

对于科研人员来说，小知是积累很多好的知识，大知是把这些积累应用到创新中，取得更优或更新的成果。

大和小既相对于人，也相对于事。特定的人在做他应该做的事情时，相对此人此事的大知和小知应该统一才好，不统一就会有问题，而且会是很大的问题。

我们以五代十国时期的后唐开国者李存勖为例，来说明这种大知和小知在特定人和特定事上体现出的相对性及其重要影响。

唐天祐四年（907 年），唐末权臣朱温废掉最后一个唐皇帝（唐哀帝），建立梁朝，史称后梁。自此，历史上的“五代”开始。

朱温登基之后，长期与河东李克用、淮南杨渥等地方势力进行激烈的对抗与战争。李克用死后，其子李存勖继承父志，继续对抗后梁。在长达 15 年的军事对抗中，李存勖表现出了很好的军事指挥能力。他先后战胜了前蜀、契丹等强敌，并不断统一黄河以北地区。随后与后梁在黄河沿线鏖战十年，最终于公元 923 年彻底击败后梁，在魏州称帝，以光复唐朝为号召建国号唐，史称后唐。

如果把李存勖设定为一个军事指挥官的角色，他的小知是作战技术，包括对地图的判断、军队的装备、人员的任命、战术的指挥等，水平都很高，也取得了他的大知所指向的目标——推翻后梁政权，建立新政权。

然而，在成为一国之君之后，李存勖却没有成为一名好的国家管理者，反而暴露出他在政治上的浅薄和幼稚。

他纵容贪婪的皇后刘氏干预朝政，重用大量贪腐无能的小人，要求文臣武将绝对服从，以赏赐代制度，用私人恩惠替代法治建设。为满足享乐设立“内府库”，将国家财税收入内廷私有化，不理民间疾苦。

另一方面，李存勖迷恋、宠幸伶人，甚至设立“伶官参政制”，纵容伶人干政。伶人可随意出入宫廷，甚至担任刺史，军国大事“皆决于俳优”。李存勖取消士兵优待政策，却将大把银钱厚赏伶人，把自己擅长的军队建设也拖入混乱低能状态。灭梁第一功臣郭崇韬被诛杀就是李存勖听信了伶人谗言的结果，这也引发了后续的兵变。

如果把李存勖设定为一个政权领导者的角色，那么他的小知是军事能力，应有的大知是巩固政权和治理好国家。对这项大知目标而言，李存勖并不具备相匹配的目标和能力，他无力建立管理体系，无法化解管理系统的内部矛盾，不明白身边的外戚家族和伶人团体继续闹下去会导致什么结果。他更不理解民生的重要性，不理解生产建设的重要性，所擅长的小知（军事斗争手段）与其大知的身份、任务和目标不匹配，最终成为一名昏君，惨死在乱局中。

综合而言，作为军事指挥官，他是优秀的，小知大知都算高水平；作为国君，他是低水平的，小知不行，大知更是无知盲行。

这就是我们说的小知和大知的相对性，关键取决于本人认为自己是谁、应该承担什么责任，更关键在于你对他的期待是什么，你认为他应该是谁，应该承担什么样的责任。

有大知，有力量，有智慧

大知的形成有**自下而上**和**自上而下**两种过程。

绝大部分人的大知（高级目标）是自下而上逐渐打磨出来的。从一张白纸开始，先学习再实践，慢慢找到自己擅长的、感觉有趣的、认为有价值的目标。从小目标开始，每次升级突破一点点，大目标也就越来越清晰，对自己的实力也就越来越有自信，这就是心理学中的经典概念——**习得性自信**。

我们在实践中也发现了这个规律。遇到复杂或棘手的问题，如果仅仅停留在问题本身，人会变得很纠结，往往会不知所措、情绪低迷或昏招频出。如果在这些问题背后有个更大的目标，人的状态就会变得包容、积极、兴奋，考虑所有问题时都是为了更好地实现大目标，困难也就不再那么令人困惑和为难，这样才有可能高瞻远瞩地做到奇招妙策层出不穷。

一个人如果找到了自己的大知就会觉得非常幸福，因为接下来所有的艰苦斗争都会像下棋一样充满乐趣，只为胜利的那一天。

现在我们用这个指标来看人。

他有没有目标呢？

他的小目标和大目标，是不是可以统一呢？

具备小知，可以行动迅捷，提升效率；具备大知，可以提供无穷无尽的动力和智慧。

反之，最差的情况就是无知盲行，看着每天忙忙叨叨很努力，但都是无用功，只是对自己的安慰和麻醉，实际上效率非常低。

是不是无知盲行，我们要先看自己，再看别人。如果我们自己的状态属于无知盲行，那么对别人的分析也未必准确。

案例：无知盲行的“优质创业者”

十几年前，互联网行业有一桩公案几乎尽人皆知。

那时手机端移动互联网还没有流行，大部分用户还在使用 PC 端的互联网产品。其中有一家公司开发了一款软件，因为使用了特殊的技术，能让用户观看大量违规资源，使得他们的软件用户数量猛增，一度非常知名。当然，后来查证发现这些违规资源竟然存放在公司服务器中，物证确凿，创始人锒铛入狱。十几年之后的技术进步和行业变化，没有再给那款软件生存的空间。但因为当年他的公司确实很火，成绩做得很大，所以在投资人的眼里这位创始人属于很牛的人。当创始人刑满出狱，资本蜂拥而至。

资本普遍有个爱好，喜欢曾经把公司做大的、见过钱和业务的、有经验的创业者。创业者本人也没有觉得自己之前的违法犯罪有什么大问题，当初在法庭上就曾经面无悔意地为自己辩护过。他没有拿道德来要求自己，不觉得使用违规素材有什么值得愧疚的，毕竟这些东西在互联网上到处都是，“我不用别人也在用”，自己只是用它来做吸引用户的手段而已，对于做公司来说，只要能做出产品、抓到用户、挣到钱，犯点儿法也没什么。

我们必须在这里正式提出一个问题：对于一个“做大生意”的人来说，“为了把事业干大违反点儿法律道德不是什么了不起的事情”，这种观点能成立吗？所谓“做大事不拘小节”会不会反而是伟大的人必有的胆魄呢？美国著名心理学家乔丹·彼得森也说过，企业家们普遍“低尽责性”，这是真的吗？

大家可以先思考思考，我们会在本段后面的**“方法恰当”**主题部分来统一回答。

出狱后，他正式宣布创业，大量资本主动找上门来希望和他携手再塑辉煌。他也的确有做公司的经验，知道怎么带队伍，熟悉如何开发产品，真刀真枪地开始在移动互联网行业里做开发。没多久，他的新公司就高调发布了自己的新产品——一款社交软件。

我的印象非常深刻，因为几年前的那一天，有三家知名公司在同一天开了发布会推出各自的社交产品，那时社交 App 赛道正火热，那一天整个行业和受众们都非常兴奋。大家纷纷说，有竞争才是健康的，微信一家独大的时代要结束了，等等。

这位创始人在发布会后接受采访，讲了很多话，媒体进行了大量报道。

“我自己会选择避开竞争，做别人没有做过的事。”

“如果实验不成也行，因为至少能验证一个结果，而我们的试错成本是很低的。”

“创业的成功率都很低，跟赌博差不多，但是创业是我一辈子的事儿，我到死都要创业。”

这些话听起来不但可能是对的，而且还很“高级”。

但我们需要冷静一下。

我们来做两件冷静的事情。首先，仔细思考一下这些话背后的心态，重新判断一下这个人。然后，看事实层面的结果验证。

“选择避开竞争”可能是历史性随机智慧，但也可能就是投机心态，因为这种研发和生产模式不符合优质业务发展的客观规律，本质是想靠运气（别人是笨蛋）而蒙出一个成果。

“试错成本是很低的”也许是因为每个尝试性的小项目花销都不大，也许是因为他的钱来得容易，那些追捧他的投资人不会对浪费的钱追责。往好的方面想，是经验丰富会打快进快出仗的智慧；往坏的方面想，就是无赖心态。现实中开公司，房租、工资、研发和市场费用不是真的低，更重要的是，频繁更换项目、变换方向而导致的人心成本是真的不低。无知盲行是效率最低的工作方式，甚至本质上可以定性为浪费，正经开公司的人不可能说出这样的话。

最暴露真实心态的那句话是“我到死都要创业”，这就只能是不负责任的心态，对自己不负责任、对投资人不负责任、对社会不负责任。没有第二种解读。

也许有人会说，也许他的意思是做一家成功一家，做一家上市一家，成功后继续从零开始新的创业，让投资人赚得盆满钵满，这不是很高级的生活状态吗？

的确会有一部分人被这种“境界”骗到。

这种境界如果是高级的，那么必须是成功之后再做下一家。如果失败一次就重来一次，再失败再重来地搞循环，本质就是无知盲行，效率极低。我们注意看完整上下文，“创业的成功率都很低，跟赌博差不多，但是创业是我一辈子的事儿，我到死都要创业。”他自己讲得很清楚了。

没有目标的创业，所花费的时间、精力、金钱都会被浪费掉。

因为他没有目标，不知道自己要干什么，他现在所思所想、所作所为是因为有钱，是因为资本方觉得他行，然后所处的行业又蓬勃，所以他可以肆无忌惮地尝试。但**他其实并没有一个自上而下的使命目标，也没有一个自下而上逐渐做强推导出来的目标**（此处可以思考一下他的底层储备）。

所以，看完采访后我在第一时间做了详细分析，得出的结论是这次的产品一定砸。今后他如果还不明确目标，等待他的结果也大概率是失败。

这里的目标，不是小知，不是“现阶段什么行业火，我们就花钱花人冲上去也做个产品出来”。这里的目标是大知，是他自己想要实现的目标（在创业流程里套现不算），是他要负责任地给投资人和信任他的人什么样的成果反馈，是他对自己人生意义和社会价值的设定。

最后，我们看事实层面的验证。没过多久，那个号称要挑战微信的新社交软件，除了发布会轰轰烈烈之外，很快就悄无声息地消失了。

4. 高效率的必要条件：高尽责性

前面我们提到过，著名美国心理学家乔丹·彼得森评价过企业家人群的一个特性——低尽责性，这听起来似乎不太妙，但很多人信奉为真，并以此为借口为自己（企业家）的某些行为开脱。

其实，彼得森在分析企业家特质时，确实提到过“低尽责性”相关的评价，他是通过大五人格模型（Big Five Personality Traits）中的尽责性（Conscientiousness）维度，结合企业家的行为特征进行的解释。

彼得森指出，传统意义上的高尽责性（如严格遵守规则、注重细节、追求秩序）并不完全适用于企业家，相反，企业家在某些方面可能表现出低尽责性：

· 打破规则：企业家往往需要颠覆现有体系，不愿被僵化的规则束缚。

· 风险偏好：他们更倾向于冒险，而不是按部就班地遵循传统路径。

· 灵活适应：企业家需要在动态环境中快速调整策略，而非执着于既定计划。

·低秩序性：在遵守规则和秩序方面得分较低，表现为不愿被束缚。

·高目标导向：在追求目标和成就方面得分较高，表现为极强的毅力和执行力。

彼得森强调，企业家的尽责性并非单一维度的“低”或“高”，而是分化的。这种分化解释了为什么企业家能够在不确定的环境中取得成功：他们既能灵活应对变化，又能坚持不懈地追求目标。

了解完彼得森的全部观点之后，持有误解的人才能明白，他的观点并不是指企业家普遍是一群没有责任心的人，而是责任心要分对象。同样，用马克思主义的观点来做类似分析也可以得出结论，如果一个资本家用尽心机地在合法合规的外壳之下盘剥工人，就是对工人的不负责任，冷漠自私，但从降低成本提高利润的角度看，却可以说是一种高尽责性的行为。我们要理解其中逻辑的辩证性，不能简单粗暴地直接使用结论。

在社会主义中国，人民群众是国家的主人，自然也应该是各类企事业单位生产经营的最终受益者。一家企业办得越好、效益越大，它的员工收益也应该越大，社会经济和文明也能得以推进，而不仅仅是老板和投资人赚取了利益。从这个角度讲，做好一家企业可以惠及自己、惠及员工、惠及社会，是一举三得的好事情，这就需要企业家的高尽责性来保证完成。

在九段识人法则中，尽责性不是一种道德水平的判断，而是一种外在的行为表现特征，可以用来推导人的效率值：**一个高尽责性的人，**

大概率就是一个高效率的人。

我们把尽责性分为三个等级：对自己尽责，对合作伙伴尽责，对事业尽责。鲜有对竞争对手和敌人高尽责的事例。对敌人的温柔就是对自己的残酷，是对自己的低尽责。

一个人如果对自己都不负责任，明知某些行为会在生理、心理、社会等层面给自己带来伤害还要继续实施，那就是对自己低尽责。通过遵循科学规律和行为规则来保护自己、提升自己，就是对自己高尽责。

一个人如果会伤害合作伙伴的利益，自私自利、见利忘义、损人利己，那就是对合作伙伴的低尽责。通过努力完成分工、遵守契约精神、提供支持和信任等方式，帮助合作伙伴达成目标或完成双方共同目标，就是对合作伙伴的高尽责。在这个过程中，不违反约定、不做伤害性行为，这些属于基础尽责。超出约定和义务的多付出、多分担，给合作伙伴提供便利和支持，这些属于高尽责，其间可能会涉及各类己方成本的提高。

为了追求伟大事业不惜牺牲自己的个人利益，在奋斗过程中坚守初心，并根据局势的变化来选择合作伙伴，有的时候需要与曾经的合作伙伴道别，有的时候需要用统一战线来团结新的力量化敌为友。这些自我牺牲和策略变化，都是对事业的高尽责。对事业的不负责任方式很多，诸如推诿、偷懒、糊弄、拖延、贪墨、背叛、离间、毁坏等，此处不赘述。

理想状况下，这三档高尽责性可以互为滋养、实现完美的优化循环。

所以，我们需要找到高尽责性的人。无论是减少自身风险，还是给合作伙伴提供支持，或是参与共同事业，高尽责性都是他们在谨守责任的同时提供高效率贡献的基础特征。

想要评估尽责性的高低，方法比较简单，主要体现在三个方面：

该自己干的事情，会勇往直前积极承担，不推诿、不逃避、不消极；

在做事情的过程中追求高质量和好的结果，不凑合、不偷懒、不消耗；

如果出了问题，该自己担的责任会主动承担，不甩锅、不掩饰、不死犟。

如果一个人在一件事上的尽责性不高，那么他的效率无论如何也不会太高的。原因很简单，因为他缺少最基本的意愿，也就是没有目标；他缺少必要的方法来达成好的效果，必然会增大时间及其他方面的成本；他不愿意承认自己的错误和应负的责任，也就意味着下一次他还是会使用相同的态度、思维和方式来重蹈覆辙——不但是本质上的停滞不前，还会给团队带来不必要的内耗，因自己的私利（要面子或利益）而拖慢整体的效率。

5. 方法恰当

要高效做事，必须有明确的目标，小知和大知要统一协调，然后要用恰当的方法实现目标。

各行各业的方法多有不同，不同的游戏规则打法也不一样，怎么才能判断一个人做事情的方法是否恰当呢？我们没有办法通过穷举法把不同方法的细节进行逐一分辨，但我们可以很清晰明了地确定一个关键概念：玩游戏的时候，游戏规则本身就是最全方法指南。

玩游戏的方法只包括三类：**遵从规则的打法、违反规则的打法、创新规则的打法**。

假设一个人对游戏规则了解到满分 100 分，而且认知都是客观的、准确的，那么他接下来一定不会胡搞，自然会按照规则来一步一步解决问题，最终实现目标。不充分了解游戏规则的人也可以玩游戏，但必然会遭遇很多阻滞，必然会有时间、心力和其他成本因为不懂规则而被浪费，效率自然不高。**所以，评判一个人的方法是否恰当，本质是评判他对规则的了解程度和遵守（执行）程度。**

这世界上有好多事，因为规则过于复杂，复杂到对一个人而言不可全知的程度，所以人们往往虽然有目标，却没有能力使用“完美”的方法。社会分工合作的必要性正基于此，专业服务的重要性正基于此，信息差作为服务契机和盈利契机也正基于此。

比如，股市的涨跌影响因素非常复杂，各种参数不可全知，因而没有人能全面精准地预测股票的盈亏。可以利用规则主动控制价格，也可以迈过判断公司的表现买进卖出，每个玩家只能执行部分自己已知的规则，相互之间又在大游戏场中碰撞博弈。

再比如，风险投资也和股市类似，一个创始团队和他们的赛道表现是面向市场公开的，每家基金都可以看到，但是对数据真实性的分析和对创始人本质的预判，各家基金水平又大有差异，因为真金白银投下去之前的判断方法（规则）很多，投下去之后公司在市场上存活所受的影响因素又很多，所以没办法像解方程式那样存在十足把握。有很多基金的老板，目标非常明确且专注，那就是要倾尽全力投出好的公司，既要挣回报，又要产生好的社会价值。但是，每一天的思考和奔波、大量的商谈和会议、多年的行业经验，这些仍然不能确保手持雄厚资金的投资人投准像样的公司。他们的脑袋里装了好多算法和标准，也向往很多高级的投资准则，但也只能是创投游戏规则中的沧海一粟。

能穷尽已有规则的人真的不多。

因此，我们不必纠结一个人具体在什么行业、用了什么方法、细节恰当与否，只要判断这个人对他所玩的游戏规则的认知和应用程度，就能评估其方法是否恰当。

对方对规则的了解程度，其实是容易判断的，主要取决于你自己对规则的了解程度。如果你对一件事的规则了解 50%，那么你自然会很清楚地知道，对方所了解的是不如你的 30%、还是比你强的 80%。向下看可以看得很通透，向上看则需要提高自己的水平。

很多被骗的人，就是因为自己在某个领域懂的很少，而骗子们通常会很用心地做好相关准备（信息优势），一开始利用受骗人的欲望“建立目标”，然后再利用信息差来引导受骗人执行，最终上当。

所以，不懂的事情，一定少碰，尤其是有其他人鼓动你的时候，一定不要碰。

如果你是一件事的真专家，这件事就没人能骗得过你。

突破规则是好事吗？

有一类投资人看创业者的时候，喜欢找一些他们身上不同寻常的特点，大概是因为他们见过太多优秀的人创业，但后来大多失败，失望的次数太多。这让投资人认为创业者如果只有普通意义上的优秀还不够，还需要敢于突破规则，这样他的创业才有希望。

这个判断逻辑很简单：大家都一样优秀，大部分人都是行业精英，都能做到遵守游戏规则，这种情况下如果不突破规则，怎么出类拔萃？所以，遵守现有规则就意味着停步不前的平庸，只有突破规则才有机会创新做大。

各位读到这里先放下书，耐心想一想这个逻辑，它对吗？

这个逻辑很有迷惑性，我认识的一些投资人真的在按照这个标准找人，违过规的、犯过罪的、道德上有缺陷的，都在他们重点猎取的目标范围里。但是，客观结果验证，上述人群还没有一家创业成功的案例。

这些中了招的投资人忽略了一个基本问题，以及一个高级问题。

基本问题是：他们突破规则的目的是什么，是为了获取私利，还是为了生产进步？

高级问题是：突破规则只是这个人最后表现出来的结果，其背后成因是什么？可以用作未来的有效算力吗？

表面上的结果容易被人注意到，很多人也只能注意到表层现象。

在这个表层之下有大量成因：这个人过去经历了什么？是什么原因导致他选择突破规则，不突破会怎样？他如何看待自己的创业，又如何看待这个世界？所有成因都是这个人大脑中的意识网络，也是未来指挥他做出决策的有效算力。不能仅仅因为一个人突破了规则，就认为他是脱颖而出的新生力量。这种逻辑粗暴而肤浅。

突破规则的案例集

案例一

有家基金曾经投资过一个创始人，他在创业之前做能源生意，曾经为了达成 KPI 而去行贿甲方，然后甲方案发，他也被判刑了。他出狱后重新筹备资源开始创业。经过系统考察之后，基金决定投资他，两个重要原因分别是：

第一，他做过生意，做得很大，完全明白这门生意的规则，重新创业后搭载互联网平台有机会做得更好。

第二，这人曾经坐过牢，他有胆量为了实现目标而突破法律规则，敢于突破规则这一点不寻常，比“普通创业者”更有机会做大。

支持他的投资人明确说，道德水准在创业这件事情里没有那么重要，只要不去伤害自己的用户，其他方面有问题也不会是影响业绩的大问题，包括情感生活、家庭关系、跟友商之间的尔虞我诈，这些方面的道德水准都不应该被纳入考量范围。

大家可以思考一下这个观点，同时也预判一下这个案例中的创业项目后来可能会是什么结果。

案例二

这家企业的创始人曾经在监狱里担任公职,我和他做过深度访谈。

他说自己见过的犯罪者太多了，对社会黑暗面了解太多，对人性善恶的边界有非常深刻的认知,对社会规则的复杂有超越常人的理解，所以现在创业过程中不管是对内部的管理，还是对外部的客户关系的理解，都非常通透。公司的数据也持续向好，客观上验证了他的认知水平和经营能力。

投资人总结道:“有同行投了犯过罪的人，我们现在投了管理罪犯的人，应该更厉害一点，这样的人出来创业，还取得了很好的业绩，这就证明选人、看人的时候要特别注重不走寻常路的人，要高度关注这种特殊人群，因为他们看待这个世界和这个生意的视角跟遵守规则的普通人是不一样的。”

大家可以猜测一下这家企业的最终结果，尤其是创始人和投资人之间的关系。

案例三

在一个创业公司的核心团队里，有一个成员是创始人的老战友，据说能力很强，深得创始人赏识。但有一次他因为酒后驾车被警察发现，进入了刑事拘留的司法流程，可能面临半年到一年的刑事羁押。

在基金内部讨论相关情况的时候，持支持态度的投资人还是认为：能力最重要，至于个人私德，是否会酒后驾车以及被刑事处罚，与创业成功与否没有关联性，不必考虑；他被处罚只是运气不好，如果没有被发现，依然可以活跃在创业团队里贡献力量，毕竟能力是好的，与创始人之间是默契的，为什么发现一个酒驾就要给人家团队做出负面评估？

这三个案例介绍完，我们先来看客观上发生的后续结果。

第一个案例中，公司一度规模扩展得很好，但每个季度提交的财务数据始终有些模糊的地方，关键是创始人屡次拒绝审计。一年半之后公司业务断崖式崩盘，原因是财务数据造假、侵吞。

第二个案例中，那位创始人曾经是基金投资的成功案例，业务扩展一度非常顺利，有连续三个季度的喜报频传。但在开启下一轮融资的筹备期，创始人和投资人之间出现了不信任，创始人为了自己的目的使用了很多小技巧，隐瞒、哄抬、欺骗、搞分裂、搞逼迫，深谈过后得到的解释是他看透了投资人的贪婪，认为投资人在为了一己私利而阻挠破坏新一轮融资。又过了两年，因为应付款互相拖欠的原因，CEO 和产业链上下游之间的关系都变得不健康，最终宣告破产停业。

第三个案例中，公司创业的进程客观上有所拖延，据创始人说，这跟酒驾的核心团队成员的遭遇有关。最终两年过去了，公司业务方面一直停滞。基金投出的很大一笔天使投资打了水漂。

客观事实说明，这些不寻常的突破过规则的人，并没有把事情做到别人做不到的新境界，反而都踏入了原本不应该踏入的陷阱。那么，之前看好他们的投资人所认为的“做大事不拘小节”的逻辑，到底错在哪里了？

其实，非常简单，错在下面的三个方面：

一个人是否已经穷尽了解全部现有规则？了解、掌握、可以用到全部已有规则多少百分比？连现有规则都没学全、没用尽的人搞创新是盲目的，很有可能是重复此前人们犯过的错误，或者重复前人已经做过的工作，**不清楚情况的瞎创新没有价值。**

现有规则是不是落后？是不是对生产造成了桎梏？是不是用尽现有规则依然无法实现目标？**规则落后或者有碍生产发展时需要突破，规则没毛病时就没必要瞎突破。**

突破规则的人的诉求是什么？他是为了满足自己的私利而破坏规则（损害公共利益），还是为了推进技术创新、产能提升、效率提升？他是不是在穷尽现有规则的情况下不能实现目标才突破旧规则、创建新规则的？**不是为了推进和提升而突破规则的人，就是害群之马。**

我们承认，新行业、新技术、新发展、新规模，的确需要突破原有的“旧”，从而达成更先进的“新”，所谓不破不立，这一点从逻辑上讲是没错的。

但是，一个人只有在充分了解现有的“旧”规则、穷尽“旧”规则却不能实现自己的目标时，才需要去寻求突破旧规则、创建新规则，目的是实现技术创新、产能提升、效率提升等先进的目标，这样的突破才是优质的、充满发展动力的。

而那些突破法律、道德的日常约束，目的只是自己获利，而直接或间接损坏其他人利益的行为，本质上是偷懒投机的做法，是在别人遵守规则的情况下的无耻手段。行贿是为了用一点小钱，挤掉公平竞争者的机会，“我实力差怎么了，我给钱了，我虽然差但我拿到项目了！”酒后驾车是为了自己的爽或者方便，把其他遵守交规的无辜者生命安全抛在脑后。这样的突破规则是非常低级的，能做出这种事情的人，思维模式一定不是先进的、向好的，而是自私的、懒惰的、绝情的。有这样的思维模式的人在生活里的其他领域都会照搬复制，他们出来创业存在极大的风险。

当然，我们看到的最多的突破，是“无知”的突破，是在对现有规则都还不够了解的情况下自己觉得自己创新了，投入很多努力在无知盲行，殊不知早有前辈大牛已经做出了更先进的成果。这个世界上正在发生什么、这个行业已经开拓到了哪里，基础问题都不知道，基本规则都不了解，这样的创新和突破没有任何意义，只能是浪费。

所有搞科研写论文的人都知道文献综述对于一篇论文而言非常重要。在研究一个“新问题”之前，一定要花大精力学习了解已有的相关研究成果。如果相同的问题前辈们早就已经研究过了，就没必要浪费时间和精力再搞一遍。只有在确定前辈们的研究有缺漏或者有错误的时候，新研究才是有价值的。

所以，不是突破就是好的，不是不寻常就是高级的，不是与众不同就是优秀的，要看他现在基础牢不牢、已有规则懂不懂、突破的目标指向什么。理解这个关键点并不难，只需要稍微想细一点就好。

理解这一点之后，你会发现所有的宝贵的突破，都符合我们提出的范式：

充分了解现有规则，在现有规则不足以满足目标时创造新规则取代旧规则。

从武器装备、航空航天、芯片设计和光刻技术这种硬核的技术突破，到淘宝对传统电商的突破、京东对物流的突破、拼多多对交易规则的突破、今日头条和抖音对信息流推送模式的突破等等，每一项伟大的创新和突破，都是在原有的旧规则（旧技术）对满足用户需求方面有障碍的情况下，用新规则来取代旧规则而产生的。

讲到这里，我们总结一下：如果我们看到一个人，他做事情的时候有目标、方法恰当，也就是对规则了解到位，能够充分使用规则甚至创新，那么他的效率就可能会很高；反之，如果这两条缺失任何一条，都一定会造成效率低下。

6. 知行合一

关键问题：知道却做不到

要判断一个人是否处于知行高效的状态，目前我们知道两个关键指标。

第一，目标是否清晰。因为如果没有目标的话，效率基本上就是零，即使他付出了非常多的努力，也属于无效的工作。

第二，方法是否恰当。有目标之后使用恰当的方法效率就会高，而使用错误的方法就是瞎折腾，越努力越错。方法是否恰当取决于一个人对规则的认知和遵守程度。在突破规则的问题上，我们鼓励的突破规则是：现有规则都明白、穷尽后发现是规则本身的局限性导致问题不能解决，因此而开创新的技术、建立新的规则、使用新的方法去实现目标。这种突破是非常高质量的。

但这些都属于“知道”的范畴，通过学习，“知道”是不难的，但很多人遇到的问题是**知道却做不到**。目标知道、方法知道，但一到执行就出毛病。或者懒，或者怕，或者精力不集中，或者拖延观望，或者被诱惑干扰。

所以，知行高效的第三个指标很重要，就是“做到”。

知行合一是很难的，知道却做不到非常常见。

追求健康是很多人的目标，少吃垃圾食品和科学健身是他们清楚知道的方法，但有多少人能真的做到呢？从统计数据上看，即使大部分人认可这个目标，也会象征性地做一些身体训练，但更多的时候还是会吸烟、喝酒、应酬、摄入垃圾食品、熬夜、沉迷于网络游戏、纵情于灯红酒绿。

每个人可能都有这样的知行不够合一。

学生知道要考好成绩，学习方法也是公开公平的，但大部分人成绩普通。

员工知道要升职加薪，如何贡献力量和心智也是明确的，但得到升职重用的人是少数。

老板都知道要多挣钱，技术、市场、上下游就在那里，但挣到利润的公司比例不大。

有些投资人知道要投中好公司，每天努力看项目、谈业务，有的人还会大量学习各种知识并尝试应用，**但在关键问题决策上依旧简单粗暴凭感觉**，忙忙碌碌却几年没投中一家好公司。

还有一些官员，非常明确地知道自己的职责和纪律，也不缺办事能力和奋斗精神，但面对大量诱惑和干扰的时候，却很难坚持原则。

知行合一，仅仅是这四个字的字面含义就已经非常坚定有力了——知道就要做到。然而真能做到这一点的人并不多，能够达到这一境界的人，都是成功者。

知道做不到最主要的原因，是干扰太多。无论是自己的欲望，还是旁人的评价，干扰因素会让人动摇或迷失。

案例一：王守仁的伟大贡献

王守仁生于1472年，卒于1529年，因生前战功卓著，被封为新建侯，是明朝仅有的三位文臣封侯者之一，也是其中功绩最大的一位。

其实，他更伟大的贡献在于改造了当时人们落后的精神世界，他突破传统宋儒理学的桎梏，以毕生思考和实践提出了“知行合一”“致良知”等先进思想，使得当时学子和士大夫低迷、呆板的精神风气为之一振，大量优秀人才的认知方法得到更新和提升，整个社会更加注重思辨和务实。王守仁的“知行合一”和“致良知”学说，是中国哲学史上一个伟大专题。

他不仅仅是读书人和理论家，也是一位非常犀利的将军，更是他那个时代里政治水平最高的人。后人总结他毕生共有三大丰功伟绩。

第一是奉皇命在江西、福建、广东一带剿匪，历史上称为“南赣剿匪”。第二是孤军奋战，“平叛宁藩”。宁藩是指宁王——当时最有势力的朱姓藩王，从江西南昌起兵十万反叛，准备夺取皇权。在朝廷还没有来得及调兵遣将的时候，王守仁孤身募勇，四十三天时间不到就率领义军战胜叛军，生擒宁王，而后又用大智慧巧妙处理了朝廷里的政治阴谋和风波，最终被封爵位。

第三大功劳是重要的认知理论创新。在此之前，因为元、明两朝的皇帝赏识朱熹的教育体系，严格规定所有人才科举必须以朱熹的著作和思想体系为准，王守仁在严苛的宋明理学系统中进行了突破，提出了致良知、知行合一的理论，很大程度上改变了当时及后世浮夸虚伪的思想风气，引导知识分子和当权者注重实务、坚定信念，再加上利国利民的大局观和胸襟，开创了数代知识分子的优良风气。

在当时，朱熹所遗留下来的不良影响非常明显。他的理论体系庞大而严格，他一方面鼓励知识分子通过学习成为圣人（又能干品德又好），一方面告诉大家格物致知，也就是穷尽研究万物才能得到成为圣人的真理，因为真理散布在天地万物之间。但关键是，朱熹不讲具体怎么格万物，所有科学研究方法和事关具体生产劳动的知识都不讲，还吓唬普通学子说“少格一物就缺了一物的理”，也就是少格一物你就不可能成为圣人了，因为你没学全。在这么高压的恐吓之下，最后朱熹给出解决方法——既然大家没可能去“即物穷理”，那么我告诉你们一个窍门，只需要遵循“三纲五常”就能成为圣人了。因为万物真理“张之为三纲，纪之为五常”，除了天地万物里有可以学习成为圣人的真理之外，“三纲五常”里也有全套，不用再费劲儿地去格万物了，走简单路径！

其实，这也是为什么统治阶级选择朱熹的体系作为官方唯一法定考试大纲的原因。在这样的氛围中，聪明孩子去读书都学了些什么可想而知，所以才导致一方面嘴上说得漂亮，一方面背地里干着龌龊的事情，因为人们的精神状态被教育体系扭曲了，没有务实的精神。“反正表面上遵守三纲五常就够高级了，会说漂亮话的人都能占到便宜，干活儿的人被人瞧不起，谁还要去苦哈哈干活儿啊？”

所以，在那么严苛的教育和文化规则里，王守仁能从学术和实践两个方面都突破禁锢，既做到思想创新和大范围传播、改造了几代人的认知和世界观，又以身作则地从实务角度给后人留下榜样，用客观事实说明了理论与实践相一致、相结合、互为校验的重要性，即“致良知”和“知行合一”，他的这项伟大成就照耀古今。

案例二：王守仁剿匪

以王守仁剿匪为例，我们可以初步体会一下知行合一的巨大威力。

绝大部分人会认为剿匪很难，因为这件事的确很难。即使你面前只有一个亡命徒时，都会心跳腿软，更何况是要战胜大批穷凶极恶的武装分子？

当然，你不是一个人消灭一帮人，你手里也有具有战斗力的军队。那有军队了，是不是就有勇气去剿匪了？

差的还很远，因为接下来的各项任务就是你要面临的挑战。

（1）了解匪的状况

了解对手的基本信息，了解得越全、越细，未来的胜算就会越大。

首先肯定要阅读前代资料，比如地方官员的汇报，当地人口、经济、治安和匪患的各种数据。前代剿匪指挥员也肯定会给中央上交各种文书说明，无论是邀功的还是请罪的，里面的信息或多或少会有些用。

然后，要召见大量人员面谈，既包括有作战经验的一线人员，也包括从事情报工作的卧底和探子，还要包括地方官员、民众、受害者、归顺者等等。他们口中提供的信息也非常重要。

最后，在安全和有必要的情况下，还可以实地考察一下，看看对手的规模、建制、地形、精神状态等等。

（2）了解自己方面的状况

要想带队打仗，至少要了解四个方面的信息：人力、财力、物力、秩序。

人力状况包括有哪些官员可以用，有多少战斗力可以用。

官员的服从性、战斗智慧、管理能力和个人品德，需要通过大量阅读和访谈才可能有所预判。然后在实际工作中需要再进行检验，不行的要离岗（人际关系复杂的话也需要智慧），能干的要上位（还得保证流程合规）。

战斗部队的招募状况、后备状况、训练水平、战斗意志、服从性等方面虽然不需要主官一一过问，但多了解总是有益无害。大量工作需要官员分解完成，他对基层状况了解越扎实，对官员的考核判断也越准确。总之，都是操心的事。后面在讲到容人有度的部分会强调一个识人的标准：**心里能装得下越多的人，能做的事情就越大。**

财力状况主要是指给剿匪工作准备了多少预算、可用金额有多少，如果钱花完了后备资金从哪里来，能来多少、来多快，奖励和抚恤可以承诺到什么水平，战士们需要的兵器铸造和粮食供给是否高效，负责财力供给的官员背后的靠山是谁，会听指挥还是会从中作梗？

物力状况虽然跟财力有关，但又不完全一样，因为有的时候有钱买不到好东西，如果从远途运输过来，恐怕会耽误火线战事。所以，士兵们需要用的兵器、盔甲、车马等制造业产品的现有状况和补充能力就非常重要，不仅仅是钱的事情。

王守仁去南赣地区剿匪之前就已经非常关注这些细节。有一次他阅读公文发现，基层官员汇报的信息中有一条说前线官兵使用的弓箭不够好，射程和坚韧度都不满足消灭山匪的需求。王守仁立刻展开工作，调查后向基层官员反馈说，广西军队使用的弓箭系统很好，符合前线的需求，并立刻调拨了一批广西弓箭过去，同时征调广西有经验的弓箭制作师傅到南赣地区直接指导，改进生产技术，组织生产更多后备装备。像这样的“小事”在整个剿匪的过程中真的不起眼，但又真的事关前线战士的效率和生命安全，所以王守仁也极其认真且有效地推进了相关工作。这就是知行合一的经典案例——不是只有个“我要剿匪”的大理念（信心、决心、任务目标等）就够了，还必须躬身看清楚每个细节，推进每个关键节点。

秩序状况主要包括组织内秩序状况和环境秩序状况。

组织内部的管理效率足够高，纪律严明，令行禁止，各级官兵能够完全听从指挥，领导的意图能得到如臂使指的贯彻和执行，才能做到整体战力强大。历史上很多败仗都是因为军队内部秩序混乱导致的：有的是皇帝乱指挥、乱猜忌导致军队命令分散，有的是监军因为私利（功或权）妨碍将领正常指挥，有的是部队之间因为自保或矛盾互不配合，最终导致战斗失败。

环境秩序则是交战双方所处的大环境是否“干净”。王守仁剿匪之前，为了防止山匪和县城乡村的奸细传送消息，先执行了“十家牌法”，强化地面治安，对常住人口进行组织和动员，严格监视奸细的活动并予以清查抓捕，既保证了人民生活稳定，也保证了自己这边的环境是干净的，减少了机密信息的流出。其次，他通过告乡民书等宣传工作，倡导良好道德和生活准则，平息人民内部矛盾，形成战时的和谐稳定，避免了节外生枝。再次，他派出大量侦查人员以及归化人员潜入山匪驻扎区域，扰乱他们的信息源，激发争端和矛盾，降低对方的秩序状况。这么多工作铺下去，才形成了有利于官军的局面，打起仗来才能势如破竹。

由此可见，剿匪可不是带着大队人马去砍砍杀杀这么简单，很多细节工作需要踏踏实实做到位，才能称作知行合一。

在上述工作做到位之后，才是开始组织军事训练，制订作战计划，获取准确情报，调兵遣将开动队伍上前线。在征战的过程中，需要分兵部署，几路甚至十几路并进，有的要包围，有的要围点打援，有的要突破堡垒和天险，有的要声东击西。风餐露宿的行军和鲜血泼洒的战场只是日常，输赢胜败的结果和人心向背的变化也很常见。遭遇同时多处开战和意外开战的情况还需要随机应变，坚定决策。有的时候明明部署得很好，战斗也进入优势碾压的局面，但敌人就是因为一些运气和意外的成分而逃窜无踪，这种无奈但又必须坚持追击的心情，不亲自体验是不可能理解的。然而，上述这些还都是“痛快”的作战部分。

更棘手的情况还包括山匪的招抚。这些多年盘踞的山匪也不都是莽夫，他们中也有智谋超群的人，实力有绝对差距的时候就会先选择投降。政府期待山匪投降，因为这样省得刀兵性命，谁愿意受伤或死亡呢？官员们如果能招抚山匪，则不但取得同样的功劳，还会显得更有智慧，似乎比血战胜利更高级。但麻烦的是，没有人可以确定这些山匪之后会不会再反叛，拉起队伍继续为非作歹。至少此前有很多次教训，也让好多官员丢了乌纱帽甚至脑袋。

该招抚的招抚，该利用的利用，该识破的识破，该将计就计的还得多叠加一层计谋，把那些诈降的山匪好好骗住，最终成为战斗取胜的积极因素。这些就不光是勇气和智慧的冲锋了，还得有大量的观察、思考、情报分析和“赌一赌”的风险备案。

如此这样的工作量，数月甚至经年才能把成规模的匪变清缴干净。等到仗终于打完了，山匪剿灭殆尽，是不是剿匪的任务就完成了？

对于带兵的武官来讲，可能这就可以安心卸甲了。但对于像王守仁这种总指挥，事情还多得是。战斗结束的第一件事，是进行详细的数据统计，然后向朝廷汇报战果、申报军功，同时也要把表现不好的、能力不强的、闯祸甚至二心的人正式举报，详细说明前因后果并申请刑罚。

然后，要恢复民生和地方治理。这一点非常重要，也是所有战争最终要实现的意义。之所以山匪会从民间产生并发展成规模，一定是因为民生治理出了大问题。但就算匪徒不再聚啸山林、劫掠四方，也并不能解决此前的问题。所以，一旦战争结束、为害一方的匪患被清除，就必须建立新的政府治理体系，帮助百姓休养生息，尽早过上太平日子。除了物质生活改善外，还要进行精神文明建设，要提升大家的道德水平和共同意识，减少社会内部矛盾，百姓生活才能和睦美好，社会才能欣欣向荣。

王守仁在剿平匪患之后，上疏朝廷设立新的县制，制定生产方案和治安方案，张贴告示安民，并采用大量细致的措施弘扬和谐善良、抑制和惩罚不当行为，为后续恢复生产生活奠定了好基础。

至此，他的剿匪任务才算全部完成。

清楚地确认目标，事无巨细地分解并完成任务，不惧繁杂地执行，不断趋近目标，其间既要细节功夫的耐心，也要高瞻远瞩的智慧。这就是知行合一的第一层重要意义。

初阶知行合一：知道做到

知行合一四个字虽然简单，但能产生的功效奇大。没有追求的闲人属于**无知无行**，他们混吃等死，眼睁睁看着时间流逝，不产生任何价值；没有目标瞎折腾的人属于**无知盲行**，苦行努力却得不到相应的收获，不但无意义地消耗生命，自己还通常感到非常委屈；有些人**有知无行**，他们知道自己想要什么，但可能因为怕苦怕累，或者患得患失、心存侥幸等原因，放任自己的随意，不做或者不好好做，心中的痛苦只有自己知道。最佳心理状态就是**知行合一**，知道还能做到。达到这个状态，无论大事小事都能做好，它能提供三个强大的心理支持：

（1）让人清醒

如果你脑袋里充满混乱的想法，每个都觉得不错，但又没有确定的目标，或者你每天都在忙忙碌碌，疲惫地做了很多杂事却觉得毫无意义，那么知行合一可以让你从上述两种混乱中清醒过来。请将你的想法和做法挂钩并保持一致，就是这么简单，它可以让你清醒。一旦你开始清醒过来，接下来的单位时间价值一定会不断提升。

（2）让人进取

人一旦确定目标，大脑就会分泌大量的多巴胺，做起事情来也就充满动力。一旦目标被大脑确认，哪怕只是为了明天能参加一场演讲，或者下个月能减掉 5 斤体重，都会让人精神抖擞地坚定执行各项分解任务。仅仅是这个积极的信念和细细的推进，就已经是很多人梦寐以求的宝贵状态了。实现目标的话能获得习得性自信，没有实现目标也会有宝贵的体验和教训（改进点），更重要的是大脑在这个体验知行合一的过程里（不一定很长时间）每时每刻都在默默升级成更高阶的版本。也就是说，只要你开始尝试知行合一，你就开始在进步了。

（3）让人强大，不惧繁杂

越大的事情越复杂，越复杂的事情就越需要操心。操心不仅仅包括复杂的计算，还包括强大的情绪控制和信念坚守——困境的时候忍耐，必要的时候等待，还有繁杂的细节控制，以及冲锋时候的勇往直前。每一个心怀小目标的人都会变得进取，经验、知识和习得性自信同步增长会成就他做大事的动机和信心。大目标一旦合理地确定下来，就会成为一个人甚至一群人的坚定信念。它可以让人在艰难坎坷的道路上保持坚韧和耐心、不畏困境，用尽一切能力去追求那个超越当前自身能力的目标。这也是通往强大的必经之路。

高阶知行合一：排除干扰

知行合一的第一层意义是：知道做到、积极进取、不惧繁杂，只要是有利于实现目标的事情就去做。

知行合一的第二层意义是：排除干扰，不为“噪声”所动。

我们要接受一个常识，这个世界上总会有“噪声”。

事情的起始会有噪声，事情的过程也会有噪声，即使你已经非常了不起了，声名地位显赫，也不要幼稚地期待人人事事都会自然恭顺于你。心里的那个“大知”要始终保持清晰稳定，遇到挡路的、有威胁的、有伤害的，就去解决掉；遇到聒噪的、无意义的、哗众取宠的就忽略掉，不浪费时间去纠缠计较。集中关注所有的问题解决之道，或攻或守，或进或退，但始终坚定地向大知目标步步为营地推进。

特别是在实现了目标后，世界上的噪声依旧会在那里旋转跳跃，这是客观规律，不会因为你拥有成就和权力而改变。你做的事情再宏大、再正确、再意义非凡，也一定不是人人敬仰、普天同庆的，还是会有人过来甩闲话、踩一脚，暗地里搞破坏的情况也并不罕见。功成名就之后，人们普遍都会松一口气，但也容易因为此前的种种艰辛、委屈、愤懑而有情绪。心态一变，事情就会变，到手的成果可能还没焐热就因为这种由紧入松的转换而失去了。

这种情况下，王守仁提倡的**“物来顺应”“此心不动”**，也就是知行合一的高阶境界，应为谨守原则。

案例分析：王守仁为什么可以放弃擎天功劳？

王守仁在“平叛宁藩”之初，其实并没有做好任何准备。因为宁藩是突然宣布叛乱的，他正式宣布起兵十万进军南京的那一刻，王守仁正在出差去广西的路上。

此前，他刚刚完成朝廷交付的南赣剿匪的任务，各地方刀枪入库，马放南山，进入休整期。他奉旨去广西调停一支军队里的小矛盾，人在半路时听说宁王反叛大为震惊。

宁王一直在准备夺权，从贿赂官员到培养势力，从招募兵将到横征暴敛，因为朝廷里有他养熟了的高级官员，所以一直没有被问责。但也恰恰因为正德皇帝身边的权臣内讧导致风向突变，皇帝下令派工作组进驻宁王府。皇帝一开始倒也没真想抓捕宁王一系，仅仅是希望警告一下宁王，压一压他的嚣张气焰。但做贼心虚的人往往容易冲动，所以宁王在提前听到这个消息（当然是从内部私下流出的）后，立刻决定举兵了。因此，这个突发状况实际上出乎了所有人的意料。

王守仁那时手里没有实际可用之兵。当时他虽然名义上还有权管理南赣各地方军队，但那是朝廷当初为了剿匪专项赋予他的权力，剿匪结束后如果再擅自动兵，尤其没有朝廷的准许而大规模动兵，在性质上是顶级严重的犯罪。朝廷里的政治势力此前就因为羡慕嫉妒恨而一直憋坏，如果这个擅自使用兵权的把柄被奸臣利用，结果会非常危险。皇帝不会去仔细辨识忠奸，未经批准大规模调度和使用军队是极其敏感的事情，可能随时背负"反叛"的罪名。

所以，王守仁在决定平叛的时候没有政治靠山、没有经费、没有将领可以"合法"调度。

很多官员面对这个局面的时候会选择不动。有的是自私怕死，有的是怕担罪丢官，有的要观望双方势力变化，哪怕是想消灭叛军的好官，也会因为对规则的遵守和对组织的不信任而选择不动。

王守仁动了。

因为他了解朝廷的乱状，也了解宁王的实力，更关键的是他知道如果不加以及时制止，刀兵一起必然天下大乱，政治上的输赢和震荡不但会让大批官员人头落地，更会让大明朝秩序崩坏，最终导致民不聊生。

他自青年时代就已经稳稳确定了自己的毕生目标："为天地立心，为生民立命，为往圣继绝学，为万世开太平"。这些话很多读书人都知道，但很多人只是觉得它高大上而已。**王守仁却把这四句话作为自己的"大知"，**贯彻到自己的每一个阶段、每一个行动上，作为自己的指导思想，实现了真正的知行合一。如果他仅仅是为了官职，他会不动；但他想到的是朝局稳定和民生安危，为了“为生民立命”和“为万世开太平”这两个大目标，他选择了动！

政治前途和个人安全是很重要的，许多人不动就是因为这种强噪声干扰。如果把自己的安危和命运作为终极目标，那么这些影响因素分量很重，的确需要考虑。但问题是，以个人安危命运作为大知，会被环境的变化所左右，只能选择随波逐流，可能偶有顺流的舒畅，但最终的结果必然是被巨浪击碎、吞噬。如果把国泰民安的伟大事业作为自己追求的目标，那么环境中的不利变化只是干扰信息，不会影响前进的方向。

王守仁一边招募义兵，一边上疏朝廷汇报情况，从形式上尽量做到合规，同时联络价值观相同的忠义官员参与组织管理。因为兵力不足，所以他从战术上迷惑宁王：公开宣称大批正规部队集结，正等着宁王一起兵就釜底抽薪剿灭其老巢。宁王虽然想得天下（大目标），却更想保老巢（真目标），所以中了缓兵之计，只派先头部队出兵，主力部队没敢贸然出动。也正因此，王守仁得到了宝贵的时间窗口，募集和调动了更多义军。当宁王等候半个月才意识到自己中计了，留下一万余人守住老巢南昌城，主力部队倾巢而出时，王守仁手里真的有兵了，其兵力可以攻占南昌！

之后的战斗过程也非常精彩，从心理攻势用计到攻克南昌城防，从反间计逼回宁王主力到鄱阳湖水战大败敌军，再到最后生擒宁王，只用了不到四十三天便结束战斗，平叛宁藩。

这个过程中，敌军的声势和行军进展一度骇人，但没能影响王守仁的作战决心和具体行动，因为在他看来这些只是大目标面前的小噪声，他的目标已定——平定反叛。地方官员的贪生怕死和大量风言风语，也都只能分化那些意志不坚定的群体，王守仁及其麾下怎会为之所动？

谁也没有想到，更大的危机出现在平叛之后。

由于王守仁的动作太快，朝廷的官方军队还在半路上，宁王的反叛就已经被荡平了。谁想正德皇帝第一个闹事情，要求王守仁把宁王放了，自己要亲自再抓一遍。皇帝手下的权奸更是不接受，因为天大的功劳被“抢”走了。于是，领兵的将领许泰和太监张忠闹着要移交俘虏（宁王），明着是要带领京军到南昌实地考察，实则是打算耀武扬威、盘剥地方。中央内阁里的有些人也气不过王守仁的功劳，揪住一些学术观点之争泼脏水，阻挠朝廷给王守仁记功授爵。

倘若是普通人，这时恐怕已经出离愤怒，又或者绝望悲伤。明明是为了你皇帝和朝廷的安危，我这边不顾各种资源匮乏和刀兵之险，用尽心力迅速灭了火、稳定了乱局，结果你不表扬也就算了，还要从上到下各种否定、捣乱、污蔑，甚至还想让我获罪。这种大委屈，谁能受得了？

如果“大知”设定为自己的努力、名誉、前途和收益，在这样的局面之下一定会崩溃的。但王守仁心中的“大知”不是自己，而是更大的“为生民立命”和“为万世开太平”，所以这些捣乱的人和糟心的事，在“大知”面前也都成为噪声，只是需要处理好的干扰因素而已，不是值得动摇或烦恼的“天崩地裂”。

“大知”既定，一切都是朝向它的努力。

在这么肮脏和复杂的局面里，怎样能保护一方百姓不受祸害，怎样能保证朝局不陷入奸人之手，就应该怎样做。基于这么坚定的理念，为了实现自己心中的“大知”，他耐心做好了京军的思想工作，没有和领军将领及太监发生明显冲突（发生冲突正是对方所指望的乱中取利），也向朝廷表明心迹——这些都是我应该做的，不用给我功勋奖励。

该做的事情好好做，不相干的噪声从战略角度忽略，使自己“不动心”，从战术上处理好。这就是真正的知行合一。

应用题：什么是他的干扰项？

小干扰影响并不小

假设你要判断一个合作者的效率。他此前已经取得了一定的成绩，业内也有口碑，这些都有客观信息可查。见面之后，你发现了他的一个突出特征——对吃的特别讲究。当一个菜上来之后，他的表现是特别挑剔，盘子凉了、油过热了、青菜颜色不对了、肉质没分肥瘦了等等，点评起来能滔滔不绝；对请客吃饭的档次也特别注重，谁花钱无所谓，但寻常餐厅就不爱去，会觉得自己不被重视；自己还会动手尝试烹饪，也是一样的讲究，所花的时间和精力不少。

假设这样一个人在跟你谈合作，你觉得上述特征重要吗？

如果对方是甲方，是资源的释放方，一般来讲，甲方占据绝对主控位置，乙方则需要在各方面进行竞争以获取资源。甲方执行其他事务是否高效不应由乙方评判，只要在释放资源这件事上高效即可。所以，甲方如有这种特殊爱好，则如同打开了一些特殊的窗户，使得我们更容易找到满足对方的方法。但是，如果甲方在释放资源这件事上也因为干扰项而低效率，则不但对乙方是伤害，其实对他们自己的资源合理部署也是伤害。无论如何，这种貌似不起眼的小干扰都是问题。

如果对方不是甲方而是合作者或者执行者，我们就要判断对方的各项指标（素质）了，要判断这么重要的事情是否能有一个健康的未来，那么这个干扰项就是给效率减分的客观因素之一。尤其是谈高价值事务的时候，对方还是特别讲究、特别挑剔，说明他的内心主题不清晰，噪声干扰项太强，效率比较低。

在电视剧《康熙微服私访记》里讲过一个故事，虽然只是个故事，但也有借鉴性。一位两江总督对吃特别讲究，光是一个家常豆腐的做法，就值得他大讲特讲，讲的时候还非常享受。这个不起眼的（有人可能觉得也合理）特征，恰恰反映了他在这个位置上的效率一定不高。不是说他公务行政能力差，他在朝廷里和官场内可能很会干活儿，表面上很能干，但是作为总督两江、身担民生福祉重任的高级官员，这个爱吃的特点背后一定有强烈的杂质——贪腐。如果是一个心系民生、全情投入的好官，面对大量重要的事务操心费力，是不可能有闲情逸致讲究到这种浮华地步的。事后也的确证明此人是个贪官，危害远远大于能力。这就是透过小干扰项判断本质的经典案例。

倒不是说，发现一个这样的噪声干扰项就要全盘否定对方，因为一个合作有很多因素，不能一叶障目，但如果发现了这样的低效率干扰项而不以为意，那我们自己的判断就会出问题。

大干扰不在意才是真强

反之，有些人会为了实现自己的目标，容忍对自己非常不利的东西。即使这些干扰可能对自己产生重大的威胁和伤害，在大知（大目标）面前，他们也可以视若无睹，不去在意。

明朝正德年间的内阁大臣李东阳就是一位典型代表。

明朝弘治帝朱祐樘算是个好皇帝，在位十八年也算干了些好事，大家最熟的是其间成名的江南四大才子。可惜他英年早逝，36岁就因为身体原因不得不撒手人寰。他把自己的儿子朱厚照放到皇位上时，三位内阁“托孤大臣”分别是刘健、李东阳和谢迁，每个人都是非常有能力的。

可惜，朱厚照从小玩到大，15岁登基的时候根本不知道该怎么做皇帝。所以他的身边出现了著名的权奸——大太监刘瑾。刘瑾和另外七个太监合称“八虎”，在宫内陪皇帝玩得开心，在朝廷上弄权，一时权势熏天，坏事做尽。

内阁决定发动文官集团剿灭“八虎”，上疏皇帝，痛斥八虎的种种恶行，行文极具感染力，且署了六部九卿所有官员的名。这是一份分量极重的奏折，当即起到了应有的效果。皇帝立刻派出司礼监大太监王岳去和内阁谈判，看看有没有商量的余地。结果刘健、谢迁为首的文官集团极其强势，要求必须杀掉“八虎”才行。其实，王岳也不喜欢刘瑾，那时刘瑾职位并不高，只是个小皇帝的玩伴，但得宠之后眼看着不断得势，王岳自然忌惮。

就这样，小皇帝朱厚照在内阁和司礼监双方达成的一致结论下屈服了，准备杀掉刘瑾他们。但刘瑾太聪明，运气也太好，他向皇帝私下哭诉，说当前的结果根本就不是内阁的人想除掉我们，而是因为太监王岳的嫉妒，是他看不惯我们陪您玩儿得开心所以才想除掉我们。这个角度之刁钻，直接改变了局面和接下来的走势。内阁属于公器，是管理天下的中枢机构，所以不能随便由着皇帝折腾。但内廷司礼监可是皇帝的私奴，升迁贬黜皇帝一个人就完全说了算。惹不起那些学究老臣,对这个“心怀嫉妒”的老奴才皇帝还是可以随意生杀予夺的。于是，刘瑾利用了这个破绽，不但救了自己和七虎的命，击退了内阁的这次强势进攻，还直接消灭了顶级太监王岳，自己坐到了司礼监的位置上，反而变得更有权势了。

第二天一早，局势的逆转完全超出内阁的预料。于是，刘健、李东阳、谢迁等人集体提出辞职，而刘瑾这样的混蛋和他背后根本不懂国家治理的小皇帝，无所谓天下的事情有没有人管，只要这些不顺眼的家伙赶紧消失就行，于是直接批准了刘健和谢迁的辞职要求。刘瑾的权力一时登顶。

李东阳被留下来了，原因是文官集团内部的趋炎附势之辈悄悄跟刘瑾讲了李东阳的“好处”。在王岳和内阁谈判的时候,其他人都乘势要求必杀“八虎”,只有李东阳提出不必杀人,赶走就好。在当时那样肃杀的一边倒局面下，李东阳的建议对于刘瑾他们来说是救命的。所以刘瑾认为李东阳又有学问、又有资历、又“贴”自己，留下来应该有用。然而，李东阳是因为看到了太监集团的本质和破绽，预料到了后面可能会发生的局面才出此策。事实果然应验。

无奈，刘健、谢迁他们下台了。京郊分别时，所有人都用敬重的目光悲怆地看着刘、谢以及被驱赶的官员，而所有人都用鄙夷的眼光看着留下来的李东阳，认为他是小人，为了一己私利苟活牟利。

然而，这些“其他人的眼光和非议”对李东阳来说不重要，因为他的目标是——新皇帝身边不能都是奸佞之辈，还需要有人扛住压力，保持国家机构的正常运转，保证天下民生不会被权奸集团所祸害。能忍辱负重，恐怕就是因为大知很重，所以那些针对个人的“辱”已成为没有那么重要的噪声和干扰，不值得在此刻去计较和重视，也不必给自己争辩洗清。这就是君子的至高境界——**“此心不动”**。

很多人以为书本里说的“此心不动”是冷漠，甚至是麻木不仁，这就完全理解错了。

所谓“此心不动”，是为了实现目标，不为任何噪声干扰动心、坚忍前行。

王守仁那时还年轻，李东阳是他的前辈。王守仁就是在这件事之后遭到了刘瑾的迫害，被廷杖、下诏狱后贬黜到贵州龙场，也正是在那里开悟了他的“知行合一”。李东阳接下来在内阁中忍辱负重，小心翼翼，巧妙周旋，暗中救了很多好官，使他们免受刘瑾集团的迫害，但公众并不知真相，依旧鄙夷。最后，李东阳联合能臣杨一清（先保护后举荐）和杨廷和，在正德五年扳倒了只手遮天的刘瑾及其势力，取得了艰难的胜利。

在这个过程中，李东阳战战兢兢维系着朝廷的稳定，忍了屈辱，背了骂名，但一切都值得，因为他的心里装的不是自己，而是朝廷正义和民生安定。除掉刘瑾后，他先把自己的内阁首辅位置交接给杨廷和，又把能力很强的杨一清引入内阁，自己在两年后申请退休，四年后寿终正寝。

这个案例说明，如果你心中大知的信念坚定，目标确定，那么即使是普通意义上极具伤害性的事情都可以视作不重要的干扰项，可以接得住、容得下，可以不为所动。

排除干扰能力越强的人，实现目标的效率越高。

知行合一既是一种心态，也是一种方法论、一种能力，在厉害的人身上也必然是一种既有的素质（习惯），不需要刻意去努力控制，无论大事小事都可自然做到知行合一。反之，如果一个人缺少知行合一的能力，即使其他原因让他身居高位或手握资源，也会因为缺少目标、缺少方法、无力坚定前行，最终陷入混乱和失败。

所以，我们不但应该训练自己知行合一的意识和能力，也应当学会使用本段所述知行高效的指标来评估他人，根据这一指标可以很容易分辨出对方是否“纯粹”、是否初心坚定、是否抗干扰、是否高效率。

一个人能在大事和小事上都做到知行合一，那么他的大脑状态一定很优秀，成功率也会很高。

7. 评估应用方法

现实生活中有很多人看起来都是明白人，他们似乎都知道自己的目标，每天忙碌着。他们的学历和专业知识也都不错，算得上是精神小伙儿、聪明姑娘、精英、干将，但客观上真正高效的人占比并不高，这是人世间呈现最多的令人迷惑的现象。如何破除幻象，看到真正高效的那些人呢？

现在我们知道了**知行合一指标的三个关键词：目标、方法和做到**，再回头看这些形形色色的人，那么评判他们的思路就会变得非常清晰了——每个人处于什么状态，有多少人做到了知行合一。

有的人没有目标，不知道自己的时间花出去应该获得什么，觉得反正时间有的是；有的人摆烂躺平混日子，一天天得过且过；有的人跟没头苍蝇一样四处奔忙，为了保住饭碗，为了不被批评，讨好努力；有的人则天天网上刷帖掐架，或是参与有组织、有报酬的水军作战，成为毫无价值的炮灰数据。家庭在前 18 年告诉孩子“他应该是一个什么样的人”，学校在 22 岁前告诉青年人“他可以是一个什么样的人”，社会则在接下来的岁月里告诉一个人“你做什么样的人更有价值”。如果成年了还不能确定自己的小目标，后面想过好日子的难度就非常大。

更多人可能有小目标，比如评上科长、当上主管、熬过两年、拿到薪酬，但其实并不知道规则内应该做什么、规则外不要触碰什么。我的一位年轻朋友在高校里工作，奋发图强，人也积极勤奋，已经进入后备干部的考察行列。只是有一次，他开车带着主管校长去参加一个讲座，路上因为赶时间频频按喇叭，升职通道就关闭了。主管校长全程都没说什么，后面见到他也和蔼可亲，但不再有什么亲密交流。很多人年轻的时候目标很明确，也努力，只是 100 件事里有 80 件他们自己也不知道该不该干、值不值得干。对规则的了解是必须努力多学、谨慎应用的。

像我们之前讲的频繁跳槽的优秀青年案例，则属于小目标的知行合一没有问题，目标明确、方法丰富，总是能实现，但问题是他的小知之上没有大知，导致每次的小目标不能形成合力，所有时间、精力和经验的付出对于大目标而言是分散的。当你关心的人能理解到这个层级的状态和问题所在，认识到**大知和小知的统一**有多重要，他才有可能学会从战略角度整合自己的生命和所有资源，才有可能突破"普通"这个屏障，成为强大而优秀的人。

对于客观上已经取得了成就的人，官员、企业家、明星等，你很有可能会因为"晕轮效应"而觉得他们很厉害。但他们的过去与你无关，他们的未来才可能有你的一部分。过去他有目标、懂方法，通过知行合一达成了此刻的状态，而当前的状态只是未来变化的起点，能不能保持辉煌还要看接下来每一天他是否能保持知行合一。对于一个有目标、懂方法、知行合一、成功过的人，判断其未来的变化需要**看看他的生活里有什么干扰项**，看看他把自己的时间和精力都分配给哪些事情。

干扰项的多少可以从以下几个方面来判断：

（1）他有什么主要爱好，喜欢享受什么东西，目前正在追求什么事情，有没有干扰严重的负债（财务债和人情债都算），身边的人或者事有没有什么拖累（比如犯罪的人或者疾病），他和对手之间是正常的有秩序竞争，还是会引起混乱？

（2）如果你无法判断他在主业之外的事情是不是干扰杂项，比如看漫画、做视频、抽雪茄、做木工——这些事情可能舒缓情绪，也可能是浪费时间——那就需要**细分一下这些精力分配是属于积累型还是消耗型**。短时间内的情绪平复和焦点转移，有利于大知目标的实现，实际上是在减除干扰；长时间的精力、时间损耗，比如刷一小时短视频或者花大量时间玩游戏，则有三种可能性：职业需要、卧薪尝胆（他也在忍耐和等待）、无意义消耗，具体是哪一种，需要再进行判断。

（3）他对不相干、不重要的人的评价会有什么反应，那些言论是否会激起他强烈的情绪，以至于他会动用大量时间、精力和行动去应对。当然，那些言论到底重要不重要，他的反应是否有必要，也需要根据具体情况进行细分判断。

案例分析：这个创业者效率高吗？

小赵之前有过一次可以称为成功的创业经历，标志是赚到钱了。虽然上次创业的规模不算特别大，没有上市、没有实现财务自由、没有资本的大规模参与和盈利，但他从注册公司到招募团队，再到产品管理和销售盈利，把整个公司运营的流程全实践熟练了且没有亏本。他们公司开的店规模也不小，客观上是一次成功的创业。

之后，小赵休息了一段时间，开始着手二次创业。在原有的开店销售模型基础上，这次他增加了一个创新，就是开通线上产品的VR体验，使之与传统到店体验和购买渠道相结合。这样一来，一是有了互联网概念，二是增加了展示推广渠道且可以获得有效数据，三是一定程度上方便了顾客，免去必须到店的时间和空间限制。这样的连续创业者和新业务模型获得了投资人的青睐。

小赵做了一段时间新业务后开始融资。投资人也关注到了他上代创业的“成绩”，面谈时发现他对同赛道的竞品线下店都很有研究，提及国内外任何一家有规模的企业他都非常熟悉，能点评出其突出特征和优劣所在，也会大方承认某些方面“我的店就是跟他（指竞品公司）学的”。看得出来，**他的底层储备很不错，行业研究做得很扎实。**

在聊了很多行业细节之后，投资人随他一起到新公司去实地调查。小赵非常热情地领着投资人参观新装修好的办公楼，用心地介绍某块牌匾的来源、某种材质的难得、某个设计的用心巧妙、某个角落暗藏的有趣，等等。尤其是在他的办公室里，大家还没提问，他便把墙上挂的每一幅画作和书法作品的来历，都如数家珍地讲了一遍。

当天晚上，大家一起吃饭，并在饭后展开大家所钟爱的业余活动——德州扑克实验局，这种游戏常常被投资人用来训练风险思维和预判算法。

小赵打电话叫来了一个公司的女员工一起参与游戏。此人是公司的品牌总监，长得漂亮，举止也得体。投资人日常接触的创始人比较多，不会因为陌生人的加入而感到尴尬，对于专职分析人的分析师来说，这些周边信息越多，可供分析的素材也越多。女员工殷勤地提供服务，端茶倒水，氛围担当，还会参与洗牌计分，大家玩得其乐融融。

分析师发现，小赵和这位女员工的眼神表情、肢体动作和话语之间的交流不同寻常，二人肯定不是上下级的同事关系这么简单，如果小赵没有结婚的话，两人的状态是让人羡慕和祝福的。

在小赵之前，基金内部早已讨论过创始人个人恋情的影响问题。有一条明确的结论是，对于融资发展的企业来讲，夫妻档创业未来风险极大。另有一条颇具争议的是，**“好色”的创始人，好还是不好？**

一些投资人认为，道德上的“瑕疵”不重要，只要能力好，企业能做好，能给投资人挣钱，那就是好的投资对象。他们会举例子说，目前一些已经证实成功（上市或独角兽估值）的创始人，当初跑融资的时候，每次开会也都带不同的漂亮姑娘，现在客观上也给投资人挣到钱了，所以好不好色这样的细枝末节不能作为否定一个创始人的依据。

有些投资人对这样的观点进行了解释，认为一方面创始人需要旺盛的精力，多巴胺会比普通人浓，所以才会在主业之外有这样的需求和精力，历史上大大小小的成功人物中也不乏这样的案例；另一方面，有好的感情滋养，能保持创业者情绪趋于稳定健康，更有利于他在遭遇压力的时候尽快恢复，只要这样的感情双方你情我愿、不伤害其他人、不惹祸不捅娄子，就不是什么大事，不值得去过多关注。

无论是从生理的旺盛需求、情绪的平复需求还是对社会的损益角度来看，这些投资人都有各自的道理。但是，倘若我们专注地观察**效率**这一项指标，用知行高效的范式来评估，就很容易得出清晰的结论：杂项越多，牵扯越乱，效率越低。我认为这是无可争议的客观结论。

世界上的确有好色的创始人成功的案例，但也别忘了有很多很多好色的创始人失败的案例，仔细检索的话，还能发现大量已经成功的高官巨贾，因为好色而锒铛入狱、一败涂地。那些所谓成功案例不能作为依据用来支持观点，否则会过于片面。好色的创始人能成功，必然在其他方面有更大的成本支出，用以弥补其消耗掉的时间、精力成本。

如果一个创始人总是花费较多精力去建立新的情感、维系新的情感、满足自己的需求、处理情感矛盾，很明显会稀释其专注于事业的能量，当然会不如投放更多精力在事业上的纯粹的创业者。

不是说创始人一好色就应当万人唾弃，资本就应该立刻判其死刑，不是不允许创始人谈恋爱或者有家庭生活，人是活人，任何事情都是有成本、有收益的平衡态，而是当他决定付出的时候，就已经预期了自己的收益是划算的。我们也不是卫道士，一定要求创业者道德完美，但客观上，从投入产出的效率角度讲，好色就意味着会为之多付出成本（兴趣、时间、钱、麻烦），不但客观上增加了心智主线中的强噪声，还大幅增加了不可控风险。能不能收支平衡，当事人心里更清楚。

我们的确可以不从道德瑕疵的角度去介意，但**干扰多则自然效率低下，单讲这个知行高效的指标就是低分的**，这一点没什么好争议的。倘若此人还有其他指标也差，那么投资人就需要正视这些问题，避免自己的投资风险。

那个二次创业的小赵，后来怎么样呢？

客观上，小赵努力了很久，尝试了很多，公司在两年不到的时间里融资了两轮，之后的几年里就没有再融到资了。这对于一家借助资本力量来发展业务的公司意味着什么自不必言，对于投资机构来说，连退出保本都很难落实。

知行合一的本质，就是过程的质量，也直接影响着成功的概率。

本段总结

九段识人法则里的知行高效指标,描述的是大脑的既有状态,是一种认知和行为习惯，不是那些逢场作戏表演出来的严谨和勤奋。我们看的不是狭隘的具体某类事情,而是一个人的常规状态。能日常诸事都做到知行合一，这个人的效率就一定高，也一定远远超过知行不能合一的其他竞争者。

第五段　升维思考

优秀的人具备**升维思考**的能力，即抽离当前细节（低维度事务），用更高的维度看待过去、未来和全局，进而对低维度事务的决策进行优化。学习完九段识人法则的第五段内容，你会理解人的**个体最强状态**。

1. 一个低维度知行的案例

2023 年 12 月 17 日，北京顺义公安分局情况通报。

经查，12 月 11 日，符某某（男，36 岁）利用其在顺义区某医院工作的便利，出于炫耀目的，将一名病患的个人病历拍照发至微信群，导致信息扩散，造成恶劣社会影响。目前，顺义公安分局已将符某某依法行政拘留。

按照最高检关于依法严惩侵犯公民个人信息犯罪的意见，对于侵犯公民个人信息的行为传播范围大、影响恶劣的，检察机关将协同有关部门进一步加大惩治力度，同时积极促进溯源治理，从源头防范此类易发多发的犯罪。

一个小例子，可以帮我们初步理解什么是**低维知行**。

这位在医院工作的员工，拍了病人的病历（极度个人隐私）后去传播，他的动机是什么？

大概有两种情况。

第一种情况概率非常大，就是**哗众取宠**。因为那位病患是一位大众较为熟知的香港艺人，所以此人做这个事情的目标就是让别人觉得他具有与众不同的价值——“竟然有这种本事，能拍到这么有名的人的病例”，从而高看他一眼。当然，这只是他的想象。现实生活中他既不会被高看一眼，也不会因此而发达起来。因为大家都只不过是八卦心围观，不会有人傻到觉得这样的事情真的代表他有什么价值和能力。

如果是哗众取宠，此人的状态就是**无知盲行**，从目标、行为到时间成本和现实价值，都是极低的，纯属浪费和消耗。

第二种情况可能复杂一点。这件事也许只是一个经营步骤，后面的故事大家也可能很熟悉：以满足大众的八卦欲望为目标，以他人隐私为鱼饵，经过一番操作后取得流量关注，然后再多次重复类似行为**起号**，为下一步实现商业目标（带货）或者传播目标（出名）而做好准备。毕竟，按照某些人的观点，在这个时代，平均 3 块钱 / 个（次）的获客成本很高，能获得 1000 个关注就意味着净赚 3000 元。

当然我们也很清楚，即使警方没有对他进行行政拘留，这类获取新客户的流量生意也是不持久的，因为很难复制。多次分发明星隐私信息，这种行为不但需要有组织、有计划、有预算，而且非常容易触犯刑法，总结即变现很难、坐牢很快。

如果是这种情况，此人的状态就是使用错误方法实现一个虚妄的目标，越忙乎越倒霉。

通常的低维知行就是这样一种思维：眼前这个事儿来了，我就直接干，之后会怎么样干完了再说。

2. 什么是高维知行？

我们用一个例子快速帮大家理清高维和低维之间的相对关系。

Level-1（第一维）

假设 A1 是一支部队，正在按照他的行军路线前进，突然遭遇了 B1 部队，双方随即进入战斗，即刻开始交火。这场交火就是我们大多数人面对的眼前事——敌人就在眼前，不打还等什么？

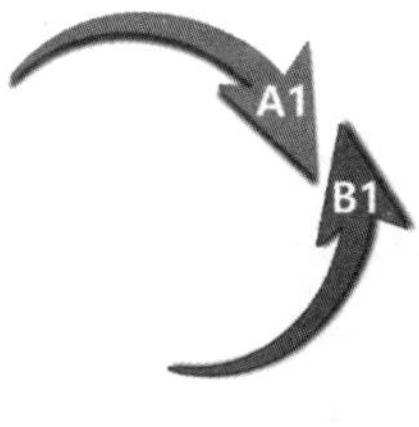

双方在遭遇战中都非常顽强，前仆后继、视死如归——这很好，做事情就应该这么认真——但打过一段时间之后，B1 撤退了，双方战损相差不大。既然是敌人主动撤退，那么对于 A1 来说，战斗就取得了胜利。

A1 部队将领给有功人员嘉奖，战士们都很开心、精神饱满。

这就是 A1 部队的 level-1 认知。在这个层面上，所有的努力、战果、开心和奖励，都是正确的。

但是，B1 部队为什么会出现在这里，为什么战斗，又为什么在势均力敌的情况下撤退？稍微想一想，可能 A1 就会有点头疼了。

Level-2（第二维）

B1 就是故意来拖 A1 后腿的。

B1 的任务就是为了截停 A1，让它在特定时间之内不能前进，能击溃更好，不能击溃的话甚至输一点儿也可以，B1 要争取的是时间。

为什么？

因为在 B1 和 A1 战斗的同时，B 军部队的目标是歼灭 A2。两支 B2 部队在合围 A 军的主力 A2，特意派出 B1 去阻击 A1，防止歼灭 A2 的战斗受到干扰。

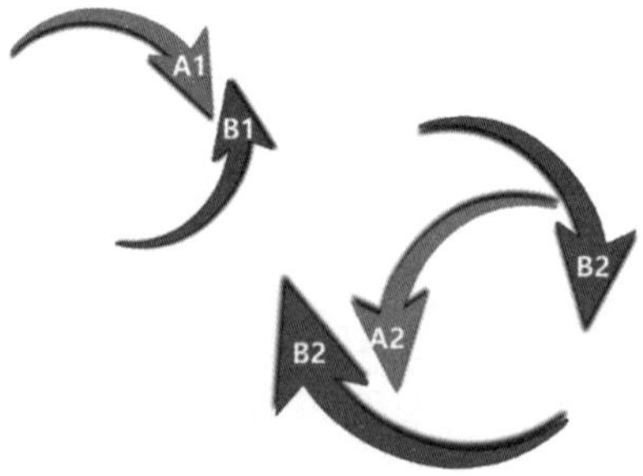

这一切，刚刚身处枪林弹雨中的A1部队并不知情，他们沉浸在level-1战斗里。

表面上看是A1取得了战斗胜利，可实际上呢？

B1部队的指挥官清楚地知道自己的任务和角色。对他来说，和A1的交火是必须要好好做的事，但这只是level-1。努力做好这件事的目的是保障歼灭A2，行军、等待、交火、攻坚、撤退，所有战术行动都是为了背后更大的战斗取得胜利，这就是level-2，也就是提升了一个认知维度。

Level–3（第三维）

但是，作为A军主力的A2，为什么会进两支B2部队的伏击圈？

因为A2是飞奔过来救人的。己方的重要领地A3守军被围困，不能见死不救。

B2和B3的指挥员都知道，消灭A2是为了保障攻占A3，免得攻城战斗受到大的干扰。

对于B1的指挥员来说，拖住A1是手段，保障消灭A2是目的，他也许知道也许不知道，攻占A3才是这么多战斗的目标。

而对于A1的指挥员来说，他却只能看到眼前的胜利——敌人被我们打跑了！

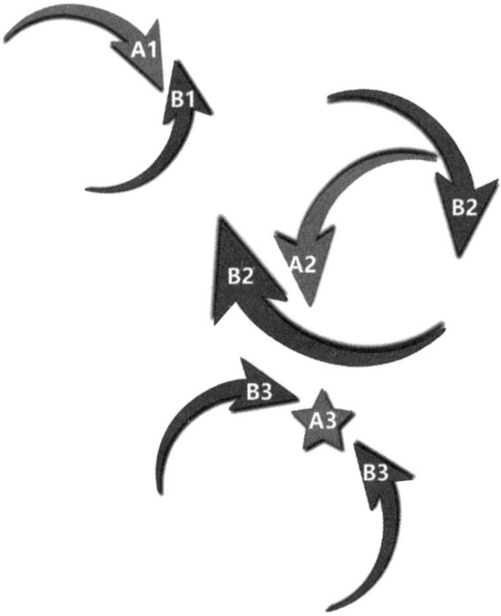

Level-4（第四维）

但所有参加前线战斗的人可能都不知道，其实攻占 A3 本身也不是最终目标。B 方的总指挥员并不希望长期占据 A3 苟活，也不希冀于那些领地和物资，更不是为了求得战胜 A1 和 A2 的阶段性战果。他的真正意图，是为了调动 A 军东边的主力部队回援，以缓解东边战场上 B 军的压力。

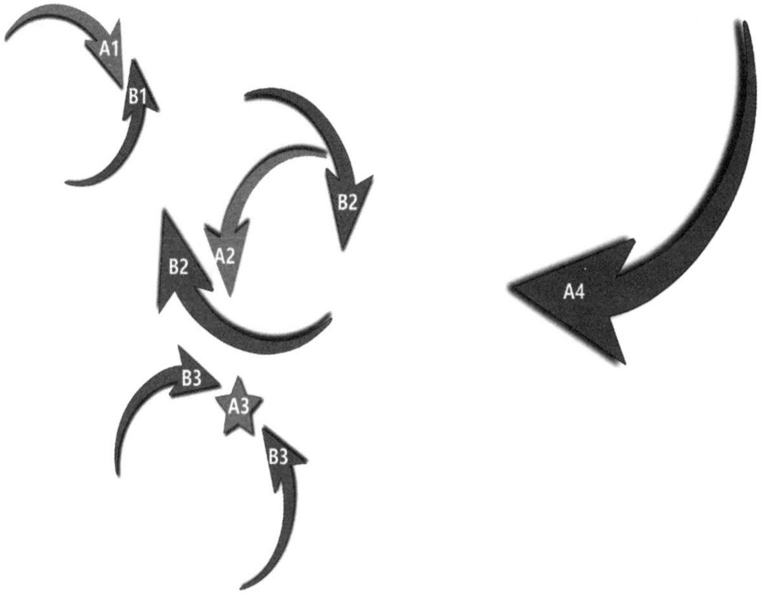

一旦东边战场上的A4主力部队为了夺回A3——A3对他们来说很重要——而快速向西移动,那么B军在东边战场的局面才能转危为安,转守为攻，取得level-5级别的胜利。

当A4气势汹汹回来的时候才发现,A3据点只有象征性的战斗,B军根本没有死扛硬磨，停停走走、打一打、撤一撤，用大大小小的战斗牵制着A4主力，并不断消耗他们的有生力量。

总结：上述案例中的B军行动，就是高维知行。

对于A军来说，从A1到A4层级，所有行动都是解决眼前事，他们没有分析原因、前瞻未来和俯瞰全局的思考。至于为什么会有这些战斗，以及战斗结果引发的发展变化，都不在其认知范围内。

对于B军来说，每一个安排都有背后的意图，每一个环节都是为了更大目标的实现。这种高维度的认知不但能保证在整体布局上更合理、更具优势，还能保证在执行低维度任务的时候头脑更坚定、更清晰，从而懂进退、明取舍。

升维思考需要把握全局。

优秀的人一定具备升维思考的能力。

具体来说，升维思考的能力由三种子能力构成：回溯推理、战略前瞻、俯瞰全局。

3. 回溯推理

回溯推理，即看到表象之后有意识回溯时间线或者逻辑线，去推理当前现象背后的动机、目的、成因等等。

案例一：投资谈判

“问题背后的问题”是投资领域人人皆熟的话术。

小贾是从国外大厂回到中国的技术人，他在国外大厂已经做到了管理层,收益颇丰。在任期间他所领导的团队开发了一个互联网插件，一时风靡全球，坐收数千万用户的下载和二次传播。很有可能你也玩儿过那个能让面孔产生变化的插件应用。

小贾的技术能力和产品能力的确过硬，又见过世面，打过硬仗。

所以他一回国便受到了各大基金的追捧，纷纷约着要见面，希望能投资他的创业项目。

我参加过其中一次基金邀约面谈，见到了他们三个人。

除了创始人小贾之外，还有他的女朋友——此前也是他的同学、在国外另一个知名大厂做公关和品牌，这次一起回国创业。第三个人是他们的师兄，早几年回国创业，但没有搞出什么大的动静。

投资界的一个常识是，夫妻档创业（情侣作为联合创始人，都直接或间接持有股份）后续产生矛盾的风险很高，大概率对投资人是不利的。所以我们对于情侣身份的创业团队非常敏感，出于体面又不好直接问，便不动声色地问道："你们小两口现在结婚了没有？"这样的问题既可以理解为随口打趣，也可以理解为关心团队，不会太过突兀。

大部分人会直接回答问题本身，但面前的这对情侣异常聪明，马上回答说："我们还没有结婚，大家不要担心（笑）。此前有哒哒网的教训在前，我们仔细研究过，不会重蹈覆辙。我女朋友既不持有股份，也不会担任公司高管，也不会在公司领工资。她会做一个卫星公司，帮助我的公司了解和接触市场竞争对手。我们之间只有业务费用，透明可查。所以，我们目前的架构是健康的。大家放心。"

他们穿透了我们的 level-1 问题，达到了 level-2。他回答的是问题背后的问题。

也就是说，他听懂了我们所问的表层问题，也立刻推理出了表层问题背后的动机。这种思维习惯非常高级。如果每个人都能听懂问题背后的问题，那么这个世界会更清晰高效，很多骗局和没必要的误会就会消失。

和这么清爽懂行的人交谈，实在是让人愉悦。但没想到的是，接下来局面却发生了转变。当我们谈到 TS（Term Sheet,投资意向书）里的一些投资条款时，两位初出茅庐的年轻人把目光转向了师兄。他们没有经验，但师兄是融过资的人。

TS 是投融资双方在初步接触比较顺利的情况下签署的一个意向书,里面大致约定了投资协议的一些基础但重要的规则。TS 不是正式的投资协议，但表明了投资人对项目感兴趣的积极态度，其中大部分条款不具有法律效力，通常只有保密和排他条款具有效力。而且，即使融资方违规没有排他或保密，通常也不会有什么具体法律层面的追责。所以，签署了 TS 代表合作可能开始，在融资方人品正常的情况下，可以继续积极推进。

师兄的第一个要求是，“我们不签回购条款”；第二个要求是，“我们不签反稀释条款”。

这两个要求表面上只是合同里的条款，但懂行的投资人一听就知道提出要求的人在创业方面不但没有信心,而且还可能涉嫌人品问题。**所以，老投资人可以看到对方表面现象背后的心理状态。**

回购条款是对投资人资本的“保本”条款。如合同里约定，如果三年之内你的公司发展不好，没有达到我们约定的指标，那么就按照某个价格,由公司创始人出资购买投资人手里的股份。公司发展得好,股份越来越值钱，最好翻着倍涨，这就是投资人的初衷，所以绝不可能在公司发展好的情况下产生回购要求。就算创始人想要回购（增加自己的股份），投资人也一定不乐意，谁舍得放弃一匹能跑赢比赛的好马呢?

只有公司发展得不好，眼看着值钱的投资可能打水漂，投资人才会提前约定回购条款来保本，到时候压力都给到公司创始人。

那么，不签回购条款，意味着创始人此时此刻没有充足的信心，怕企业发展不如人意，自己到时候撑不住。

当然，我们也必须说明，此时此刻有信心也不一定代表将来就能发展好。虚妄的信心容易来自“年轻气盛懂得少”。真正的信心需要创始人心里有脚踏实地的打法，能够做出前瞻性的预判，并拥有足以应对任何可能发生的事的解决方案。如果能看到这样的信心出现在对面的创始人身上，说明你可能捉到大鱼了。

反稀释条款也是保护投资人的，会更复杂一些。

假设，第一轮投资人出于对公司的信任，投入 100 万买入 20% 的股权，此时公司的估值就是 500 万。如果公司发展顺利，价值变成市场认可的 5000 万，那么第一轮投资人手里的股权也就跟着涨 10 倍，20% 的股权账面价值变成 1000 万。这样，理论上就赚钱了。

就怕公司发展没那么好，事实上也没有几家公司能涨 10 倍。有的时候，公司很努力，估值才涨了 2 倍。出于业务需求，创始人需要融更多钱来做大做强，就可能在新一轮融资中“贱卖股份”。比如，按 2 倍来计算，现在公司总价值为 1000 万，10% 的股权就应该能换得 100 万。公司创始人为了早点拿到钱（或其他目的），答应新投资人以 50 万的价格出让 10% 股权。这样一来，吃亏的是早期投资人，因为他们手里的老股权在新一轮融资中被稀释贬值了。

50 万换 10% 的股权，每股价值还是当初投资的价格，但新投资人的加入会引起所有人股权持有量的相应减少（看具体条款），对老投资人来说不但没升值，反而还赔钱了。这就是反稀释条款诞生的意义。

创始人明确说不签反稀释条款，意味着两件事：第一，对公司业务没有信心，不觉得到时候能发展得很好。第二，没有拿老投资人（其实是所有投资人）的利益当利益，在自己需要钱的时候，不惜损害投资人的利益，这可能就是人品问题了。

好在这两个问题是大哥提的，不是创始人自己提出。这个大哥的确在创业方面屡次失败，还没找到门道。稍微一解释之后，创始人立刻明白了 TS 的意义和这两个条款的意义，爽快地表示可以接受 TS 所有条款，没有表现出任何障碍。

这个案例中，两边各得分一次，创始人穿透了投资人的问题，投资人也穿透了那个大哥的问题，说明双方都**能听懂问题背后的问题**。如果双方都停留在表面的问题上进行拉扯，那恐怕所有交流时间都是低效甚至无效的，结果就无法确定了。

如果你能听懂对方语言里面藏着的意思，能够反向推导出问题背后的问题，那么恭喜你，你已经拥有了升维思考的第一种能力！

案例二：《雍正王朝》

有些情况下，想要回溯推理，一定要提前注意其成因复杂性。

我们以电视剧《雍正王朝》第八集为例。

康熙带领一众儿子去打猎，要大家好好表现。

那时他已经对太子开始不满，也知道儿子们明争暗斗得很厉害。让这些儿子们一起竞技打猎，就是要看各家的表现如何。好玩儿的是，儿子们也知道康熙皇帝搞这个“比赛”肯定有深意，但难就难在大家都不确定老皇帝重点要看的是什么。

表面上是组织打猎比赛，但康熙皇帝背后的动机可能有很多种。他居中观察，进可攻、退可守。有人表现得好，他就可以挑选出一些可取之处，给他的管理带来些重要变化；如果看不到儿子们有什么突出表现（概率不大），那就权当一场普通围猎，只是为了让儿子们一起骑射、架鹰驱犬，热闹热闹而已。这样的多可能性及其变化，谁也猜不透。

揣摩上意就是典型的回溯推理思路。众皇子都动用了心思，试图猜中老皇帝的真实意图。其中大多数走常规思路，表现得非常勇猛，想以猎杀数量取胜；八阿哥没有猎杀，只捉了十几只活的，以凸显自己的仁义；四阿哥胤禛（也就是后来的雍正皇帝）称大病初愈，并没有参加。

康熙从太子那里取了一柄金如意，打算赏赐给表现最好的皇子。这柄金如意的政治含义就很耐人寻味了。当他问大家应该把金如意奖给谁的时候，蒙古王爷领头代表群臣建议给八阿哥，原因就是他崇尚仁义、善良，有好生之德。这也是八阿哥团队猜测的康熙看中的地方，这是他们的回溯推理。

没想到，真正的高手是四阿哥的家臣邬思道先生，他教当时还年幼的弘历（也就是后来的乾隆皇帝）背诵了康熙一生射杀过的猎物数量和种类，并细数为什么要保留满人骑猎传统，乘势再颂扬了康熙的伟大功劳，给老皇帝听得很开心。最终，金如意赏赐给了弘历，而且还让康熙看到了一个突破传位困境的新思路——选皇孙。

所以，普通阿哥们取勇猛，八阿哥别出心裁取仁义，而四阿哥家臣邬先生的回溯推理，精准地猜中皇帝心中真正的困惑，也就是哪个皇子最优秀，以及如何评判这种所谓的优秀，因为这关系到皇位传承和政治稳定。甚至，我觉得他的回溯推理突破了康熙原来的动机选项，也就是说，在决定举办狩猎的时候，康熙虽然是为了考察儿子们，但还没想明白要考察什么，以及如何来做决定。而邬先生想到了，让皇孙弘历好好表现，一下打开了康熙的思路。

这就是升维思考之回溯推理的威力。

回溯推理测试题

看完这个故事，我出一道题，大家可以测试一下自己的回溯推理能力。

如果你所在的单位宣布，开始搞一项全单位范围的企业文化建设新举措——“新生活，新工作”，要求所有员工遵守：

（1）每个员工必须捉单位里的苍蝇和蚊子，每天要向单位委任的若干专项负责人上交这两种东西的活体或者尸体，确实捉不到也没关系，每只苍蝇折价 10 块，每只蚊子折价 5 块，可以以交钱的方式完成任务。

（2）提倡新作风和新道德，不允许上班其间打游戏或聊闲天，不鼓励女性装扮，甚至宣称“化妆和烫头是道德败坏的表现”，会在公司内网置顶，点名批评。

（3）要求员工勤洗手、每天洗澡，单位有负责人会随时突击检查，如果发现没洗手或没洗澡，员工要接受批评、惩罚，并改正错误。

（4）其他……

单位领导班子宣称，鉴于目前单位干劲不足，员工存在大量懈怠的现象，导致单位生产受到影响。要提振士气，必须从小处着手，从新的企业文化和向心力开始，从而提升单位产能。

各位，假设您面临这样的 level-1 现象，您会怎么分析背后的 level-2 成因呢？

现实中有这样的实际案例发生过。

1934 年，国民政府曾经发动过一场全国性的运动，史称“新生活运动”。

当时的政府领导人成立了“新生活运动促进会”，并在全国推广所谓的“新生活运动”，将其定义为“先求全国国民于食衣住行四项实际的基本生活能彻底改进之一种社会教育的运动”。官方宣称的这场运动的目标是使国民生活形态得以改进，进而使国民革命得以成功，最终实现中华民族的复兴。当时的政府领导人认为，“中国人缺乏礼义，不知廉耻，自私自利”，因此提出了“礼义廉耻”作为新生活运动的指导思想。新生活运动规定：

（1）公众必须注意公共消费、公共养老、公共教育以及公共卫生，每个人都要捉老鼠，每个家庭和单位都要交卫生费。如果有不足额的情况，则需缴纳罚款冲抵。

（2）全社会提倡清洁、秩序和道德（四维八德），要求官员和群众不打牌，因为打牌是陋习。要求妇女不能烫发，甚至在露天公开牌匾上宣讲“烫发即是娼妓”等口号，烫发的妇女还会被调查并公开批评。

（3）号召全民要培养新兴趣，参加社交活动，关注个人健康。要求全民多洗手、勤洗澡，政府任命一些人有权力随时入户检查，如果发现没有洗手或洗澡，则给予相应处罚等。

（4）其他……

最终，这项全国范围内的运动导致大量混乱，民怨沸腾。一些政府任命的人员利用权力中饱私囊，一些弄权的小人借口检查卫生对普通居民大加骚扰盘剥，还有一些人借此运动小题大做，达到打击异己的目的。没过多长时间，这项既不符合社会经济学基本原理，也不符合管理学基本原理的胡闹运动草草收场。

当时的传播途径还不发达，民智还没开启，所以底层民众更不可能明白这一系列乱象背后的真意。以我们现在的目光回顾去看，大家不难发现其 level-2 的真相是两个字——弄权。这是通过这种毫无意义且不尊重客观规律的瞎折腾来乱中取利，制定政策的人正是通过树立规则、执行规则、打击违反规则的一整套流程，让听话的上位，不听话的倒霉，最终达到排除异己、实现权力强化的目的。至于搞运动的社会成本、民众的生活质量和所造成的创伤，根本不重要。

其实，对于身处乱局之中的人而言，回溯推理出乱局背后的真相很难。无论过去的人们，还是现在的我们，最重要的是首先建立这个习惯，**遇到 level-1，先做回溯推理**。

4. 战略前瞻

前瞻思维，也可以冠以“战略”二字，称为战略前瞻。这种升维思考的能力主要解决面对困境的迷惘。如果你正处在以下某种状态中，比如两难选择、一团乱麻、患得患失、疲惫绝望，陷入大大小小各种困境，那么战略前瞻可以让你从麻烦中抬起头，帮你提升一个思考维度，重新看待自己的困境，看清楚事情的下一步，然后摆脱眼前困局，更坚定地朝向目标前进。

案例一：京东自建物流

在投资界，最著名的战略前瞻案例当属 2007 年一位创业者力排众议，要反常规地给自己的公司“烧钱”自建物流的决策。一提到这个案例，很多人就立刻会猜到，这是刘强东当年的全力一搏。

在 2007 年，京东在互联网和电子商务领域中还只是小老弟，或者说根本排不上队。不仅阿里巴巴在当年 11 月上市并创造各项纪录，当时声势浩大的 B2B 电商公司还有网盛科技和慧聪国际，C2C 赛道里靠前的是淘宝、拍拍及百度，都是盛极一时、风光无限。B2C 赛道刚刚开始被看好，排在京东前面的有当当、卓越、红孩子等很多。那时，京东商城刚刚拿到融资。

就是在这种状况下，刘强东提出要投入海量资金自建京东的物流模块。

这在当时是非常吓人的观点，因为还没有电商公司这么做过，即使是当时全球的老大亚马逊，也只是自己建仓库，配送则是外包给联邦快递。国内的各种电商更是没有先例，用户从下单到拿到快递，往往等上三天算是快的，等上一周属于正常，拿到手里的快递包装有残破也是屡见不鲜。

刘强东想自己投资做物流，在当时完全不被理解。因为这件事不但投入产出的性价比不高，而且存在致命的风险——它不仅需要巨大的资金支持，还要有复杂的技术支撑。一旦失败公司就会濒临破产，沉没成本巨大。

那时的京东并不是有余粮的地主家，只是刚刚拿到 1000 万美元融资而已。

换作你的话，你在那个节骨眼儿要自建物流吗？你敢真把钱花出去赌一个看不清楚又事关生死的未来吗？你会怎么思考这个问题呢？

刘强东坚持要做，力排众议。他的主要思路（理由）如下：

第一，当时京东 70% 的客户投诉针对物流弊病，大量的客户投诉送货慢、货物损坏严重。如果继续外包，就没有办法解决这个痛点，只有自建物流才能从根本上解决这个问题。所以，本质上这不是花不花钱自建物流的事情，是要不要花钱改善客户体验的问题。不改善，客户还有很多选择，可能抛弃京东；改善了，可以在众多电商公司中一马当先，形成独特的客户体验优势，甚至把竞争对手的客户都吸引过来。为了这样的事情，应不应该花钱？

第二，任何公司的核心竞争力说到底只有两点，一是改善客户体验，二是提高生产效率。如果自建物流成功，那就意味着企业内部生产效率会得到大幅提升。这里不仅仅是给下单的用户送快递上门的效率得以提高，还有供应链端的物流效率提升。刘强东在接受采访时说过，“京东物流从设计那天开始，最大的追求就是减少商品的搬运次数。现在每件商品在整个中国要搬运七次以上，我要把它降到两次，这样才有巨大的社会价值，这不是普通的快递公司能够做到的。”是不是完全实现了两次搬运（从工厂到仓库，从仓库到用户）不是最重要的问题，最重要的是看待行业和产业本质的思维模式。

对于电商公司来讲，核心生产效率就是软件开发、进货和发货速度，看到这一点，自然就懂得物流的重要性。再加上能让用户从“等三天等来个破箱子”变成“次日达且包装完好”，从而赢得一片好口碑和强大的用户黏性，这不值得投入海量资金吗？

做不做自建物流，做自建物流有多难、多麻烦、多危险，都是level-1的事情，很容易让人头疼和退却。但当你升维到level-2的时候，会看到自建物流如果成功之后的下一步发展状态，也必然会看到如果失败的结局。当然，判断失败很简单，几乎所有人都能本能地看到，但判断成功（基于核心竞争力本质）是需要智慧和勇气的。

举个不恰当的例子，假设你每天艰苦修炼，一心想得道成仙，且最终真的能成仙。那么，如果有一颗仙丹能保你得道成仙、长生不老，只是需要经历 7 天的痛苦，你肯花钱买吗？

一部分人会想，钱花完了，没撑住死了怎么办？太痛苦熬不过去怎么办？另一部分人会想，这就是我的终极追求，就是我的生命形态本质，既然仙丹可以帮我实现目标，花点钱、经历点儿痛苦，这不是应该的吗？

事实上，力排众议决定自建物流之后的路也的确很艰苦。

不到一年的时间，1000 万美元就被刘强东投入在物流上消耗殆尽。为了啃下这颗仙丹，刘强东开始重新找投资，最多的一次是一个星期见了 42 个投资人，但因为不确定什么时候能盈利而颗粒未收。好在 2008 年底，他终于遇到了有远见的投资人，2100 万美元融资到位，才慢慢有了今天的京东物流。

京东物流在 2021 年上市之前的十几年里亏了几百亿，但京东物流和京东商城的成长大家有目共睹，2024 年发布的 2023 全年财报显示，京东物流已经实现了扭亏为盈。这些客观成果的检验是硬证据，验证了刘强东当时的判断是正确的。**领先时代和同行业的思维模式，就是升维思考的战略前瞻。**

有了清晰的战略前瞻，才知道眼前的每一场仗怎么打，什么地方要坚守、什么地方要猛攻、什么地方可以放弃。有了清晰的战略前瞻，才能在未来的未知战场上做到核心稳定，应对突发状况的时候才能做到心中有数、从容应对、士气高昂。

案例二：没有战略前瞻的反例

我参加过不少公司的年会，也看到过一些糊里糊涂的场面。

有一年，某个公司挣了不少钱，局面一片大好。会场里当然很是热闹、开心。大家推杯换盏，台上的年轻员工们劲歌热舞，所有人都展望着明年再创新高。

喝高兴的老大满面红光走上台，正在表演的员工很有眼力见儿地递上了话筒。大家都知道，让人血脉偾张的现场抽奖即将开始。

各种宣布，各种欢呼，转瞬间几百万的奖金就发出去了，这些都是提前就评选好的名单。没想到，老大兴致勃勃，现场朝着财务总监说："郝总，再给我调 80 万现金，马上就要！我们让没得到奖金的同志们一起发！发！发！"

他这一句不要紧，可把财务总监吓着了，立刻赔着笑脸把老大拉到一旁，轻声说了些什么。老大的脸色变难看了，抢白了几句之后，拍拍财务总监的肩膀，最后一句仿佛在说，"区区 80 万块钱我都不能动了吗？"

这是挺常见的场面，80 万也不算多，毕竟现场有那么多双眼睛热切期望着。但这个细节背后的心态特别值得注意。要知道，对于一个准备上市的正规公司，财务报表每年都要审计，每一笔钱，哪怕再小，也都要精准控制。虽然增发 80 万肯定有办法处理好，但涉及成本、利润、税务的各种调整，事不大但很麻烦，关键是"违规了"。

这里的违规不是指违反国家法规，而是因为老大的开心和冲动，违反了本来不应该破坏的工作规则。老大自然有他的合理理由，比如气氛、人心、士气、权威之类的，但违反了管理规则。那么，这个举动不但会带来财务角度的麻烦，而且能看到老大的心思没有考虑 level-2 的层面。

创业风风火火的那几年，创业公司年会比这炸裂得多的场景屡见新闻。大家不妨从战略前瞻 level-2 的角度思考一下，类似行为会导致什么结果，再用实际已经发生的情况检验看看。

没有战略前瞻的董卓

在《三国演义》里面，董卓是个挺有意思的人。

他刚刚进京试图把持朝政的时候，在朝堂上被一方诸侯丁原羞辱，看到丁原身边的虎将吕布非常威武，董卓没敢动手，只能任由丁原潇洒离去。董卓想要把吕布挖过来，如果成功不但可以解除丁原的安保，还能让自己拥有强大的武力保障，一举两得。

所以，他舍了赤兔马和金银珠宝，许以吕布高官厚禄，真的策反了吕布，使其斩杀丁原，投靠自己。在这个过程里，舍得赤兔马和金银珠宝就是 level-1，拉拢吕布就是 level-2。

但是，当他成功把持朝政之后，中了司徒王允的连环计。王允先把貂蝉许给了吕布，又把貂蝉介绍给董卓。董卓下手快，等吕布反应过来的时候貂蝉已经被董卓占有，王允也说董卓势力大，点名要貂蝉，自己不敢忤逆。吕布不舍得貂蝉，两人在凤仪亭私会，被董卓撞破。董卓当然很生气，手底下的大将和小妾私通，这事儿很大，换谁也不容易咽下这口气。这时手下有人劝他，说为了控制和扩大权力，一个女人不重要，可以把她赐给吕布，还能让吕布更加感恩戴德。这个劝说的人，思维就是战略前瞻的 level-2。

可惜董卓还是选择了留下貂蝉，从而逼得吕布内心产生仇恨和分离，最终决定反叛，联合王允等人设计刺杀了董卓。

大家可以思考一个问题：董卓这次的选择为什么沉进了没有战略前瞻的 level-1 ？

很大的可能性是因为董卓当时已经大权在握，他认为小皇帝在手里，所有大臣噤若寒蝉，当初的 level-2 目标已经实现，而现在并没有新的 level-2 目标，所以在拥着貂蝉、看着吕布的时候，董卓心里只有关于肉欲、私情和争风吃醋的 level-1 本能思维，也就此一败涂地。

没有升维思考，就容易沉溺于当前。

中文里有很多智慧都是升维思考的，“欲将取之，必先予之”“欲擒故纵”“以退为进”等等,都是为了实现“取”“擒”“进”的升维目标，在当前维度上采取“予”“纵”“退”的战术控制。表面上看起来在吃亏、示弱、退让，但所有目标指向最后的胜利。

5. 俯瞰全局

很多人遇到的具体困难并不是技术上难以解决的，而是认知上难以取舍的。

最典型的为难之处在于，投入的成本比较好算，未来的收益很难确定，人们会因为不确定投入产出比而彷徨。这种情况下，如果能够从眼前的困惑中跳脱出来，向“斜后方”退一步，站在更高的维度俯瞰一下全局，面前的困难往往会迎刃而解。

案例：中国高铁的布局

要不要花那么多钱，修建那么多的高速铁路网络？还要把列车搞得那么快，配置搞得那么高，运行班次搞得那么多，是不是没有这种紧迫性和必要性？

很多人觉得，没必要把摊子铺得那么大，修那么多铁路，浪费了很多钱；没必要每天跑那么多班次，很多座位都空着；没必要把车厢搞得那么豪华，现在中国很多老百姓还不需要这么高级的享受。

如果仅仅从投资的成本、运营的收入和当时全球的铁路速度以及车厢体验来讲，中国在决定建设自己的高速铁路时，的确是太超前了。

在这里，“太超前了”四个字是褒义词，绝对的褒义词，因为当初国家决定建设这个大项目，用的就是俯瞰全球格局的升维思考。

20 世纪 60 年代至 70 年代末，以 1964 年日本新干线铁路建成使用为标志，全球开始发展商业运营高速铁路。我们国家也在 80 年代初开始，认真研究中国自己的高速铁路建设计划。

1991 年，《中长期科学技术发展纲要》发布，设计“八五”和“九五”科技攻关课题，决定要独立研发中国高速铁路关键技术。12 月 28 日，广深铁路启动中国第一条准高速化改造工程。同一时期，原中国铁道部组织专家完成《京沪高速铁路线路方案构想报告》，首次正式提出兴建高速铁路。

随后的十余年，中国开始着手进行各种准备工作和实验，积累各种技术方案和建设经验。

2003 年，中国高速铁路确立“市场换技术”基本思路，通过与外国企业合作建设发展中国高铁技术。2004 年 1 月 21 日，中国国务院审议通过《中长期铁路网规划》，规划建设“四横四纵”客运专线，设计速度指标 200 千米 / 小时以上。2005 年 6 月 11 日，石太高速铁路开工建设，中国正式进入标准化建设高速客运专线铁路阶段。此后，一大批干线高速铁路和城际高速铁路项目相继启动。2007 年 4 月 18 日，中国铁路第六次大面积提速启动，部分路段列车最高运营速度 250 千米 / 小时，中国首次在全国局部地区初具规模开行运营速度 200 千米 / 小时动车组列车，中国铁路开始迈入高速时代。2008 年 8 月 1 日，京津城际铁路开通运营，成为中国内地第一条设计速度 350 千米 / 小时级别高速铁路。2009 年 12 月 26 日，京广高速铁路武广段开通运营，列车最高运营速度 350 千米 / 小时，首次打破中国铁路春运瓶颈，高铁运输开始在干线铁路上占据重要地位，中国正式进入高铁时代。2017 年 12 月 28 日，石济高速铁路开通运营，标志着中国铁路“四横四纵”快速通道全部建成通车。

截至 2025 年 3 月，中国高速铁路通车总里程已经达到 4.8 万公里，占全球总量 70% 以上，位居世界第一。“八纵八横”高铁网覆盖 97% 的 50 万人口以上城市，串联京津冀、长三角、粤港澳大湾区等经济圈，使京沪通行时间缩短至 4 小时，跨区域产业协作效率倍增。

那么，花的钱多不多呢？

当然很多。但这些钱不能看绝对量，因为绝对量不是个很有意义的数字。花这么多钱值不值，第一要横向比对，看成本的相对高低，第二要看投入产出比。

根据世界银行报告，中国高铁每公里建设成本约为 1700 万至 2100 万美元（约 1.17 亿至 1.44 亿元人民币），仅为欧洲同类项目的三分之二。通过标准化设计、产业链协同和政府统筹规划，中国将高铁建设成本压缩至国际平均水平的 66%,同时保持技术先进性。投入产出比方面，以京沪高铁为例，其日均发送旅客超 50 万人次，投资回报率高达 8%，远超多数国家大型基建项目。这种“低成本、高效益”模式，不但为中国的客流、物流交通和经济建设提高了效率，而且为全球高铁发展提供了可复制的经验。这就是中国大规模建设高铁的第一个收益。

其次，中国高铁的崛起过程，也是锻炼、打磨、研发新技术的过程。在这个建设的过程中遇到的所有挑战，都是自我突破的机会，也是战胜对手的机会。

到目前为止，我国已经完全实现了核心系统国产化，包括但不限于自主研发的 CTCS-3 级列控系统，以及集成北斗导航与 5G 技术，实现了列车追踪间隔缩短至 2 分钟，使运力提升 30%；工程材料取得创新性成果，碳纤维复合材料转向架减重 20%，轮轨磨耗降低 30%，推动 CR450 动车组设计时速突破 400 公里；基于天河超算的智能调度平台可以实时处理 10TB 级数据，正点率达 98%；数字孪生技术构建车辆全生命周期模型，故障定位准确率 95%。

所有这些新的技术，不但大大提升了我们自己国家的核心科技水平和产业链水平，而且还形成新的技术标准和建设能力，向国外输出，构建更大的网络联合体。

中国主持制定UIC高速铁路领域13项国际标准，涵盖列车控制、安全监测等，打破日德长期垄断。目前，中国已经开始和一些国家联合建设当地的高铁网络。2017年5月14日，中国与印度尼西亚签署雅加达至万隆高速铁路项目，这是东南亚首条高铁，设计时速350公里，开通半年发送旅客超100万人次，带动印尼GDP增长0.5%。中老铁路的跨境货物列车累计运输1000万吨，为老挝创造10万余个就业岗位，助力其从“陆锁国”变“陆联国”。还有正在不断扩大的“中欧班列”，由中国铁路总公司组织，运行于中国与欧洲以及“一带一路”沿线国家间的集装箱等铁路国际联运列车，成为深化我国与沿线国家经贸合作的重要载体和推进“一带一路”建设的重要抓手。

中欧班列通道不仅连通欧洲及沿线国家，也连通东亚、东南亚及其他地区；不仅是铁路通道，也是多式联运走廊。到目前为止，中欧班列累计开行早已突破10万列，发送货物超1100万标箱，货值超4200亿美元。这件事情的意义，不仅仅是交易额一个数字这么简单。

有的时候，只把眼光聚焦在一个眼前的小困难上，特别容易陷入狭隘的思考，划不划算、值不值得、能不能成功、有没有意义，但当你能够使用升维思考的方式来尽可能俯瞰全局，看到更大的版图，看到更远的发展和未来，就能理解今日努力克服困难的巨大意义。用三十年时间，不断自主创新，顶住层层压力，克服重重困难建成的中国高铁网络，意义不仅仅在于中国铁路本身，也不仅仅在于提升了运输效率、促进社会生产发展，还提升了科技水平，把中国的高铁技术推向世界、布局全球。

要有这么大的视野和思维，才可能做出这么大的业绩和成果。

理解了本段的升维思考，理解了回溯推理、战略前瞻和俯瞰全局，你会发现无论眼前事有多麻烦，都可以不必拘束在这个“小节”上。同时，在遇到厉害的对手时，也可以做到时不时抬起头看看，对手是不是在故意给你一个小胜利，让你觉得非常开心，然后带你进入他的战略节奏。

所以，我们要做的是，每遇到一个关键节点的时候，往之前推一推成因，往以后推一推发展，尽量能够往斜上方后退一步，俯瞰全局的逻辑线，再回到当前的问题时就能做出更好的决策。

升维思考的第三种能力叫做俯瞰全局，也有很多人称之为大局意识。

在有明确的大目标之下，俯瞰能力可以使人纵览全局，摆脱眼前困难的拉扯和彷徨，不计较一城一池的得失，每一个局部、每一个环节、每一次决策，都全力向最终的目标努力，就能减少错误、降低内耗、稳步向前。

俯瞰全局的五个必要条件

普通人不会天生具备俯瞰全局的意识，要想拥有这种能力，需要满足以下五个条件：

（1）要确立笃定的大知

这一条听起来很简单，确定一个大目标不就好了？

其实并不简单。

确立笃定的大知，需要有充分的依据做支撑，不能是拍脑袋凭感觉，觉得说起来好听或者足够威风，或者逻辑上应该这样，等等。这个充分的依据，既包括充分尊重事实，也包括思虑周密、逻辑自洽。如果有挑战者严格进行挑剔和批判，你能不能稳稳接住？能不能从批判中学习，做到兼容并包、去伪存真，并且始终坚持自己的目标？唯如此方是目标笃定。

遇到干扰就动摇，遇到困难就退缩，遇到挫折就放弃，这样的内心并不笃定。

（2）获取信息能力强，知情量大

想要俯瞰全局，就不能只有狭隘的目光，不能偏听偏信，要有非常强的信息收集能力，因为每个局部的信息都事关全局。把信息整合起来，再根据大知思考、判断、排序，才有可能做出更符合大知的决策。

（3）坚忍乐观

事情越复杂，难度就越大。做一件大的事情，一定会在小的地方有得有失，甚至会困难到受伤、流血、没饭吃，突破各种生理和心理的极限。

无论是失败还是胜利，人都应该始终保持乐观。气急败坏和悲观绝望只能让决策变糟糕，扬扬自得和欢天喜地只能造成轻率。请相信，真的实现了心中大目标的那一天，亲历者也不会扬扬自得，更不会轻浮忘形。

（4）逻辑清晰，步步为营

做每件事情，无论大小，都要保持头脑清晰。有些时候，有的人会因为运气，或者跟了一个好团队，或者其他原因取得一些成绩，但这些人如果没有清醒的头脑，不能在关键的问题上保持逻辑清晰，失败的概率就会很大。反之，如果一个人能始终保持逻辑清晰，就会大幅度减小错误决策的概率，就算一时没有什么好运降临，长线来看也是始终保持前进的，时间会证明一切。

（5）心态开放，兼听则明

“明”的意思是做出更优的决策。多听听不同的意见，并根据实际情况不断优化迭代，这样做出的决策才会是更优的。千万不要故步自封、刚愎自用。听不得不同意见的人，指望着靠身份地位和权威来简单化决策过程，他不输谁输？

我们从来不提倡神话一个人，因为就算被神化的人真的很厉害，神化他带来的也只能是负面影响。实事求是和唯物主义才是能保持一直制胜的法宝。正确决策才是根本，权威和面子在胜利面前一文不值。

本段总结

我们现在来总结一下升维思考的三个关键词：**回溯推理、战略前瞻、俯瞰全局**。

对于很多普通事件的处理，如果能做到第一个关键词**回溯推理**，就可以在处理过程中保持头脑清醒，不易上当了。

对于下一步结果不明确的重大事件决策而言，如果能做到第二个关键词**战略前瞻**，就可以根据战略目标来坚定决策并优化一系列执行动作，不会为大量表层牵绊所迷惑。

对于复杂系统的参与者，如果能做到第三个关键词**俯瞰全局**，就可以更好地统筹和协调多方面资源，在劣势中也能取得更优解，类似焦虑、烦躁、敌对等负面情绪也会大量减少。

第六段　容人有度

在九段识人法则的第六段中，我们关注一个超越个人能力的指标——容人有度。

提个问题：你的心里现在关照着几个人？

下个问题：你认为自己的心里能容下几个人？

最后问题：你希望自己的心里能容下几个人？

这些问题不是故弄玄虚，答案也不会像韩信那样盼望的“多多益善”。

认真思考的话，大多数人给出的答案是个位数，而且是很小的个位数。每个人在小宝宝的时候，心里没能力容下（关照）别人。青春期的时候，开始学习接纳和自己不同的人，但只能学会一些社交关系的处理，谈不上心里能容下别人。18 岁以后独立面对世界，限于手里的资源少，也限于自己的欲望和感受更强，大概只能容下 3~5 个人，这其中包括恋人和朋友，但很有可能不包括自己的父母。结婚之后，容人的能力会增强，可以有伴侣、双方父母，以及工作单位和社会上的几个人。生子之后，体会、共情、照顾他人的能力达到峰值，换位思考的能力得到激发。如果工作顺利的话，容人能力开始大幅提升。如果工作和社会活动中没有机会，容人能力可能就此摸到顶部并开始逐渐衰退。到了老年，年龄越大，心里关心的人会越少，因为大脑的算力不够了。

1. 定义容人

什么是九段识人法则第六段中所讨论的**容人有度**？

容人需要具备以下三个特征：对他人有认知、有处置能力、有主导结果。

有认知，是指对他人的基本信息、所思所想、行为目标等，有认知判断。

有处置能力，是指对他人有行为能力，包括帮助、合作、管理、阻止、打击等。

有主导结果，是指通过认知判断和处置手段，能对他人产生主导结果。

没有认知，说明不了解，根本谈不上心里容了别人。只有认知，没有处置能力，只能算“单相思”或者“偷偷惦记”，不是事实上真的具备了容人的能力。有认知、有处置能力，但不能产生主导结果——例如，处于从属地位，或者屡屡败给对手，主控权都在别人手里，自己处于纯粹的被动位置——也不能算心里具备容人的能力。

用生活中更常见的方式描述，容人可以描述为以下三个关键词：

关心：心里替对方操心，急人所急，想人所想。

付出：有为对方的实际付出，如金钱、劳动、思考等，且不是一厢情愿。有些情况下，会根据对方的需求改变自己的意愿或承受委屈。

影响：能产生有控制的结果。

根据以上定义和描述，我们可以知道，爱慕天下美女的打赏大哥、对主人唯命是从的奴隶以及拥有绝对权力但并不操心治下个体生死的奴隶主，都不能算容人度高。养育孩子、关爱恋人、照顾家人、和同事合作、组织和领导下属、与对手竞争、打击敌人，这些**属于有效的容人**。

为什么要把容人能力作为评估一个人的专项指标呢?

用这个指标评估普通人，可以避开孤僻者和自闭者。我们可以通过观察他能不能容得下自己的伴侣、孩子和家里其他人，来判断和他相处交流的难度，以避免因为对方斤斤计较或自私自利而与其发生不必要的冲突。

用这个指标评估创业者、组织者、领导人等关键角色，能判断其**组织能力、用人品位和机构发展的可能性**。容人度狭窄的人，头脑中算力有限，能组织和管理的规模也有限，且在人际相处中会产生更多摩擦；容人度优秀的人，头脑算力发达，善于扩大规模和集聚资源，在人际相处过程中更流畅，可以减少不必要的冲突和消耗。

2. 案例：崇祯皇帝

在封建王朝，皇帝是地位最高的人，有钱、有权，理论上拥有所有资源，他带领群臣形成管理团体，治理疆域内的所有事情。百姓们因为认知局限，更偏向于逆来顺受。但**即便是如此绝对权威的人，如果容人度低，也会落得悲惨的下场。**

崇祯皇帝就是其中的典型代表之一。

崇祯皇帝的爷爷是万历皇帝。万历皇帝所立的太子是朱常洛，但是万历皇帝本身并不喜欢这位太子，他更希望立自己的宠妃郑贵妃所生的儿子朱常洵。但是，在废立太子的争斗中，表面上权力最大的皇帝却败给了明朝实际权力更大的文臣群体，他们遵循儒家的礼教，愣是没让万历皇帝在“国本之争”中得逞。

当我们把目光聚焦在朱常洛身上时，才会惊然发现，这位不受万历皇帝待见的太子遭遇了什么样的精神折磨：一方面是对自己父皇的深度恐惧，一方面又要在君臣两派的斗争中装作乖宝宝，他不能贪权又不能表现成软弱无能的废物，进退两难。最终虽然保住了太子的位置，却也欠了文臣集团一个天大的人情债，在父皇眼中则更是被冷落、被排挤、被嫌弃。

因为父皇心里容不下他，所以朱常洛的心态就不会太好。

朱常洛也冷落了一个女人刘氏。**一个人压力大的时候，大脑通常没有余力去容纳其他人的感受；自己的事情处理得顺畅，才可能照顾其他人。**刘氏给他生下的孩子叫朱由检，也就是后来的崇祯皇帝。刘氏不但不被朱常洛宠爱，还在 23 岁的时候就一命归天，那一年朱由检 3 岁。朱由检有个同父异母的哥哥叫朱由校。

崇祯皇帝的父皇朱常洛的命运是悲惨的，好不容易熬到万历皇帝驾崩，自己继位才一个月就莫名其妙地因为“红丸案”而丧命，连扬眉吐气的机会都没有。他的另外一个后宫宠妃李选侍在魏忠贤的怂恿下，以自己手里有俩孩子——朱由校和朱由检——为资本跟大臣们谈判，要求自己掌权，史称“移宫案”。当然，李贵妃落败是必然的结果。朱由校便成了下一任天启皇帝，但背后真正掌权的是文臣集团。因为和文臣集团的矛盾太深，所以他重用了大太监魏忠贤。

朱由检自幼住在京城，目睹哥哥沉迷木匠手工，亲历太监集团和文官集团的明争暗斗、杀人无数，他胆战心惊地惶恐度日，心里对这些人和事都抱有厌恶的态度。在天启皇帝朱由校驾崩之后，兄终弟及，朱由检继位成为新皇帝，也就是明王朝最后一任皇帝。

崇祯皇帝朱由检对所有人都不信任。为什么?

根据心理学基本原理，一个人对他人产生信任，本质上是经过比对判断后发现他人的观点、行为、态度符合自己的认知，也只有基于这些肯定的判断，才能产生对未来的信任性预判。**人的大脑如果缺乏认同和被认同的经验积累，就不可能具备信任的能力**。

在崇祯皇帝朱由检的心里，文臣集团是对立面，因为他们抢夺控制皇权；以魏忠贤为首的太监集团也是对立面，因为他们奴颜媚骨的背后意图也是弄权。在从小目睹的所有人、所有事里，没有什么人值得信任，也就造成了他的不信任算法倾向。

崇祯皇帝亲政后典型的表现是：容易在轻信一个人的时候失去应有的节制和审慎，在遇到压力或需要重大决策时又怀疑所有人，听不得不同意见，更听不得批评。因为在他过去的所闻所见里，所有的观点对立和批评都是党派斗争、争权夺利而已，无关事实本身。这些丑恶的现象给他留下了太深的印象，也造就了他的判断习惯。

在面对国家经济崩盘、农民起义、边境告急的多重压力下，他的不信任习惯就变成了刚愎自用。只要一发生观点差异，崇祯皇帝立刻倾向于把对方的动机推断为贪图权力，认为这些大臣要么就是欺骗糊弄，要么就是故意和自己对着干，从而失去了判断事实的能力和从战略角度审视全局中每件事发展变化的能力。这也是熊廷弼、袁崇焕等名臣在他手里走马灯似轮换的原因。虽然“崇祯五十相”的说法不尽严谨，但他容人、用人的不足是客观存在的。人员轮替频繁，根本无法保证政策的稳定和落实。自己做决策也是朝令夕改，表里不一。再加上他只喜欢认同和表扬，自然会引来投机阿谀之辈。

当然，崇祯皇帝的那个时代有太多的外部压力——从奸臣弄权到经济崩坏、再到农民起义和外族入侵，换作是其他朝代的明君接盘，也未必能搞得更好。这些客观的外部原因，不是我们一篇小文能探讨完整的。但只讲用人这一件事，我们必须要承认，崇祯帝有很大的权力，有很多软硬资源，还有很多人愿意为之所用，甚至有很多足够优秀的人以拯救朝廷为自己的使命，但其容人度低导致用人不畅，最终国破命丧，着实令人唏嘘。

看完崇祯的案例，我提个问题：崇祯皇帝缺失了哪一个关键词，所以不算容人度高？

他的不信任，来自对大臣的不了解和错误判断，是他内心的狭隘警戒使然。虽然他作为最高权力拥有者能够肆意处置，能够得到主导结果，但因为没有准确认知，所以容人度低。

因此，当我们观察一个人的时候，**如果发现此人的容人度很高，说明他的头脑算力丰富发达、人际交往的手段高超、组织能力和扩展规模的能力强大，那么和他相处起来会更加顺畅**，我们所期待的目标也当然更容易达成。反之，如果发现此人心里容不下他人，则说明他头脑狭隘、没办法和他人合作、没能力进行组织管理和规模扩展，那么在和他的交流中容易产生内耗，实现目标的概率也自然会降低。

我们可以通过以下几个角度来考察容人度，包括：

（1）跟什么人计较？

（2）忽略什么人 / 重用什么人？

（3）纵容什么人折腾？

3. 考察容人度的三个关键问题

跟什么人计较？

大多数人的内心都会和很多无关的“路人”计较。

这里的“路人”泛指与主线任务无关或关联度很低的人，主线是指你的目标和实现它的过程。

有的人会说：“我没有计较那么多人！我根本不认识他们，也完全不想和那些人费心费力。”

对，有些人看起来是没和太多人计较，但那是因为他们的生活没有余力和更多人产生接触。一旦不相关的人闯进来，即使是擦肩而过，也可能会引发其剧烈的反应。比如，在路上开斗气车，骂不顺眼的人傻，在公交车、地铁上和陌生人抢座吵架，在餐厅刁难服务员，到了公司里训斥保洁人员挡了自己的路或者在社交网络上为了一个陌生人的挑衅言论而暴跳如雷。

即使所有的错误和责任都在那些路人身上，花时间和他们计较也是一种浪费。

我们以开斗气车为例讲解，道理很容易明白，但做到不计较很难。

我们都知道不应该在开车的时候去和陌生的车辆计较，即使是对方不讲理、不排队、驾驶习惯差。因为跟这样的路人计较，投入算力、时间、风险，是毫不划算的事情。无论是剐蹭还是碰撞，哪怕只是隔窗相骂，也并不能换回任何收益，甚至连情绪上的收益都没有，还不如看些影视综艺节目放松神经系统。

如果对方的车辆是故意来伤害我们的，这种情况会严重阻碍我们的主项任务，我们当然要认真防范、谨慎处理。如果对方没有恶意动机、没有纠缠的危险行为，这些在路上撒野的车子（及其驾驶员）可能会耽误我们 2~3 秒钟，但因为跟我们的主项任务没有一点儿关系，所以不值得一丁点儿投入，多看他们一眼都是浪费精力。

爱野让他们野去！违反交通规则自然有法律惩罚和安全惩罚。就算没有什么实际惩罚发生，以那些人的大脑算力在现实生活中也占不到什么便宜。这样的路人干扰项，就不必计较。

当然，说起来容易做起来很难，因为这些不合理的冒犯和干扰会让人产生厌恶的情绪和斗争的欲望，只为心中“合理”或“公平”的直觉诉求。但恰恰因为人人都会有这样的原始冲动，所以那些能不与路人计较的人才更“高级”，他们更有自控力，更知道自己的价值所在。

每个人在自己人生的特定阶段中都应该有个主项任务，或者是创业，或者是上班，或者是养家糊口，或者是临时治疗疾病，在完成这些主项任务的过程中，应该用尽每一份算力和执行力，来确保少出差错，提高效率。

如果你发现有人喜欢和这些不相干、不重要的路人计较，要明白这绝不是因为他精力充沛，而是因为他的**认知狭窄**，容不下大的事情和优质的人，说明他的关注点非常有限，也说明他的单位时间价值很低。和路人计较的人，要么是心里没啥大事，要么是虽然有重要主项却做不到合理的自我控制。

心里有大事的人，不会在路人身上浪费自己的时间与情绪。一来，这会造成不必要的摩擦从而降低效率；二来，这些计较除了能满足狭窄的自尊心和胜负欲之外，即使结果是赢的也毫无收益。所有大脑的计较，本质上都是大脑的算力聚焦。

一个人计较的人越不重要，说明他大脑的算力价值越低，成长空间也就越小。如果他专心致志只聚焦于重要的人，不但说明他算力的效能更高，还说明他的额叶皮层，尤其是负责计划、执行、自制的“抑制中枢”更发达。抑制中枢的发达意味着他能克服人类的大部分基础冲动，他的认知层级更高，犯错概率更小，完成概率更大。

忽略什么人？重用什么人？

耳听八方，兼听则明。

听取可用，过滤无用，成效高。听取无用，过滤有用，不但成效低还会自毁前程。

事由人做，所以做事的人身边声音自然多，尤其做管理的人，其身边的声音会更多。从一个人会**重视什么人的意见、忽略什么人的意见**，我们可以反推出这个人取得成就的概率和效率。

为了方便描述，下文中我们把具有真知灼见的人简称为“**真人**”，把没啥见地的人简称为“**妄人**”。**一个领导者如果忽略真人的意见而采纳妄人的意见，未来必然堪忧。**一个领导者如果满嘴说着先进的词汇和高级的理念，但留在身边重用的人却都是妄人，必衰。

案例

我熟悉的一家风投基金里，就出现了这种表面错综复杂而实际结果不利的案例。

那家基金的合伙人大佬在业界有着不错的知名度，此前的战绩也可圈可点。自从拉起队伍单干，他一方面各路招兵买马，引进了很多不同人才；另一方面也广泛阅读，学习各种先进的思维理念。像桥水基金的瑞·达利欧写的《原则》、黑石基金的彼得·彼得森写的《黑石的选择》等等，都是他的必读书目，其他扩展领域就更是广泛，心理学、财经、历史、技术、政治等等，凡是好书都会安排。这位合伙人大佬的脑袋里装满了各种先进概念和研究结论，他言称推崇很多高级的理念，而手下的小伙伴们也一度备受这些理念的鼓舞。

然而，随着业务的开展进入实际阶段，有些分析师却发现那些被大佬推崇的先进理念并没有真正出现在业务流程中。从寻找被投企业到深入调查谈判、从签下 TS 协议到实际打款投资、从投后日常管理再到出了问题的控制和善后，大佬其实还在重复着传统的方式。

到年度更替的时候，基金辞退了几个人，这些人无一例外都是“让老板不舒服的人”。这些人原本都是各领域招募来的博士，出于对大佬先进理念的信任在业务流程中大胆提出了很多不同的声音，甚至有些批评意见很尖锐，但都有理有据。之所以这么敢说，是因为他们相信理念如此先进的老板，肯定会更尊重事实和科学，更愿意采信先进的研究结论，而不会像大多数人那样受限于关系和惯例。

然而，大佬留在基金里的人的确是工作方法非常传统的、听话的人。他们也有自己的观点，在工作中多次和被辞退的这些博士发生激烈争论，但并不能做到有理有据，更多还是靠经验、直觉和关系来判断。很多时候，博士们的论证可以把他们逼到无可辩驳的地步。然而，这些都没有用。年终，老板在人员的取舍上还是做了上述选择。

三年过去，又一个验证投资结果的周期来临了。客观事实证明，传统派的人推荐的所有创始人和企业都失败了，中间虽有起有伏，但最终还是失败了。而博士们当初的预判一一应验，甚至连企业失败原因都几乎预判得百分之百精准。

有真知灼见的人三年前被开除，因为他们提的意见让大佬不爽。尽管他们的观点和逻辑更严谨、更完备，但这些观点可能破坏了老板的团结大局和主观感受，所以其价值被忽略。

没有真才实学的人三年前被留任，因为他们工作也很努力，还提供了很多情绪价值，更懂得职场派系政治学的重要性。虽然业务讨论的时候漏洞百出，却比前者更让人安心，更“没有问题”，这使得他们的意图（或者说是老板的意图）得以执行。

三年后，因为业绩不佳的客观结果，他们也被辞退。大佬依旧在忙，依旧每天飞世界看项目，依旧对现实很焦虑，依旧每天读很多书、谈很多理念，依旧对未来有期待。

这个案例讲完，我们可以知道：有的时候，**喜不喜欢真的大于正不正确**，持此观点的人可能还是“颇具头脑”的人。

好在客观事实不以人的喜恶为准。

“亲贤臣，远小人，此先汉所以兴隆也；亲小人，远贤臣，此后汉所以倾颓也。”贤臣和小人会被很多人解读为道德层面的高低，这也使得很多人忽略了对实际业务能力的辨识。

当今世界，可重复验证的研究结论已经具备，尊重事实和规律、证伪检验、大样本重复验证、同行评议等有力的手段能保证先进研究的可靠性。在这样的大背景下，能突破个人喜恶去尊重事实的老板，肯定会用对人，也能少犯错、高效达成目标。

而那些重用妄人、忽略真人，表面上看似包容不同观点，实际上更注重自己的主观感受、以喜恶定取舍的老板，他们忽略事实和专业，未来必然会遇到大坑，而给予他信任和资源的人无一例外也会损失惨重。

纵容什么人的折腾？

阿星正在成为一家基金里冉冉升起的新星投资人。

阿星的优点是积极、努力、热情、韧性极强，他很享受投资人的工作。他会研究赛道，会在赛道中做足功课找到他想投资的企业，并用尽一切办法达成目的——推上投资委员会决策会议。在基金内部，他也懂得尊重有话语权的合伙人，同时联合有眼力见儿的小伙伴，为自己的提案铺垫一条通畅的道路。遇到同事提出反对意见，好的时候他能耐心解释，不好的时候会拍桌子翻脸，但无论如何，会尽百分之百的努力强推自己的提案。

基金的决策会议也几乎百分之百支持了他的提案，真金白银的支持。

第二年，阿星获得新星投资人称号；第三年，晋升为“第一主力投资人”，拥有最被倚重的地位和那几年最多的投资业绩。要知道，基金内部有很多类似于顾问、董事、副总裁、总经理、总监、经理之类的职务，只要还没带合伙人三个字，都不一定重要，甚至连有些带“合伙人”抬头的人也未必重要，但这个“第一主力投资人”却是很硬气的无冕之王。如果被投企业发展得好，过几年退出周期一到来，整个基金都要靠他的眼光来发财的。

但阿星有致命的缺点。他投的所有创始人都有点“贼”，会算计也会设局，不光对市场会算计到精明穷尽，对投资人也会如此。被投企业中普遍出现不通知投资人参加会议、不审计财务报表、新一轮融资时让老投资人靠边站、拒绝追投等等情况，处处防备，怎么都不是

“一家人”的感觉。

终于有一天真相被揭示出来。

几家企业的创始人陆陆续续向基金老大抱怨，说阿星在当初接触和谈判的时候以基金可以给投资为条件，要求创始人在拿到投资之后，给他用报销的方式返还一定金额。在投资到位之后，阿星贪得无厌的花销让创始人有苦难言，因为这不光是钱的问题，还涉及财务管理规范的执行力度，负面影响很大。渐渐地，大家开始婉拒他的各类花销，他便开始跟创始人或公司借钱，签名写欠条，但一律用各种借口不还。纵使物证齐备，创始人也拿这种赖账毫无办法，毕竟他还是基金团队里的重要角色，不好撕破脸。大家的忍耐换来的是不堪其扰，所以才跟基金领导者坦承了当年的不当交易。

对于基金来说，那又能怎么办?

业务是业务，大把的会议记录、合同、财务流数据都无法从头再来，而且过去几年还拿这些投资项目作好的业绩对 LP 汇报、对社会公开过，也不可能撤回。只能通过开除个人、与之划清界限的方式，让所有个人恩怨自行幕后解决，并尽量保持投后业务表面上的风平浪静。

当然，客观结果也证明，靠这种方式拿到投资的被投企业最终都没能长足发展，大部分两轮融资后磕磕绊绊，甚至有一家企业被直辖市司法机关立案，因为涉及大量行受贿和资金违规以及销售假冒伪劣产品等犯罪行为。投资人的钱打了水漂。

反观要点，当初这位勇猛的第一投资人问题出在哪里?

全力以赴的努力不好吗？认真工作、强力推进不好吗？这样的员工不重用，要重用什么人呢？

其实，在最初正式上会之前的讨论阶段，大佬合伙人心里是大致清楚情况的。包括这位猛将在和创始人沟通过程中的一些设计，包括他和基金内部第二合伙人之间的绑定，包括第二合伙人强力支持他背后的派系权力诉求，包括为什么在被合理质疑之后拍桌子翻脸，大佬都知道。但大佬合伙人的主诉求是“要有动静”，基金的钱要开枪打出去，有人努力折腾总比每个人都严谨判断、不开枪要好，毕竟创业这事没有必然好也没有必然不好，万一其中有一家成了呢？一家成功获利的回报就能覆盖所有此前的损耗了。大佬什么都明白，睁一只眼闭一只眼地纵容了阿星的折腾，目的是让基金看起来很努力以给 LP 交代，当然也希望能运气好“蒙”出一个回报。

这种模糊算法，就是目前投资人行业里少数基金正在使用的投资方式，当然也是他们算力的临界值。

如果能回归第一性原理，不去为“未来可能成功”这个概率目标自我辩解的话，事情其实很简单：

（1）基金的钱应该投给未来成长性好的企业；

（2）成长性好的企业需要钱是因为**客观上的发展需要**大体量资本注入，而不是为了要钱而要钱；

（3）公对公谈判其间有个人谈私利，所谓公器私用，双方肯定都是错的；

（4）被投企业如果明知这个人公器私用，还要妥协以换取资本注入，说明企业要钱目的不纯。大致翻译出来就是，“反正钱到手就行，管它过程合不合理”，这个思路的背后更真实的想法就是，“这笔钱到位之后怎么用谁也别管，反正我也不会百分百用来发展企业使用，因为要钱的时候就没那么纯粹。”

（5）目标一歪，所有行动都会歪；人心不纯，所有执行都会脏。

防微杜渐这个成语用在这个案例总结中就特别合适。

看一个领导者纵容什么样的人折腾，是很有效的指标，依此能判断领导者本身的纯粹性、容错性、管理能力和容人能力。猛将不是绝对不能用，而是要看具体的环境和诉求。纯粹的猛将有原则、有规矩、有目标，他们折腾起来可能过程会震荡，但至少目标是对的。目标不纯粹、手法不干净的瞎折腾不需要思路清晰，也不需要遵守规则，成本极低。领导者如果愿意容纳这类人折腾，那么不干净的猛将必然会越来越多，理性、稳定、客观的人的占比也必然会减少。领导者容纳什么人折腾，以及能不能管理这些人的认知和行为，会直接导致结果大不相同。

4. 容人策略

不同的领导者会使用不同的容人方式。

权威型容人策略

有一类领导者身居高位，无论是靠关系还是靠过去的功劳，他们都有一个共同的特点，那就是对组织的游戏规则非常明确，知道上下级之间彼此的权利义务，知道横向部门之间的制衡网络。他们也特别明白每个进入组织的个体所持的心态，包括这些人对自己身份的设定、对未来的期待，以及对惩罚和损失的畏惧。

这类领导者的容人主策略是**身份权威**，即他们所处的职位的权力，以及他们对组织规则的利用程度。他们的基本思路大致是，“我说了你要听，你不听是你的错。你积极配合，是你应有的表现。你不积极配合，一定是你出了问题，组织的决策和我的指令不会有错”。还有更关键的一种思路是，“你不积极配合也没关系，这份工作有的是人想要。我个人对你没意见，但整个组织需要政令通畅，做不到的人需要离开”。

他们不会以私人情感或者满足个性化需求为手段，而倚赖于组织规则，因此不需要对个体如此用心。对他们来说，权力的意义就是“我可以伤害你，但我也可以不伤害你。”所以，头脑清醒的权威型领导者会巧妙地使用手中的权力，撬动一点儿资源，或者施加一点儿惩戒，来实现他的意图，反正在具体执行过程中有整个组织规范来护航，无须事事算尽。

也有些权威型领导者会被权力熏了心，心智退行到幼稚的恩怨模型——顺我者昌、逆我者亡，甚至会为了铲除异己动用过大的组织成本。他们因手下“不听话”而产生厌恶和愤怒，其程度远远高于不听话那件事本身的价值。遇到“不听话”的行为，他们会直接认为这是对自己长久以来积累的个人权威的冒犯，同时也产生了对未来“星火燎原”的担忧，所以近乎好勇斗狠地对不听话者进行打击和折磨。

这种不计成本的报复行为，其本质是冲动，其原因是没有充沛的大脑算力支持其他容人策略。

无论思虑周密与否，无论其个人能力如何，权威型领导者都需要很稳定的组织架构和管理规则作为靠山：他可以稳住自己所管理的部门，完成系统的整体要求，即使他和其部门出了问题，组织整体上也有能力纠错和止损。所以，这样的领导者如果离开成熟稳定的组织，就会失去他擅长的领导能力，一方面他的大脑并不具备细节计算的习惯和能力，另一方面新的被领导者心态也完全不同，不再心甘情愿卖命或积极进取。当新的下属需要领导者满足其个性化的需求时，这类权威型领导者往往不能解决问题，反而因再次使用其擅长的权威手段而把矛盾激化到更严重的程度。

心智型容人策略

心智型容人需要领导者大量使用大脑算力，既要明确组织规则和自己手里的权力，也要评估下属的状态，包括他们的诉求、感受、忧虑和珍视的东西。之所以要计算得如此清晰，是因为这类领导者认为自己的使命是：**满足每个下属的需求，激活每个下属的最佳状态，以使他们创造价值**。这也是这类组织的生存和发展方式。干得好，大家都是获利者，有少数人怠工或者内耗，就会影响整体的进度甚至收益，所以领导者的计算能力非常重要。通常，自负盈亏的组织都会存在大量此类领导者。

（1）普通水平的心智计算是**保底原则**，防范可能出现的损失。所以，对下属的管理会以控制和威慑为主，辅以鼓舞和奖励。这套保底的算法是相对简单的，只要保证不出现破坏者就好，要考虑的参数相对较少。

（2）比较坏的心智计算是在保底原则中做更多的**算计和欺骗**，目的还是保底。欺骗的目的是掩饰不利的真相，用虚假信息调动下属的积极性和劳动力，或者用虚假信息避免心怀不满的员工“起义”。仅就心智而言，这类领导者明确环境的客观状况，可以预判下属的情绪和反应，算力上是能考虑到更多参数的，因为欺骗也需要更发达的算力。

但他们**缺乏成长性思维**，所有决策基于眼前的损益或者短期损益，并没有能力去思考长远发展所需要改变的参数。长期的欺骗性习惯，会导致此类领导者产生越来越狭隘的思维开放度，而开放度越低，学习和进步的速度就越慢，甚至会就此停滞不前。另外，长期的欺骗性习惯必然会导致此类领导者的尽责性降低。他们不愿意直面自己造成的风险、损害和责任，为了不承担现实责任，可以不择手段。

所以，我们要特别警惕有欺骗性习惯的领导者，即使其现状看起来还不错，但未来堪忧。

（3）高水平心智型领导者会更愿意接受多样性的挑战，并对自己和下属都有了解和信心。因为他们大脑的算力非常细致充沛，不但明确组织规则、权力边界、下属状态，还能明确当前的不利因素和有利因素，并对解决问题持有坚定信心，他们认为不必欺骗，而更多使用**理解和共识**来将下属变成“自己人”。

在他们的领导和组织下，有情绪、有不同意见的下属不会被边缘化，反而会被丰富的大脑算力认真对待。如果他们的情绪和意见是对的，则就地改正和优化；如果他们的情绪和意见是“不对的”，也可以理解并进行沟通，用更大的共同目标和更实际的解决手段改变他们的认知和工作状态。相对于欺骗而言，他们能够使用大量坦诚的方式来求同存异。

即使真的遇到无法取得共识的下属，出于对组织利益和发展的信任，出于对更多人的利益的维护，此类领导者也能比较理性地处理好，不会动用个人情绪，更不会付出多余的成本去实施报复。在他们的大脑算力中，所有可控参数都是明确的和清晰的，他们完全能够接受不可控因素的随机性和人的多样性的常态化存在，能够做到“出了问题解决问题”，保证大方向及核心利益不受影响。

这就是“兼听则明，偏听则暗”。

所以，当你看到一个具有坦诚能力的领导者，就要知道这份坦诚不仅仅是习惯和人品的表现，更是其大脑具备高水平算力的显著特征。

愿景型容人策略

利益分为现实利益和期待利益。

有些领导者，非常善于调配现实利益和期待利益之间的平衡来容纳人员。

对于员工来说，现实利益在规则保护之下可以稳定获取，期待利益能否兑现则不一定。员工会产生对这份利益的期待，源自大量主观的分析、判断和信任。跟没跟对人，做没做对事，团队强不强，老板的能力和追求是什么，以及一定时间之内公司的发展变化是否符合预期目标？

领导者的表达和员工的分析如果达成一致，就会产生信任。

有一个著名的案例。一家新组建的公司大量招募员工。公司虽然是新成立的，管理者却个个是“老炮”，取得过了不起的业绩，也深谙管理之道，他对所招募员工的薪资待遇提供了三种选项：

· 按照原工资水平，略微增长后，全部以现金方式发放；

· 按照原工资水平，折价三分之一换成新公司的股票期权，领取三分之二现金工资；

· 按照原工资水平，折价三分之二换成新公司的股票期权，领取三分之一现金工资。

选 B 的人最多，这代表他们既看重现金流来保证高质量生活，又愿意拿自己此刻三分之一的工资来“赌”公司未来发展好。选 C 的人大多不缺钱，一致认为公司股票将来一定能大大地翻倍。后来公司真的发展很好，股票非常值钱，所以当初选 A 的人也最后悔。

案例中是皆大欢喜的结果，现实中却有人被骗得非常惨。

有的领导者喜欢描绘美好的未来，喜欢给员工很大方的承诺，在实际业务中却做不到知行合一，他们因好高骛远、决策错误、贪图享乐、疏于管理、扛不住压力等原因，导致公司业绩不行，最终也损害了员工的利益。这种行为被统称为“画饼”。

如果领导者目标是做大做强，在实际执行过程中也能全力以赴，同时带领大家各司其职用正确的方法解决问题，那么当初对期待利益的承诺就是真实的愿景。这里的重点就是，不光说得好听，还得真刀真枪、真心真意地干，共同面对问题，共同解决问题。领导者是对愿景最期待的那个人，这样才对。

对于一部分优秀的企业家而言，赚钱已经不是他们的追求，而是一个顺带产生的结果。他们不停地努力创造新业绩，旨在追求社会不断进步，让更多人的生活水平得以提高。

无论老板的承诺是哪一种，在他兴奋描绘未来之后，在每个平凡的工作日里，我们都要注意重点观察他能否做到知行合一。如果领导者尽心尽力，每件大事小事都在不断努力向目标前进，无论是遇到困难的进退取舍，还是遇到压力的紧张激动，或是遇到矛盾的扬弃奖惩，所有行为的目标都朝向心中的愿景，那么他们承诺的利益才真的值得期待。

知行相悖的人，要么有心欺骗、要么无能实操，皆不可信。

情感型容人策略

我们先来定义清楚，情感究竟是什么？

情感的本质，是人类大脑基于过往大量记忆而形成的**稳定的、低成本的预判模型**。

在没有记忆的前提下，见一次面或是经历偶发的事情，是不会形成情感的。如果你对有些陌生人有熟悉感、亲切感，或者我们称为眼缘的感觉，那是因为这个陌生人的一些特征与你的大脑中已有情感对象很相似。陌生人只要做一件差异大的事情，甚至只是口音差异很大，都会让眼缘或熟悉感锐减。

人类情感的建立需要经历事情和积累感受。

人类情感的积累需要发生很多事，这些事客观上引发了多次利弊、得失的结果，同时我们在事后判断他人的善恶、忠奸、强弱，并形成对他人的爱憎、喜恶、亲疏等感受。然后再用新形成的感受作为预设判断，在接下来发生的事情中进行新的重复验证。

这个过程很像科学研究的范式：建立假设-实验验证-证实或证伪-总结数据。当他人的行为屡次被验证符合我们的预设后，这个预设就成为稳定的结论——我们对他人的某种情感，并在接下来用作对他的预判模型：

是他啊，他是个好人；

是他啊，他是个笨蛋；

是他啊，他一定会帮我的忙；

是他啊，我有点怕他，他会很凶的。

为什么说情感的本质是一种低成本的预判模型？

情感的建立在前期是要付出很多心力的，这段时间成本并不低。但是在情感建立之后，我们则会基于这种稳定的预判模型做出快速判断，不用重新输入对方的信息、不用重新思考、也不用逐一比对后再判断。有的时候，就算对方做了一些匪夷所思的行为，我们基于情感模型的预判也仍然不会警觉，会固执地坚持原来的判断。

人类的情感经过教化，甚至可以对某个群体或某种身份产生情感，然后将对这个群体的预判模型应用到具象化的某个个体身上，比如人们对消防战士、医生和军人的尊敬与热爱。

当然，情感的建立原理也会被反向利用于欺骗，《无间道》里的两个双重角色就是经典案例。一个人是黑帮成员，很早被派去警校学习，他需要通过不断学习、考试、执行任务、抓获犯罪分子，如此长时间积累后才能获得警界的信任。绝大部分人信任他的身份，熟悉他的人还会与其建立情感。人们所建立的预判模型会“省心”地对他所有行为有信任、有好感，而很难产生怀疑。

另一个人是警方派到黑帮的卧底，他需要通过不断打架斗殴、贩卖毒品、作奸犯科，经历种种考验，才能被团伙成员视为自己人。而一旦建立了这种预判模型，普通的团伙“朋友”就不会再每次对其行为进行检验和判断。只有他们的领导者因背负的法律风险过大，且自己也干了相似的安插卧底的事情，所以会不断怀疑每个人。从这个角度讲，这位领导者对手下所有人都没有建立情感，他做的事情是高成本的判断，即每次都要重新判断，甚至是带有质疑和挑剔的判断。

简而言之，建立情感之前，人们的判断是仔细的；建立情感之后，人们的判断是简单的。

那么，一个领导者选择将情感作为自己的容人方式，则必然会出现问题。

出问题的原因就在于这种预判模型偷懒的“低成本”。

称兄道弟、嘘寒问暖、偏袒照顾、升职加薪，这些都是常见的建立情感的手段，他们本身没有太大问题，因为对于被关爱者来讲，这些都是收益。在职场这么复杂的环境中，私人之间的情感建立手段总会让人觉得舒适，至少要比一起合作或竞争着把业务做好的纯工作形式更让人感到轻松。经过磨合，一旦建立了情感，人们做决策时就会自觉以情感为判断依据，而忽略更多客观的细节。

因为信任你，我选择支持你的判断；

因为感激你，我选择答应你的要求；

因为喜欢你，我选择努力取悦你；

因为仰慕你，我选择无条件服从。

当然，也有因为建立了负面情感而产生的负面判断，而且更符合动物性，也更好理解：

因为讨厌你，就算你说的对，也不会支持；

因为惧怕你，就算你说的错，也不会反对；

因为积怨，就算有共同目标，也会从中作梗；

因为嫉妒，就算明知有风险，也会贸然行动。

这些就是在工作场景中的情感动力，有的好、有的坏。

当我们把目光集中在那些致力于依靠建立情感来容人的领导者身上时，就会感受到背后的某种不当力量。他们把情感作为主手段，是为了让你无条件地支持他，还是为了让你更冲动地向他的对手冲击呢？**无论是哪个，都会跳过“实事求是”和“就事论事”两个很重要的步骤**。

如果这种行为是有意为之的，那么被跳过的“事”就多少有点不太能放在阳光下。

这种称兄道弟的亲近称呼和升职加薪的收益承诺，也的确让很多人失去自己的判断，因为感激而盲目听从，甚至不惜承受损伤。

如果这份情感还是假的，使用者的用心则更是阴险。让被关爱的人产生错觉和误判，以为自己获得了某种特殊的情感，从而心甘情愿地被当枪使，或者唯命是从地去当炮灰，这种情况现实中也并不鲜见。

在婚姻恋爱这样的情感活动中，人们当然要建立真情实感，因为两个人从独立个体变成“我们”的整体、互为自己人并一致对外的时候，自然要降低算力的内耗，让情绪和感受更加稳定和美好，而将更多算力用来应对外部世界。

但是，在工作场景中，最主要的关系是合作，最核心的诉求是把事情做好，最基本的方法是“实事求是”。以情感替代**事实判断**本身就很危险，因为情感的“低成本判断”特征会大幅削弱对新信息的接受度和判断力，个体更倾向把判断的责任都堆积在领导者一个人身上，难免会产生狭隘和错误的最终决策。

如果领导者故意使用这个手段拉拢人，说明他并不希望下属过多关注决策本身的客观依据和合理性。

以上这些，并不是强调职场不能建立情感。我们强调的是职场中的领导者不应该刻意以情感为手段来容人。首先要做到分工合作，把事情做好，其次才是在不影响主任务的前提下，产生和建立有利于工作的私人情感，比如同志的友谊、坚决的信任等等，以此减少内耗和增强团结。一旦出现不利情况，情感应该无条件退后，人们的关注点要回到认真讨论和执行事情本身。

业务为主、情感次之，情感与业务发生冲突时无条件退避，才是职场之道。

笼络和欺骗型容人策略

笼络和欺骗是一体两面的事情。

笼络是指超出合理范围的利益输送，比如破格升职加薪、超量发年终奖等，让手下人获得超格利益，从而笼络人心。付出这些超规成本来拉拢一个人，目的是什么呢？无非是通过被拉拢的人实现领导者自己的不当得利而已，包括但不限于权力、色欲、名利。

恩惠一个人，以使自己的权力更加通畅无碍；

恩惠一个人，恩威并施求亲密和接触；

恩惠一个人，求得好名声以造成更大的影响力；

恩惠一个人，间接拉拢或讨好此人背后的另外一个人，达到更大的目的。

所有这些都是笼络背后不可告人的秘密动机。

欺骗则是指表面对下属很好，实际却是有意坑害，“明升暗降”就是最经典的例子。把一个自己不喜欢的人支使到边缘化的地域、岗位，一是增加表面的直接收益，二是承诺几年后调动回来升职重用，但支开的真实目的是腾出目前的这个重要岗位给自己要重用的人，或者把绊脚石请出核心权力圈。那点儿表面上的收益增加根本不值几个钱，即便回来职位升半级也是有名无实，这种方式实则斩断了其原本的成长路径。

倘若真是为了历练和提拔一个人，那么在整个过程中领导者都不会停止关心，关键节点更是会动用软硬资源予以支持，同时加以观察、批评、指点，一切“后勤保障”都会明里暗里做到位，目的就是增加其阅历、能力、威信，为提拔到更重点的岗位作铺垫。没有这些细致的“铺垫”动作，背后目的很有可能就是排除异己。

当然，更恶劣的手段是表面上敲锣打鼓地“提升”，实际上派去当“炮灰”。领导者动用这种手段，既可以给重要的事情一个交代，又可以去掉一个碍眼的家伙，这是更凶狠、更无情的欺骗。

客观地讲，如果我们忽略道德因素，只是站在上帝视角来看待前述的笼络和欺骗手段，它们本身并没有所谓的正义或邪恶，因为要看对付的是什么人、目的是什么事。

当然，拥有强大算力和解决方案的人，是不屑于在容人手段里加入太多笼络和欺骗的。他们一切为了伟大事业，同志者共谋，远近亲疏和升迁贬黜都是为了推进伟大事业而动，每个任务不分轻重贵贱都是为了分解和完成大事业的步步为营，每个人际间的争论和矛盾都是为了优化解决方案而非个人情绪，这种坦荡和磊落才能确保凝聚的人都是厉害的人，且志向相投。

当然，这真的需要有很值得为之付出的大目标，以及领导者超强的信念和伟大的算力，才有可能实现。

5. 能否识别他人优势

把不同的人纳入自己团队里，并不是安排好办公间让每个人干活然后召集所有人开会就行的。好的领导者必须能把这些人各自的力量拧成一股绳，形成超越简单人力累加的合力。这个能力越强，可解决的问题就越复杂，可做的事情也就越大。

除了用我们这本书讲解的九段识人法则来找到优秀的人、过滤不合适的人之外，好的领导者还需要掌握一个高级本领——发现手下人的优势，这个能力越强，容人能力越强。否则，招募来很多优秀的人却不能人尽其用，非但无法让组织有效运转，反而可能招致严重危机。

人的优势有很多种：有的长于专项技能，有的优于人情世故，有的善谋略，有的敢冲锋。这些是大家最熟悉的行动力层面的优势，对于组织来说更实用，但具体岗位或角色也更容易被替换，无数风云人物的历史典故都能说明这一点，不再赘述。还有一类优势更抽象，没有那么具体和直接可用，比如品德好、很忠诚、意志坚定、目光高远，这些是一个人内心深处的稳定算法模型，可以在不同环境和事件中普遍适用。

技能优势容易被发现，品格优势则藏得很深。

鉴于具体技能千千万万各不相同，我们这一篇讲识别优势时不做具体案例的讨论，它们都显现在表层，谁会编程、谁会焊接，很容易识别出谁强谁弱。

难得的是在拥有具体技能之上，发现他人内心深处的稳定核心优势，如此才能更深度地了解一个人，并判断在复杂或未知的环境中是否合适。这就像每个战士都会打枪，但我们需要确定哪个战士危急时刻更有头脑、更冷静、杀敌意愿更强。

美国心理学家马丁·塞里格曼开启了积极心理学研究，他找到著名的人格心理学家克里斯托弗·彼得森合作，共同创建了人类的品格优势和美德体系。他们在古今中外各个主流文明中寻找依据，总结出了六大美德，分别是**智慧、勇气、仁慈、公正、节制、超越**，每种美德又分别包括 3~5 项品格优势，总计 24 项品格优势，并将之作为积极心理学对人的品格优势与美德的总结。

这些品格优势的词汇看似都很普通也并无新意，但仔细思考后你会发现每一项都很难，因为一个人能具备这些优秀品质的根本原因是大脑拥有超级发达的算力和解决方案。这句话也不是孤傲的揶揄，因为在这些词的对立面，散布着诸如一知半解、冲动、苟活、懦弱、刻薄、计较、偏袒、放纵、懒惰、自恋等问题，这样的人也随处可见。

要记得，后者是正常的，是世界的常态，从古至今，人群中的样态也基本如此。所以，能够在一个人身上发现上述优势点，更显得他珍贵。

这个体系超越了具体技能层面，而专注观察人的核心特质和底层优势，值得人们去重点研究学习。

我们可以随意做一个小游戏，找一找你熟悉的人身上有什么优势。或者，找一找妇孺皆知的角色来分析一下。

领导者能做到有的放矢、因才适用、知人善任，才能做大做强。

好的领导者，必然会发现手下人各自的长处和短处，也必然清楚自己的组织和任务需要什么样的组合。能做到扬长避短，既放大个体的长处，又制衡他的缺点，有条件地给予信任和规制，调动他的优势和积极性，就能离所求之事越来越近。

6. 案例：多样性容人

好的领导者会有恰当的、多样性的容人方式。表面上看有的严厉、有的宽容，但无论是“春风化雨，润物无声”，还是“霹雳手段，菩萨心肠”，背后都是领导者大脑中丰富的算力和解决方案在支撑。

我们来分析一个经典多样性容人的案例。

有一家老牌的上市公司，曾经拥有辉煌的业绩，近几年因为政策导向的变化引发了业务的低迷，股价也一度令人唏嘘。

困境是客观因素引起的，境遇也是真的难，但公司老板很仗义，员工们愿意走的送盘缠，愿意留下的保留基本待遇，同时把被砍掉的业务资产都无偿捐出去，回馈社会。接下来，为了在困境中求生存，老板努力适应新市场、开发新赛道，经过努力运营新业务大获成功！负责新赛道业务的A和B分工合作，各有功劳，老板也亲自加入业务一线，声势和销量一起来，母公司的股价重回新高。

不过，A和B之间却起了纷争。

A主要负责对外吸引顾客，极具个人魅力，市场口碑很好。B主要负责对内管理，包括给A提供支持，只有业内人士知道他的付出和能力，普罗大众鲜有人知。随着A的名声越来越响，B心里开始失衡，屡次或明或暗地在公开场合给A设置障碍，以至于关注他们的消费者都看出来了，大量舆论替A鸣不平，新赛道业务也受到了影响。

大家可以思考一下，如果是你遇到这么个棘手的场景，会如何处理?

老板的做法，一箭四雕。

首先，老板公开对A给予很大的认可，表彰其功劳。A在公众中享有极高声誉，大家都认为他很棒，矛盾出现的时候，老板首先公开认可A的功劳，满足了公众的认知需求。不但口头上有行动，还给A提升了职位，增加了待遇，同时给予更多资源支持，把A喜欢和擅长的业务突出强化，让A有条件“天高任鸟飞”。一时之间，A也开心，公众也满意，舆情压力锐减。

然后，老板公开批评B，要求B反思过错并退出幕前业务，减少外部的批评声量。内部给B讲道理，让他摆正自己内部管理和支持的角色身份。对内、对外两条战线要通力合作，要用公司整体利益的角度思考问题，而不是去拼某单一角度的毁誉。拼过了对公司整体也未必能带来收益，拼不过还会自毁长城。B也很快明白了这个道理，心甘情愿认同幕后工作对自己和对公司更具价值，所以心无挂碍。老板调整了他的职位，从外部看是一种惩戒，但实际的管理分工以及他的个人收益没有变化，皆大欢喜。

为什么叫做一箭四雕呢?

因为同期还有个竞品公司在火上浇油。由于一些过往的复杂纠葛，竞品公司在A和B闹矛盾的时候，频频发声挑拨离间，暗指也批评他们的老板人品及背后有不公平的事实。暂不探究竞品公司的动机，如果任由其发声所传递的倾向不断发展，那就是A和B决裂的同时，老板也被广泛唾弃，不但新业务完蛋，母公司也会损失惨重。老板非常冷静，对竞品公司的所有言论没做任何回应，纯粹冷处理，这份忍耐让竞品公司未能看到他们期待的局面，也帮助自身顺利度过了最艰难的时刻。

这第四份容人，就是容得下某些人折腾，容得下某些人误解，牢牢抓住核心矛盾，避开风险，迎接胜利。

对A给支持、给资源、给认可。

对B给意见、给保护、给指导。

对公众给交代、给满足，忽略远离核心价值的评判。

对竞品给忽略、给忍耐，牢牢锁定战略定力，不在小地方斤斤计较。

这就是一箭四雕的容人案例。

容人不光是被动的接纳，也有主动的抓取和控制，无论是霹雳手段还是菩萨心肠，目标都是推动所容之人一起向前走，继尔弥合内部矛盾、解决外部风险。

7. 老板要不要宜人性高?

所谓“宜人性”，是指能照顾别人感受、能替别人考虑、能带给别人便利和愉悦的能力。

“做老板要不要宜人性高”是有争议的。

以彼得森为代表的一些心理学家明确认为：做老板不能宜人性高，

否则会瞻前顾后，左右为难。一旦有了决策，就不能考虑所有人的感受，必须坚定。这个说法获得了很多人的认同。

我们的结论没有这么简单粗暴，因为宜人性低的人未必就能成为好老板，宜人性高的人也未必会陷入犹豫不决的状态。要辨析清楚这一点，我们先来看两个案例。

有一家公司正处于高速发展中，一年的时间内，员工人数从 200 多人增加到 500 多人，业务收入也翻了两倍，提供的服务和产品在市场上处于断层领先的位置。这家公司的老板让员工又怕又爱。

怕他的原因是，他骂起人来一点都不留情面。开会的时候，如果有人工作犯了错误，他会当着所有人的面直接批评，而且说话特别狠，从动机到心态、从执行到后果，全部扒出来痛骂。好几个女孩被骂哭过，好几个三十几岁的大老爷们也被骂得下不来台。骂得虽然狠，但他保持两个原则：一是没错误不骂；二是骂完不留个人恩怨，下次见面还是就事论事，该笑就笑，该表扬就表扬。

让人爱的地方就是大家的共识，也分两点：一是真给大家涨钱；二是他能记得每个员工的名字、职责和个人发展线。光是这一点得消耗多少脑力，大家纷纷猜测他是不是天生就擅长这些复杂记忆，也有人怀疑他每次都是提前做好功课的。但无论如何，跟着这样的老板就会冰火两重天，做对事就很开心，做错事就非常惶恐。

在这个案例里，我们看到了一个很凶的老板，从传统意义上讲似乎不具备高宜人性。但是，真的是这样吗？

第二个案例里的老板很有书卷气，他很少骂人，所有人都认为他和蔼亲切。

这位老板的生意遍及全国。在原本的生意发迹之后通过并购入股和品牌授权的方式，不断扩展规模，成为业内首屈一指的大哥。

他喜欢写信办事，言必称某兄某弟，行文亲切，娓娓道来，让人感觉平易近人。

他喜欢说话算数，喜欢手下人对他忠诚服从。

他想要达成某个决策，可以许诺某个中层升职加薪，事成之后也不小气，给予大把实际资源的支持，就连其在岗位上贪污受贿也采取默许态度，不加追问。

他想要清除某个人，可以采用连哄带骗的方式让人入局，假他人之手利用矛盾来消灭不顺从的人，这一套方法频频得手。甚至，有的时候他会越过中层直接指挥基层的工作，暗中鼓动基层员工对不顺从的人设置障碍，最终让人离开或屈从。

面对他要重用的人，即使对方打了败仗、丢了市场他也会好言安慰，不追究责任；不是他想要的人，即使对方能力出众，他也会冷落忽视，想方设法削减他们的权力。但所有这些都只有当事人才知道，表面上他总是风度翩翩、满脸微笑，怎么看都是一位可敬的老大哥。

最终，因为公司对外提供的服务无法再满足市场需求，公司对内的管理也乱到山头林立、尔虞我诈，整体业绩不断下滑，最终破产。

这位老大哥的头脑算力其实是非常发达的，他能明确考虑到并驾驭每个人的感受，也能让所有人在被抛弃、被替换之前都觉得安心。这样的风格如果说他宜人性低，恐怕有很多人是不会认同的。

所以我们的观点是，宜人性分真假，不能只看表面上会不会说好听的话，也不能只简单结论于会不会替别人着想，会不会考虑别人的感受。**真正的高宜人性，是要落脚在“为了这个人好”**。在一家公司里，真正为了一个员工好，就是把公司做大做强，保持稳定发展，提高员工待遇。如果老板的心力都往这个方向凝结，即使表面上很凶，只要言之有物而非无端欺侮，那么本质上也是高宜人性的，因为员工想得到的不是表面的温柔和客气，而是切实的收益和未来的成长。

虚假的高宜人性，虽然表面上很温和、很体贴，但往往是为了某个目的而**任务性宜人**，它只是手段，最终目标指向的是**老板自己的不当得利**，至于员工个人前途是升是降，个人感受是开心还是痛苦，他其实都不在意。这一点一定要保持清醒。

本段总结

本段介绍了九段识人法则的第六大指标——容人有度。

容人是指一个人的认知能力和处置能力，包括对其他人的关心、处置和影响三个部分。只能单方面在心里惦记不算容人，还要能通过具体行为来处置状况，并引发主动影响的结果。所以，关心照顾、组织管理、命令、竞争等常见的社会行为都属于容人的具体表现。

不同的人会使用不同的方式来容人，包括通过权威控制、心智计算、情感关联、愿景驱动、笼络欺骗等不同的手段。本段分析了各种手段的必要条件及其所产生的利弊影响。

一个人能容下的人越多，他的大脑算力越发达。一个人能通过主动行为影响的人越多，他能做的事情就越大。反之，容人能力越低，则所能影响的事务规模越小。

九段识人法则第四段到第六段总结

九段识人法则的第四段到第六段指标依次是知行高效、升维思考、容人有度。

这三项指标致力于分析评估一个人目前的认知和行为状态。在高价值任务中，能做到知行合一的人具备认知和行为的高效率优势；能具备回溯推理、战略前瞻和俯瞰全局的人，更容易做到思路清晰、坚韧抗压，不容易被暂时的困境所动摇或击溃；能使用恰当的方式容下更多合适的人，可以达成更大规模的生产建设，获得成功的概率更高。

第四部分

预判未来

第七段　情绪稳定

九段识人法则第七段重点关注一个人的情绪控制能力。

情绪稳定这个指标用来分析人，可以“保底”。

1. 三种决策机制

人的身体里，同时并行着三种决策机制。

理性决策机制

我们都知道大脑有理性决策的能力，也就是遇到问题可以想清楚之后再做决定。在决策的过程中，大脑会收集大量数据（包括知识），然后用逻辑对各种可能发生的结果进行推理预判，最终选择一个相对有利于自己的方案来执行。

小到个人健康。具有健康意识的人会先收集自己的体重数据，结合脂肪囤积的生理规律知识，以及患有代谢障碍之后引发高血脂、糖尿病等重大疾病的健康风险，最后做出克制自己的馋欲、通过不吃高油和高碳水的食物来控制体重的决定。

中到人生规划。考生取得分数之后，会收集各大高校往年的录取分数线，并根据自己的大致排名，来推测某院校某专业录取自己的概率，最后以未来工作和生活目标为导向来做出决定并填写报考志愿。

大到战争。司令官会收集敌军和我军的战力对比数据、战场天气和地形等数据，对战斗结果进行推演预判，再结合这场输赢对未来战局的发展影响，选择更有利的战斗方式。

收集数据、逻辑分析、推演结果，最终通过优劣比对做出决定，这就是理性决策机制。

人们不太熟悉的另外两种决策机制分别是生理决策机制和情绪决策机制。

生理决策机制

我们在这里讨论的生理决策，仅限于指挥人体向外界环境做出行为的决策，并不包括人体内部不断发生的各种微小决策：例如血糖升高之后人体会分泌胰岛素，腺苷大量累积之后会导致神经系统传递指令效率降低，肾上腺素分泌后会引发心率加快和肌肉运动神经的兴奋，以及在复杂运动中各肌肉之间精密的协调和配合，等等。

以疼、冷、困、饿和性兴奋为典型代表的生理感受可以引发强烈的意愿，进而驱动身体的行为来“解决问题”。这些感受实际上来自身体内部的各种数据变化，有的纯粹源自内部，有的是对外界的刺激响应。比如饥饿，实际上是身体细胞为了产生能量消耗了过多葡萄糖，进而导致血液中的葡萄糖水平降低，大脑捕捉到这些信号就产生了“饿”

的感觉，并驱动身体去找寻食物来补充能量。比如疼痛，实际上是外部或身体内部的刺激源触碰到了负责感觉疼痛的神经细胞，它们再将这些信号传递给大脑，让大脑判断是否需要移动身体来远离刺激源。比如性兴奋，是大脑接收到来自外部的视觉、听觉等信号的刺激，或是通过自身想象而引发了激素水平、心率和血液循环的相应变化，并进一步告知身体做出行动来满足需求。

生理决策机制主要负责与人体的生存、安全、舒适和繁衍相关的决策，通常都是强有力的和优先执行的，也就是我们常说的“本能”。以上厕所为例，当你的膀胱压力或肠道压力积累到很大的时候，大脑所下达的指令通常迅速而坚决，那就是先要用膀胱的平滑肌或括约肌强力收缩以保证暂时不泄露，同时尽快找到适当的场所来释放这些物理压力，消除体内这些让大脑着急的痛苦信号。人的理性意志可以在某种程度上与生理决策相抗衡，但抗衡的结果往往是使自己痛苦甚至受到伤害，所以大多数情况下，生理决策所下达的指令会更具优先级。

情绪决策机制

情绪决策机制则更复杂一些。

情绪决策很多时候都会干扰理性决策。例如，虽然已经确定了要健康饮食来控制体重的大方针，但若处于沮丧的情绪状态下，我们还是会选择通过放纵饮食的方式来平衡情绪的不佳，的确在获得味觉的刺激与肠胃的满足感之后，不良情绪短时间内可以得到疏解。这属于情绪决策突破了理性决策，最终用生理决策改善自己情绪状态的例子。

孩子可能因为讨厌某个老师而放弃一个学科，最终影响自己的考试成绩和升学机会；也可能因为和父母之间的冲突无法解决，情绪上头而做出某种冲动决定。这也是情绪决策突破了理性决策，最终控制了社会行为，进一步引发更长期的、更大的相关结果。

当然，情绪决策干的不一定都是坏事。

当一位考生取得了很高的高考分数，高到可以自由填报志愿的程度,那么他最终申请哪所大学未必来自对各项数据理性的比对和分析，而很有可能是根据自己对大学的喜好来进行选择的。

在战争中也同样如此，司令员做出的最终决定绝大部分出于理性的分析，但也有因为仇恨和愤怒而下达的战斗命令，也有因为恐惧和怯懦而造成的失利或逃跑决定。而在有绝对选择权的情况下，是歼灭还是抓捕、是正面强攻还是诱敌深入，司令员则可能会选择一个更能提振部队士气的打法，也就是要照顾到部队的情绪。

情绪决策人人都有，不分莽人或雅士。不单只有冲动的红脸汉子会“一怒为红颜”而做出疯狂举动，一贯主张理性的决策者也会因为讨厌某个专家而对他提出的正确建议置之不理。事实上，除了“没得选”“不得不”那种决策之外，更多的决策是先用客观数据和理性思维建立一个决策空间，在这个空间里有多个可行的选项，或者在同一个决策的分寸上有加减余地,决策者最终所敲定的方案往往是由得意、开心、舒服、畅快、解恨等情绪动机在决策空间内微妙地雕琢而成。

情绪决策甚至可以影响强大的生理决策。

普通人感受到剧烈疼痛的时候一定会躲开刺激源或设法让伤害停

止。在战争年代，残忍的敌人正是利用了这一点，使用酷刑来恐吓或折磨人。很多懦弱的人仅仅是出于对疼痛的害怕，可能在想象阶段就投降了，他们希望以求饶的方式避免生理痛苦。也有很多人一开始用理性决策表达了不屈服，但酷刑加身之后的反复折磨很快让他们投降，这些都是生理决策挤跑了理性决策而占据主控权的案例。

但历史上有很多了不起的先烈却能咬紧牙关坚贞不屈。之所以能忍受生理上的巨大痛苦，是因为他们对敌人深恶痛绝，强烈的憎恨和保家卫国等情绪会施展出巨大的影响力，削弱生理决策的影响，从而让自己在面对敌人的时候意志更加顽强。

当然还有更伟大的革命先烈，他们不但能够克制自己的生理决策，也能够克制自己的情绪决策，因为他们心中所牵挂和思考的事情都是超越个人的，而事关更多人的利弊和伟大目标的成败。他们的坚定意志不仅仅来自情绪，更出于对人民的深爱、对国家的责任和对革命事业的信仰。有了这种超越自我的深沉思考和伟大信念，他们所做出的理性决策让他们能够忍受敌人的残忍折磨，能够在困难重重的条件下坚持斗争，能够在复杂的局势中放下小我，争取更大的胜利。

所以，在我们的身体中同时并行着三种决策机制，这三种决策机制彼此影响。生理决策更多针对个体感受和需求，更多解决个体的问题；情绪决策不仅解决个体的问题，也大量参与解决社会性事务；理性决策负责解决因素最多、规则最多、逻辑线最长的复杂问题。在稳定运行的社会中，理性决策会在大多数时候掌握主控权。

在社会性事务中，生理决策机制占据主控位置的机会并不多，大部分人会尽量将生理感受和社会事务分开处理，避免二者在同一时空中碰撞。但情绪的突发性和间断性存在的特点，使得人们没有办法提前预防或完全避免情绪，情绪决策既会考虑理性决策过程中所收集和加工得出的基本判断，也会尊重生理决策过程中产生的那些重大感受，有的时候还会因为情绪过于强烈而独自做出决定。所以，我们特别需要情绪稳定。

2. 情绪能不能完全受控?

有人认为自己可以完全控制情绪，不让情绪影响自己的决定。

这是不可能的。

生理感受更直接、更真实，所以人们在很多状况下无力控制自己。

情绪和想法、观点、态度、立场联系得很紧密，所以会让人误以为自己可能存在绝对控制权。我们需要简单剖析一下大脑及各个区域的功能，来做好这道证明题——**我们可以调整情绪，但不能完全控制情绪**。

先说信息的输入。

当环境中的信息通过视觉、听觉、味觉、触觉等感受器官以神经信号的方式进入大脑后，先汇聚到一个叫作丘脑的中枢进行初级加工，再被分配到不同的皮层区域进行高级信息处理。嗅觉信息不一样，气味分子被嗅觉细胞捕捉到之后，其产生的神经信号直接传入前额叶皮层下面的嗅球，而不必经过丘脑。这也是为什么好的气味和恶的气味对人的感受和判断影响更直接的原因。经过丘脑中枢分配的信号，视觉信号主要由枕叶皮层处理，听觉信号主要由颞叶处理，触觉信号主要由顶叶的感觉中枢进行处理，味觉信号主要由岛叶和颞叶的味区处理，经过处理后的信息再统一交给前额叶进行整合判断，最终在可控的思维过程中得出一个结论。

在这个信息输入的过程中，就存在第一种情绪产生机制——感受器官接收的刺激过强。

例如，一个突然的、巨大的爆炸声，或者父母陡然提高音量的吼叫声，或者剧烈的伤害带来的疼痛，会直接激活大脑的中枢——杏仁核。**杏仁核不具备思考能力，只负责对环境进行警戒这一项任务，一旦它被激活，就会产生强有力的“或战或逃”指令来指挥身体行动。**战斗基于愤怒，逃跑基于恐惧，杏仁核的激活会严重干预皮层的信息加工和决策，因为这时候大脑认为生死攸关的时候来了，没机会复杂思考。

再例如，看到美丽的风景、听到优美的旋律、品尝到爽口的滋味、抚摸到丝滑的物品，都有可能激活愉悦情绪。大脑深处的一组神经元决定了感觉刺激的愉悦和不愉悦程度，它被命名为扣带回。**扣带回同样不具备思考能力**，也就意味着不接受理性思维的直接控制。扣带回产生的判断决定了不同的舒适程度，进而引发不同等级的良好情绪。

接收到上述物理信号的刺激时，除了扣带回参与评估刺激性质和力度之外，大脑另外一组区域岛叶也会被激活。岛叶也可以被厌恶感激活，无论是令人不适的视觉、听觉还是触觉，岛叶都会被激活。岛叶藏于大脑外侧沟深部，被顶叶、额叶和颞叶所覆盖，它们之间有信息传递和协调一致的工作结构，但**岛叶不直接参与纯粹的理性思考**，更多功能与内脏自主神经等有关。

综上，我们可以得到两个结论。

第一，产生情绪的区域绝大部分都不直接参与理性思维的过程，却可以直接激活情绪。这就意味着想靠理性思维来直接控制情绪是难度极大的，尤其是二者发生冲突的时候。第二，生理感受和情绪的关联很直接，且存在彼此间的双向影响。难受的生理感受会引发不良情绪，舒适的生理感受会引发积极情绪。反之，良好的情绪可以减弱生理感受的不舒服，不良的情绪会让人感觉变差。对于理性决策而言，他们都是很强的干预因素。

然后，我们来重点关注发生在前额叶的整合加工和判断过程。

大脑各皮层区分别对各类信息进行加工，然后在前额叶皮层中进行整合并产生一个判断结论。比如，这个好看的人说方言挺有意思，但我不能全听懂；她身上的香水味淡淡的，递给我的巧克力有点苦，但包装的质感不错，等等。

这个思考和判断的过程的确是理性的、可控的，因为额叶的责任和能力就是进行各种高级的、有逻辑的、脱离具象的加工和判断。然而，第二种情绪产生机制恰恰就存在于这个思考判断的过程中。

因为，所有的思考都要以大脑中原有的知识储备和逻辑为基础，再结合新信息来进行；所有的判断都要把新信息和大脑中已有的储备信息进行比对，才能得出新结论。如果一个人的大脑中没有任何相关的储备信息，就无法思考，也无法得出结论。最简单的例子是，如果你不会英语，那么另外一个人用英语跟你说话，其意义为零，因为你只能听到一串声音，却无法理解说话的人在表达什么意思，更无从判断这件事对你是好是坏。

比对的过程当然是理性思考的过程，但如果新信息太过刺激，就会诱发情绪波动。

遇到你不知道的信息，但比对之后发现自己是感兴趣的，你就会产生好奇（惊讶）。

遇到负面的信息，你会警惕它的伤害性，经过比对发现敌不过自己的实力，你会轻蔑它。

随着这个事件越来越接近你的实力、给你带来伤害的可能性越来越强，你会开始厌恶，开始不喜欢它。

当负面信息真的可能伤害你，那么在你产生警惕和自我保护的意愿的同时，愤怒也产生了。

经过比对，你发现自己的实力无法保护自己的时候，就产生了恐惧。

经过比对和确认，你发现负面信息真的给自己带来了伤害，且没有任何解决方案，此时就产生了悲伤。

遇到好消息，经过比对之后，发现不但不会受伤还能获利的时候，人就会产生愉悦、满足、开心的积极情绪。

虽然这些情绪不是直接由物理刺激产生的感受反应，但对于人类这样一种趋利避害的动物来讲，依然非常重要。人类的大脑进化并保留了情绪机制，其目的就是化繁为简地控制对生存和繁衍至关重要的行为。对我好的我就开心，对我不好的我就逐级评估，并采取相应措施。

即便是教育水平非常高的人，也摆脱不了这种用来保命的生命机制。

但是，阅历和经验会改变理性思维的判断结果，这个大脑中已存储的记忆，可以间接改变人们的情绪反应。

一年级新生遇到 100 以内的加减法混合运算会害怕，而三年级的孩子根本不会有情绪；月薪 5000 的人会为买一部新手机而兴奋，而年薪 200 万的人不会为这件事产生太大情绪；娇生惯养的人会因手指被划破而感到恐惧，但经历过生死极限的人遇到这种事情只会一笑了之；第一次融资拿到 500 万的创业者会激动到心跳加速，而经历过兴旺和衰落的创业者则知道后面还会发生什么，既不会不高兴，也不会太高兴。

所有的好奇、兴奋、忧虑、愤怒、厌恶和悲伤，都来自比对的过程，来自相对于已有数据的差值，来自据此建立起来的期待或预判。没见过世面，没经历过大风大浪，所有新输入的信息都是相对强烈的刺激，这就容易让人产生情绪；见过世面，就会在大脑中留有记忆，当新输入的信息再进行比对的时候，产生的判断就会大不相同，刺激程度就会减弱很多，自然也就不会有太大的情绪波动。

那么，现在我们来总结。无论是生理上的过度刺激，还是相对于已有储备的过度刺激，都会激活人类大脑中负责基础生存部分的神经元中枢，产生各种“简单粗暴”的情绪。这时情绪决策会占据主控地位，它让大脑下达强劲有力的指令来替代理性决策，而且由于很多情绪中枢是不具备思考能力的神经元网络，所以无法用理性思维对其进行百分之百的控制。但是，如果一个人的大脑储备足够丰厚，他就会对刺激源产生较弱程度的评估，进而减缓情绪的发生速度或减弱情绪的强度。虽不能完全控制情绪的产生，但越具有智慧，情绪的可控能力也越强。

3. 情绪对决策的影响很大

同样一组客观的数据，在不同人的大脑中会引起不同的情绪感受，并最终引发人们做出各不相同的决策。

假使投资人同样表达了一笔500万元的投资意向，已经融过资的人可能会不屑一顾，因为他“见过世面”，或者这笔钱相对于他经手过的、预期的数值而言太少了；而对于第一次融资的人来说，这可能是一次令人欣喜的雪中送炭，更是一次激动人心的被认可。

在战争中夺得一城一池，有的人会满心鼓舞，进而得意扬扬；有的人会焦虑疑惑，担心随之而来的城防和敌军反击。积极的心态能看到己方暴露出来的弱点，能看到战局的变化趋势和未来的发展空间；消极的心态却只能看到损失、看到失败，并感受到沮丧和恐惧。

换个角度，面对一个相同的举动，即使主体是同一个人，在不同心情之下也会产生不同的反应，做出不同的决策。

男孩给女孩送花，心情很好的时候她会开心地接受，吵架的时候则可能愤然拒绝。她喜欢的男孩 A 来送花会让她满心雀跃地收下，她讨厌的男孩 B 送同样的花却可能让她百般不适、不知所措。女孩是否收花，不取决于这束花本身的客观数据，而取决于感受和心情，也就是她的情绪。

人不可能没有情绪。再厉害的人也会有情绪，关键在于刺激源的性质和大小。

情绪是大脑的快速感受系统，也是基础决策系统，其决策力原始而强劲。在人类进化的历程中，这保护了我们的祖先，使他们能够在原始丛林中执行趋利避害的快速响应。

随着人类社会的不断发展，人际交互越来越复杂，其程度远超一般动物之间的互动，群体能做的事情也随着不断分工合作越来越多、越来越复杂。这个漫长的过程推动大脑皮层尤其是前额叶皮层高度发展，且逐步发达到远超其他动物的程度，其算力非常强大，可以根据更多复杂的输入因素进行最优化运算。这就是我们说的理性决策机制。

但是，每个人的大脑中都还留有强大的情绪中枢，其选择决策的优先级往往比理性中枢还高。

“看见他就烦，为什么还要好声好气地跟他说话？”

“惹急了我，我可就什么都不管不顾了！”

“心里焦虑，做什么都没心思……”

“五脏六腑都被抽空了，只感觉了无生趣。”

“我不管他是谁，不管有多危险，我就是要拼一下！”

这些都是情绪的强大影响力，即使你的头脑理解很多事情和道理，但如果情绪强烈，就依然无法单纯靠“合理”来驱动自己的行为。

所以，在复杂情况下能克制住自己的情绪，这是非常难得的大脑能力。

任何一件事都会同时激发理性和情绪。

即使是像解数学题这么经典的理性行为，也会引发情绪的变化。例如，因为解题的轻松而引发愉悦，因为解题的困难而引发焦虑，因为解题的失败而引发难过，因为最终解出了难题而非常开心，等等。

常规可控的情况，理性决策会占据主导地位，人虽会有情绪但行为不至于失控。**如果情绪决策占了主导地位，说明这件事对这个人来说，刺激特别大。**这种情况下，所有理性的复杂思考和自我控制都会失效，人的决策能力会退回到接近动物“好勇斗狠”的水平，想赢就会逞凶，认输就会意志崩塌。

因此，我们可以重点观察两个要素：多大的事情、多大的情绪。分析这二者之间的相对关系，可以预判一个人的情绪控制能力强弱，并预测他在未来面对高压情境时的决策选择。

4. 情绪稳定的定义

大众对这个词的误解很多，很多人认为情绪稳定是没有情绪，永远保持理性。

其实，情绪稳定不是没有情绪。

情绪稳定有两个特别重要的特征。

第一个特征是情绪与环境保持同步。

如果环境是令人愉悦的，情绪也应该随之愉悦；如果环境是令人愤怒的，情绪也应该随之愤怒。该有情绪的时候就会有，而且情绪强度与环境给出的刺激力度保持一致，这才是人的正常心智反应。在快乐的环境里心生恨意，或者在斗志昂扬的环境里悲伤落泪，这些情绪反应都不太对劲儿。心理学家可以根据这些异常的情绪反应分析出当事人的心理动向。

倘若在快乐、愤怒或者悲伤的环境中都没有情绪产生，始终保持理性和冷静，那么也基本能够得出比较清晰的结论：要么就是他的头脑中在想更大的事情、更重要的事情，眼前的事情还不足以让他高兴或悲伤；要么就是他根本不在意眼前的事情，利弊心属与他人不同。前者是大事，后者是坏事。

例如，日本发动侵华战争之后，举国上下义愤填膺，无数志士慷慨赴义。面对国仇家恨和民族危机，有强烈的愤怒情绪才是正常反应。在复杂的敌我斗争中，当然也会有些事让人恐惧，有些事让人不齿，有些事让人难过，这些都是面对环境刺激所产生的正常情绪。但若此时有些人不以为意，表现得云淡风轻，这样的“情绪稳定”就是坏事。**完全没有情绪不是理性，是冷漠。**

面对环境的刺激产生相应的情绪，驱动自己的行为进行应对，这才是大脑真正的合理反应，也是“理性”。

第二个特征是情绪可以有，但可控，不会突破理性的决策。一个人情绪稳定的表现是会有情绪，但还是会尽量根据客观数据和理性思考来制定决策，会在合理范围内去解决问题，他的行为不会因为情绪强烈而失控。例如在非常开心的时候不得意忘形，在非常愤怒的时候不因为冒失而中了敌人的圈套，在非常沮丧的时候还能听进他人的劝慰和鼓励。无论情绪如何，最终的决策和判断还是力求合理和最优。

符合上述两个特征的人，就是情绪稳定的人。

反之，在愤怒的时候只顾像动物一样撕咬，只知道争夺表层输赢，不管事后引发的结果是否得当；在难过的时候沉浸在悲伤中无力自拔，不再应对其他依旧存在的困难和机会；在小有所成的时候得意忘形，甚至开始张狂行事、肆无忌惮等等，所有这些被情绪支配的表现，都属于情绪不够稳定。

情绪不稳定的坏处，就是情绪驱动所做的决策只能满足人的动物性欲望，却会违背人类社会的复杂规则，大概率最终也会导致所求之事不能取得好的结果。

情绪稳定，是一种大脑算力优秀的表征，也预示着在重大压力来临的时候，可以大幅降低失败的概率。

5. 六界情绪定位

情绪是动物进化出的一种生存机制，并在进化的过程中被不断积累和强化。因为情绪可以为远古人类常常面临的问题提供简单解决方法，如产生恐惧并决定逃离，或者产生愤怒并决定战斗等。情绪决策机制是动物对外界刺激进行认知和评估后所产生的行为驱动力。它有着最简单的逻辑，就像最直爽的莽汉一样，想到什么就做什么，根本没有顾忌。

因此，每一种情绪都有着特定的作用——是对人的“原始状态”有着特定的作用，而对于现在生活在复杂社会规则下的人的决策则往往没有积极意义，因为社会规则的本质是制约，更需要人类的前额叶皮层通过整合加工来服从规则。

综上，我们可以通过下面这个坐标系来解释人类情绪决策的基本过程。

在遇到有效刺激之后的第一反应是惊讶，随后，人会产生两个方向的情绪：积极方向的情绪是不同程度的愉悦；消极方向的情绪则根据刺激源的力度不同，从轻到重依次为厌恶、愤怒、恐惧和悲伤。这六种基本情绪，涵盖了人类处理外界信息时可能引发的所有情绪类反应，类似轻蔑、生气、害怕、尴尬、愧疚等常见的情绪都可以归结为这六种基本情绪不同程度的衍生。如图 1 所示。

同样，美国的微表情前辈学者保罗 · 艾克曼教授也认为，人类拥有六种跨种族、跨文明、跨地域的通用情绪和表情：惊讶、厌恶、愤怒、恐惧、悲伤和愉悦。为了证明这个至关重要的结论，老先生曾亲赴新几内亚的原始部落，研究那些从未与外界有过深入交流的种族人群的表情。单这一项伟大的研究，就值得后辈敬仰。

保罗 · 艾克曼是奠定本研究方向的重要学者。他通过实证验证了达尔文先生一个远古的猜想，即人的情绪是具有共通性表现的。在艾克曼先生的原著当中还曾经包括第七类基础情绪叫做轻蔑，但后期他订正为六类。

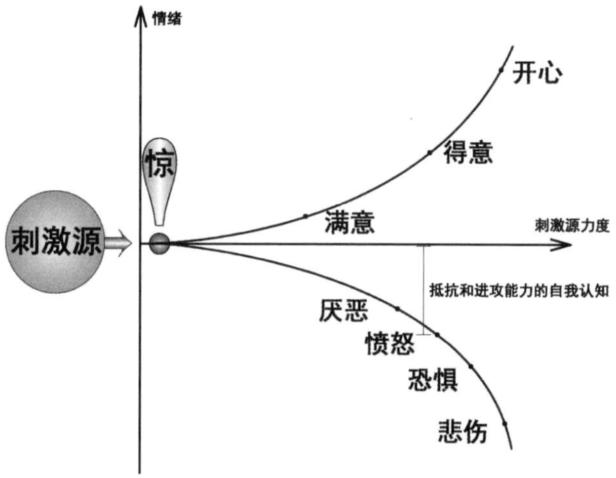

这与我们的观点相同,轻蔑应当是厌恶类情绪中的一种极端表现,两者本质相同。

六类情绪之间其实是有内在的顺序的，其排序依据是行为人受到刺激之后的自我认知评估，也就是把刺激源与自己的“实力”进行比对而产生的不同结果。

惊讶是中性的，因为那一瞬间还没明白到底发生了什么。

判断出是负向刺激之后，刺激力度不如自己的就会引发厌恶，力度跟自己实力差不多的就引发愤怒，力度比自己厉害的就引发恐惧，力度太强已经造成损失且无法挽回的就引发悲伤。

判断出是正向刺激之后，符合预期的就引发满意，超出预期的就引发得意，大大超出预期的就引发开心。

按照这个顺序来理解情绪和刺激源之间的关系，就能准确地把握行为人的心理状态。

通过观察一个人在哪类情绪区间中产生兴奋，可以帮助我们**判断这个人对刺激事件的主观评估**；通过观察一个人在哪类情绪区间中过于兴奋，可以帮助我们**判断这个人的认知临界值**。所有这些，都不需要对方用语言进行说明，也可以预防对方的表演和伪装。

大惊小怪是知道的少

人产生惊讶情绪，本质是在内心深处产生了两种反应：一是意外，二是关心。所以，当我们看到一个人惊讶的时候，就能判断出**他对刺激源的认知状态是“意外＋关心”**。

如果一个人已经提前知道了一件事，他面对这件事的时候就不会产生惊讶。

如果一个人此前并不知道一件事的发生，他也不关心，他就不会对此惊讶。

例如，南太平洋某个岛屿上飞起了一只蝴蝶，对于这世界上绝大多数人而言，并不会引发惊讶情绪。虽然此前不知道也想不到，但是真发生了也的确不关心。可能只有专门研究这只蝴蝶会引起什么样的“蝴蝶效应”的那几个科学家才会对此产生惊讶情绪。因此，**关心是引发惊讶的必要条件。**

因此，我们通过观察人的惊讶情绪反应，可以推导出他的认知边界：此前并不知道，但一直很关心。

我们在考察公司创始人的过程当中，会提供一些行业相关的宏观、微观、人际、财务、政策、技术等信息，尤其是与竞品和市场相关的一些信息，看看什么事情会让他惊讶、什么事情会让他好奇，这样就可以绘制出他现有储备的边界，也可以探知他所感兴趣的领域和方向。

如果一个人对于意外的信息只是表现出无所谓的平静，没有产生惊讶的情绪和希望知道更多的好奇状态，则说明他对此事并不关心，他认为这些信息不重要。如果这个信息客观上很重要的话，那么投资人可以据此做出判断，说明创业者的关注点不对，或者判断能力不足。若知情不足，他的决策很有可能是错误的。

人在面对令自己惊讶的信息时，还有一种表现是强装镇定——明明不知道，其实很关心，但为了避免其他人发现自己的无知而假装自己并不惊讶。有这种表现说明他心虚，故作镇定的本质上是给自己加了一层“我早就知道”“我怎么会不知道这点儿东西呢”的虚假壳子，他不希望自己的浅薄被识破。

对于惊讶情绪的判断，总结成一句话：大惊小怪的人不太行，而强装镇定的人太虚弱。

不当的厌恶是浅薄

厌恶可轻可重，最轻的是不屑一顾，最重的是恶心呕吐。

无论是轻是重，都是不喜欢、不接受，当事人对刺激源是持否定态度的。

轻的厌恶是当事人认为不值得搭理，因为刺激源水平太低，根本不会造成不利。重的厌恶会让当事人主动排斥，因为刺激源很强，如果不主动驱离就会让自己很难受，拒绝接受并离远点就不会有什么危险。

所以，可以用一句话翻译厌恶情绪的心态，那就是“自上而下的否定”。看到一个人产生厌恶情绪，就可以推导出那个人的认知和自我定位：**刺激源弱、自己强，当事人对刺激源不认同、不接受**。

从不屑一顾到严重的恶心呕吐，中间存在大量日常可见的不同程度的厌恶，包括但不限于：嫌弃、轻视、鄙视、讨厌、厌烦、硌硬、“滚！”等等。刺激源相比自己越弱，厌恶的级别就越轻。如果他觉得刺激源比较强，比如不得不喝下去的苦涩药汁（虽然引发了他的不适，但并不会造成伤害），那么他的厌恶程度就会很高，会形成恶心和呕吐的强烈厌恶情绪。

关键之处在于，药汁虽然难喝但无害（人强药弱），所以产生的还是厌恶类情绪。如果一种药汁会造成伤害（药强人弱），那么无论好喝难喝，人所产生的情绪都会变成恐惧。

通过观察厌恶情绪，我们可以翻译出当事人内心的独白：“我比它强，我否定它。”

套用这个公式可以获得非常宝贵的心理解读。**搭理不值得搭理的弱者，是浪费精力；面对不了解的人或有实力的人，无端的狂妄、傲慢和轻蔑，则是非常浅薄的表现。**

一家基金在过去的几年花大量精力考察预制菜赛道。

恰逢全球疫情的大背景，其中一家公司的产品销量涨势不错，已经融资两轮。创始人自然心气十足，信心满满。基金负责分析创始人的专家按常规询问他对于一家间接竞品的看法，却意外地看到他表现出明显的轻蔑和不耐烦的情绪。

之所以说是“间接竞品”，是因为那家公司不是做预制菜的公司，他们做实体店。那时他们已经在线下开了几百家连锁火锅店，口碑很好，人均消费水平也恰好和这家预制菜的产品相当，在疫情刚刚结束、消费开始恢复的时候，那家每天晚上都是满座。

做预制菜的创始人被问到这家店时，他的反应非常有趣，“我不知道你说的这家火锅店，我为什么要去了解一家做线下店的呢”。可以感受到他很自信，对线下店品牌充满不屑，当然也可能是对提问者的不屑，觉得这个问题很外行，因为两家公司根本不在一个赛道。

倘若他平静地说，“我不知道，因为跟我不是一个赛道，所以之前还没了解过”，那么他的心态就没有问题，因为没有情绪表现出来，说明在他看来这家竞品的实力与自己相比并不处于下位，只是不关心未知信息。

但轻蔑和不耐烦映射出了他心态上的两个问题，一是把一家发展得很好的实体火锅店放在下位，二是否定了人家的成绩和潜在的影响。这两个认知都是狭隘和短视的，线下火锅店的火爆代表了消费者的选择趋势，事关其创业的核心业务，不是无关轻重的信息。预制火锅菜和线下火锅店的消费者是同一批人。虽然两家公司不是直接竞品，却共享一个消费群体，消费量存在此消彼长的关系。而且，宏观市场的大背景正在变化，人们已经从足不出户的状态开始恢复流动了，在这种情况下，火锅品类尤其特别，“到底是在家里吃预制的还是去街头吃线下的”，作为企业创始人至少要重视这件事，而不能不做调研，更不应该用狭隘思维评估后产生轻蔑情绪。

后续的客观事实证明，这家公司在融到第三轮钱之后，就再也没有更大的发展了。

一句话总结：**轻蔑不该轻蔑的，往往是浅薄的典型特征。**

愤怒源自解决方案窘迫

俗话说，“牌少易怒、牌尽易崩”。

普通人的愤怒是发飙，比较多表现为语言暴力和行为暴力。

在生意场上，愤怒很少会以发飙的形式来表达，或者说这样的情绪失控不是我们关注的重点。

想要判断一个人的情绪稳定程度，更有价值的愤怒表现是着急、努力、发狠，是倾注全力的竞争。

愤怒的情绪机制很简单，翻译出来就是“对手很厉害，如果我不还手，就会伤害到我，只有反击才有可能打败它来消除危险。”所以，在愤怒的人看来，刺激源的水平和自己相当，而且有可能给自己造成伤害。这一点非常重要。比自己弱的人会引发厌恶，比自己强的人会引发恐惧或悲伤，只有实力相当的对手才会引发愤怒。

愤怒的表现是“发狠”，要真的表达出用力程度，而不能仅仅停留在语言上的指责和批评。我们更要关注一个“愤怒”的人的真实投入，包括精力、资源、时间等。语言层面的批评、指责、谩骂等表达不能作为有效的愤怒情绪表现。

只会骂，不真干，说明不是愤怒。

对于一些普通人而言，他们的愤怒阈值很低，比如，因为没面子而恼羞成怒就是经典表现。**面子的本质是对社会认可的期待。**觉得没面子，就是认为眼前这件事会让更多人在未来看不起自己，进而引发现实收益的不畅或损失。心里感受到了这种威胁，所以情绪上产生愤怒。

动物的本能是有威胁就要反击，这就是动物的愤怒情绪机制。因为没面子而产生愤怒，仅仅比动物的反应机制略微复杂了一层，是基于对未来的威胁判断。但这个判断在更优秀的人头脑中可能根本不存在，因为他们深深知道，不相干的人的评价不重要，表面上的客套尊重也没有实际价值，而自身解决问题的实力才是最重要的。如果别人说得对，那就学习改进，如果别人说的不对，甚至带有挑衅和侮辱的恶意，那么大可不必费神理会。

会因为没面子而恼羞成怒的人，其实是对自身实力不自信的。

现实生活中，的确有一批人因为面子问题恼羞成怒在先，然后冲动下场试图挽尊，却把自己逼进了困兽犹斗的窘境。遇到这样的人，我们就可以知道，在他的判断中，那个让他“没面子”的人或事是“很厉害的”，这是他愤怒的根源。这类人存在两个特点：一是开放度低，不太容易接受客观的批评，不太能分得清意见的重要程度，他们进步的速度会很慢；二是他们没实力，底层储备比较薄弱，解决问题的水平略差，可能把大量的注意力和精力放在了错误的地方。

所以，一个优秀的创始人不应该看重“面子”。

如果能激起他愤怒的刺激源水平客观上比较弱，那就说明当事人也不认为自己强，无论他嘴上说什么。这个指标很准确。常言所说的“狮子不会因为狗吠而咆哮”就是这个意思。如果一个创始人表达出了对某种低水平刺激源的愤怒，就说明他的个人情绪控制比较差，也会导致他把大部分的时间和精力浪费掉。

对于愤怒情绪而言，情绪稳定好的表现是，该有斗志的时候就激情澎湃，同时用理性的决策来控制好自己的具体行为。

恐惧是自信的上限

恐惧这个词有点大，是这一类情绪的统称，表现在生活里有轻有重。重一点儿是害怕，轻一点儿是担心、不安、焦虑。能让人产生恐惧的刺激源，在当事人看来实力强大到能产生伤害，就算没有实际产生伤害，当事人的自我评估也是“我会输”。

人会害怕比自己厉害的对手。

所以，一个人对什么人或事情产生了恐惧，就说明他对这个刺激源实力评估的结果是强于自己的实力。一个人如果害怕考试，说明他认为自己的水平不好（考题更强）。

当然，心生恐惧不一定就会认输放弃，在自然界还有为了保命的“或战或逃”，在更复杂的人类社会中，人也不会随随便便直接投降，总会想其他方式来化解危机，所以相关表现也就更复杂。怕法律惩戒但仍然犯罪、怕税务稽查却依然做假账试图蒙混过关的例子，比比皆是，但这些表面的行为不代表他们内心不恐惧，不代表他们对战胜对手有信心。

所以，我们用恐惧情绪的本质来看人，可以总结成一句话：**让人恐惧担心的事情，就是他的自信上限。**

我们曾经看过一个创始人，行业是互联网小游戏平台，进入融资流程的时候公司现金流很好，不缺钱。但在和创始人面对面交谈的时候，我们发现他总是面带愁容。发愁也是恐惧情绪的一种表现。

当时我们聊业务，包括获新方法、用户留存和活跃度、消费意愿、产品扩充、收入和现金流等，数据都挺健康的，但创始人的眉头一直微微蹙着，表情不兴奋，呼吸幅度略弱，语言也一直斟酌。这些都是长期处于焦虑状态的表现。这样一来，好的经营数据和始终轻微焦虑的情绪状态之间产生了令人寻味的差异。不是说创始人不可以有焦虑，有些时候有焦虑是正常的甚至是好事情，说明他责任感强、在操心、在抗压力。但是，正如本段开篇所讲的情绪稳定的定义那样，如果环境（数据）是积极的，而人的情绪并没有和环境保持同步，就属于情绪不太稳定。

各种数据那么好，是一件值得创始人自信的事情，此刻配套出现的情绪却是恐惧类，要么说明他在担心其他事（不自信），要么就是数据不真实。

数据在客观上没有造假，都是真实的。

所以，就只剩下一个问题——他对什么不自信？

现在他的公司各方面数据都不错，说明这不是恐惧情绪和不自信的来源。

按照这个方向，我们了解到了更多信息。创始人过去有一次创业失败的经历（他的竞品成功了），这可能是他现在不够自信的原因。

虽然现状看起来不错，但他担心未来一旦开启融资模式、资本方用真金白银助力发展时，就会对各方面的规模化增长提出要求。他在为业务未来的增长发愁——目前这个模式的发展能不能满足资本方的要求，于他而言是个很大的压力。

后来他获得了投资，经营一段时间之后的客观结果验证，他的公司依旧有稳定的收入和现金流，但整体的用户规模增长和收入规模增长都不明显，投资人对其进展表达了不满和失望。这也验证了当时我们对他的分析。

总结：大家可以用这个范式观察并分析一下自己看重的人，看看他在害怕什么，担心什么，那就是**他心里认为自己打不赢、搞不动、完不成的事情**。

悲伤代表无力改变

“牌尽易崩”，指的就是无力挽回所产生的悲伤情绪。

悲伤情绪绝大多数源自**已经发生的损失结果**，少数出于一个人认为损失必然发生而自己没有任何办法可解的主观判断。无论哪种情况，都可以得出结论：悲伤情绪的刺激源是**无可挽回的损失**。

所以，当你看到一个人悲伤，就可以推导出他的心中一定存在某种“不可挽回的损失”。

悲伤的刺激源不但实力强大，而且强大到让人（认为）受损，这实力水平比恐惧刺激源还要厉害。面对恐惧，人至少还会试一试，搞一搞；面对悲伤，人的心态是认输、认亏、放弃、接受。

悲伤情绪在日常生活中不仅仅表现为哭。实际上，压抑、难过、沮丧、愧疚、后悔、无奈、失望、绝望等，都是悲伤情绪的常见表现。

我们评估过一家公司，但最终没有投资。

约创始人见面的时候，他们上半年的融资并不顺利。见到创始人时发现，他的情绪明显低沉，有点压抑，回答问题时也有一些比较明显的沮丧观点，比如对未来大的经济环境不抱太大希望，言谈举止中的“丧气”不难被发现。

来见投资人，是希望通过交流获得资金支持，这时本来应该是一种向上、向好的心态，即使创始人真的有所不顺，也应该在这样的环境中保持同步的向上情绪，这是情绪稳定的表现。现在，过往的不顺利和对未来的不乐观导致他无力表现积极情绪，而这是情绪不够稳定的表现，尽管从表面上看，他淡淡的丧气始终“稳定”。

而且，无论宏观经济环境好与坏，任何一家公司在创业过程中都会遭遇大量困难，容易的事情没有高价值，所以咬牙拼搏和打起精神来解决困难才应该是常态，尤其是在寻找融资机会的过程中。反观，在约见投资人的过程中，创始人却因为过去或对未来的判断而持续流露悲伤类情绪不能自已，这说明客观情况已经压倒了创始人的自我评估，他的悲伤情绪可以直接翻译成“无解”。

有信心的创始人，即使面对融资不够顺利的情况，也不一定会产生悲伤情绪，因为他还觉得不是绝境，还没有“无解”，还值得打拼。

当然，这种遭遇可能会让人产生恐惧类情绪，比如焦虑、不安，因为困难确实很难解决，适当焦虑也可以提供有利的决策和心理动力。融资虽然不顺利，但创始人仍能保持谨慎乐观、斗志昂扬、全力以赴，那就可以解读为创始人是自信的。

客观结果的验证大家也肯定能猜到，这家公司后来没有做起来，从市场上自然消失了。

愉悦来自收益感或优越感

笑是愉悦的表现，还有舒展身体、放松呼吸、语言幽默、动作松弛，这些也都是愉悦的表现。

笑容在谈业务的场景中经常出现，有的是愉悦，有的是客气，而且语言是否幽默也可以经过训练来刻意达成。通过训练，我们也可以识别社交场景中的真笑和假笑。倘若呼吸、姿态和动作的愉悦伴随出现了，说明这些都是真正的积极情绪反应。

为了专注愉悦情绪的解读，我们把经过训练而呈现出来的礼貌或表演的愉悦暂时忽略。现在假设，我们在社交场景中看到了真实的愉悦情绪。

愉悦情绪的产生肯定源自下面两种刺激源之一：收益感或优越感。

收益增加所引发的快乐是直接的，不需要过多解释大家就能理解。优越感来自横向比对，大家都有收益但我的收益更多，或者大家都有损失但我的损失更少，又或者大家的收益绝对值一样多但我投入的成本更低，这些都会引发优越感，然后产生快乐。

那么我们便可以分析他的收益感或优越感源自什么。

对一个处于创业过程中的创始人而言，如果谈到他的产品、市场、人员、竞争、财务等话题，他出现了愉悦的表现，这说明相关话题让他产生了收益感或优越感，这些刺激源可以让投资人放心。如果创始人因为自己的某些没价值的获奖名头、某些不实用的大哥关系、更换女朋友的频次、赚到钱后发的年终奖、新办公室的装修、靠粗笨违规的方式暂时对竞品施加的市场压力等原因而感到开心，那么投资人就要特别小心了。

虽然我们都喜欢笑脸，但为了什么而出现的笑脸很重要，其背后的大脑算力和价值观差别很大。有些人游历江湖许久，逐渐养成了一种习惯，无论环境里有没有愉悦的事情，他总是会时不时地哈哈大笑几声，以表达洒脱和亲切。对于这种习惯化的“江湖笑”，我们不但不要当真，而且要小心观察，大概率这些笑容不是性格，只是掩饰工具。一概而论将其定义成“笑面虎”未免有点武断，但必须要注意他在具体事情上的作风和诉求，那才是笑容背后的真面目。

对于愉悦情绪而言，情绪稳定的表现是，在有收益感或优越感的时候能够心生喜乐而不矜持，但也不会得意忘形。

本段总结

本段重点介绍了情绪稳定的定义，即与环境保持同步的情绪反应、行为决策不会突破理性控制，这才是真实的“情绪稳定”。情绪稳定是一个优秀的人应该具备的品质，它可以保证不会行为失控，不会犯低级错误。

情绪稳定可以保底。

人的六类情绪分别是：惊讶、厌恶、愤怒、恐惧、悲伤、愉悦。不同水平的刺激源会造成当事人不同的情绪反应：

当事人此前并不知道但一直关心的信息出现，会引发惊讶；

当事人觉得实力不强又不认同的信息出现，会引发厌恶；

当事人觉得实力与自己相当、可能对自己造成伤害的信息出现，会引发愤怒；

当事人觉得实力比自己厉害、自己应该无法取胜的信息出现，会引发恐惧；

当事人觉得实力比自己厉害很多、能造成“不可挽回的损失”的信息出现，会引发悲伤；

能让当事人产生收益感或优越感的信息出现，会引发愉悦。

我们通过对六界情绪反应的反向应用可以推导出当事人对刺激源的不同评估，进而更准确地把握他的真实认知和能力。

第八段　心态开放

九段识人法则的第八段重点关注一个人未来的发展空间大小。

心态开放这个指标用来分析人，可以“摸高”。

1. 心态开放度

心态开放度是预判一个人未来成长速度和成长空间最重要的指标。

如果你希望判断一个人未来能发展得多好，就必须要参照此刻他心态开放的程度（也是一种能力）。开放度越高，未来大发展的概率越高；开放度越低，未来能有大发展的概率越低。在心理学的“大五人格”体系中，“开放度”是五项指标之一，也是在我看来最高级、最面向未来的指标。

心态开放度高的基本特征包括：

对未知的或与已知信息不同的新信息感兴趣，愿意接受新知；

对输入大脑的新信息与大脑中已有的储备信息进行比对；

能根据客观事实、逻辑或其他第三方有效标准，判断新信息与储备信息的优劣；

不偏见、不固执、不自负，愿意用更优的新信息替换或升级已有的储备信息；

如果新信息是错误的、虚假的、低效的，可以坦然丢弃，不纠结或被干扰；

按照新获得的储备信息指导行动。

如果一个人持有较高的开放度，那么即使他初始的储备信息有限，也会在不断接收、比对和迭代的过程中，把大量更优的信息转换为自己的储备，形成良性循环，后期选择优质信息的效率和迭代储备信息的效率也会越来越高，做起事情来成功的概率也就越来越大。

开放度高表现在日常生活里，有几个典型特征可供大家参考：

能听劝；

能认错；

解决方案多样；

保持主动学习；

对未知有好奇。

如果一个人持有较低的开放度，就意味着他接收新信息的能力较弱，头脑中的储备信息迭代困难，甚至会停止更新并否定一切与自己认知不同的人或事。客观世界是动态变化的，知识、规律、信息和人际互动的大量动态变化，都需要鲜活的大脑算法来应对，如果大脑中的储备信息是固化和封闭的，则属于经典的“不进则退”。

开放度低的人，在日常生活中也存在一些典型的表现：

学习能力差，对未知信息不感兴趣；

偏执不听劝，容易自以为是；

解决问题的方法偏简单粗暴；

不爱认错，即使客观上错了也不认错；

喜欢找理由甩锅和解释（低尽责性）；

负面情绪偏多且难以自控,被顺从或恭维即可感到舒适与开心(情绪不稳定)；

很难换位思考和共情（低宜人性）；

与他人存在认知差异时，容易将观点矛盾误解为针对自己的私人矛盾，并本能抵触或打压；

很难看到事情的全局，不喜欢未雨绸缪。

2. 大脑的预判模型

人类的思维模式是不断在与环境的互动中积累起来的。

大脑会先基于已知信息建立一个预判，预测外界接下来会发生什么。当外界环境发生的状况符合预判时，人类就会节省大脑的反应算力，认为这是自然而然或理所应当的事情而不去加以关注。这是大自然进化法则决定的奇妙现象。当外界环境发生的状况不符合预判时，人类才会响应启动新的算力、调用更多新的信息来调整预判，直到预判准确或无解。

这里所说的预判既包括宏观方面的战略战术，也包括微观的看、听、闻、尝、触等获得的简单感官信息。宏观案例如《三国演义》中七擒孟获的双方，其实一直都在不停地预判对方的预判。微观案例如人们对半夜的预判，“半夜应该是安静的”。大多数时候半夜时的确安静，所以人们不太会注意到这个不需要浪费算力的准确预判。但如果有一天，半夜突然响起了声音，人类大脑就会警觉，并用算力开启新的预判。当新的预判为“猫”打破了夜的安静，并且的确看到是猫的时候，预判符合现实，算力进程结束；当事实不是“猫”而又不确定是什么的时候，人类的大脑会快速建立多种假设性预判，并不断与环境中的信息进行比对检验，直到一致或无解（这时候一定吓坏了）。

在预判模型的理论体系中，最关键的就是要用实际结果检验预判并调整预判。如果一个人能根据实际结果来不断调整自己的预判和行为，他适应环境和解决问题的效率一定很高；如果一个人的大脑没有更多能力调整自己的预判模型和行为，对环境给出的客观反馈视若无睹，那么他就很难解决问题，甚至连适应环境都会变得艰难。

这就是开放度高低的本质。

3. 开放度的发展阶段

全开放的婴幼儿阶段

婴幼儿阶段的孩子开放度非常高，因为他们什么都不知道，储备信息接近零。再加上婴幼儿对自己的父母（指照护者）无条件服从和信任，他们的大脑会充分打开，完整和全面地接受父母的教育输入，父母教什么他们就学什么，并且他们天然认为这些信息是正确的、正当的、最优的，然后用这些家庭教育输入的信息建立起最基本的预测模型。除非父母的输入让他们产生生理上的痛苦（打）或情绪上的痛苦（骂），否则他们都会在自己接受能力范围内，快速吸收储备。

高速成长的儿童阶段

随着他们步入幼儿园、小学，接触到的人从父母逐渐扩大到几十、几百人，各类信息也都会围绕在他们的身边，这是与婴幼儿时期完全不同的新环境。他们用着各自的预判模型和这个新环境打交道，用大量新的事实来验证和升级自己的预判模型，同时快速增加大脑中的储备信息。在这个过程中，他们遭遇重大风险的可能性小，需要过多投入的应用少，输入大脑的新信息多，心态比较安全、内耗较少，所以开放度比较高，成长速度比较快。

混乱轻狂的青春期阶段

青春期是人类发展过程中一个非常特别的阶段，典型特征就是：**硬件性能很强、学习速度很快、储备信息薄弱但自我感觉很好**。

青春期大脑学习新内容的速度很快，很多崭新的神经元连接能够快速建立并作为自己的新储备，但同时也存在信息输入良莠不齐的突出特征。对于青春期阶段的孩子来说，所处环境不再像婴幼儿和儿童时期那样单纯，更多成年人世界的复杂信息会不可阻挡地进入他们的生活。对于他们来说，大量陌生而有趣的信息汹涌而至，他们的大脑都能接得住，但无法像成年人一样进行辨识与取舍，因为这需要掌握大量经验和条理化的规则。青春期大脑的内容很丰富，他们的主观感受却容易狂也容易乱，他们容易觉得自己是最厉害的、最独特的，但认知水平其实还很初级。

青春期的成长过程可以长达 15 年（10—25 岁）。在这 15 年里，大脑中强大的神经元算力会支持他们继续保持高速学习。随着前额叶皮层的不断成熟，理性思维和逻辑思维的能力越来越强，自我管理和自我批判的能力也越来越强，积累在大脑中的知识和规则也自行开始条理化、体系化，他们开始更注重客观事实的结果检验，不再像早几年那样以自己的主观感受和想象为主。这些都是越来越成熟的表现。

我们在成年人的世界中也经常能观察到青春期阶段的开放度。他们很聪明，学习速度很快，而且也很努力，向着积极的方向发展，但他们还不够成熟，很多思考和行为还都处于自己觉得自己很强的状态，却不能有效地解决现实世界中的问题。如果后期可以更务实、更精进，则会迎来长足发展和好的结果。

当然，上述发展路径是好的状况，现实中也有不好的状况发生，而且并不少见。

青春期大脑也可能遭遇低级信息的侵扰。进入青春期后，大脑在选择信息输入时快而杂，如果前额叶皮层还没有成熟，就很难实现理性的信息辨识和自我管理，环境中那些更符合动物本能的诱惑信息会让自以为是的孩子放大自己的欲望，从而着重选择将更简单、更粗浅、更原始的信息储备起来，比如血腥、暴力的信息，从此走上弯路，再也没有能力学习更复杂和更高阶的知识来适应高级别的社会事务。即使他们敏感地意识到高阶问题可能更具价值，并尝试着使用自己的储备信息来解决一些高阶问题，但现实的否定也会给他们造成沉重的打击，让他们躲回自己的舒适区，进入相对封闭的思维模型中，更加突出和强化自己原有的幼稚且有限的储备。

那些现实中心态比较封闭的成年人，大多是在青春期时以简单的方式取得过快乐，或用粗暴的方式取得过满足，从而停止学习更多丰富而有效的解决方案，错失建立高阶知识储备的机会。成年之后，他们依然会用简单的方法应对这个世界，再被客观结果打击，形成恶性循环。这样就会形成典型的封闭心态，刚愎自用、粗暴易怒、偏执刻板皆因此而起。

稳定有序的成年阶段

经历过大量学习和实证检验之后，成年阶段的开放度进入有序的稳定状态。

每个人有自己的知识储备和预测模型，当环境中的新信息进入大脑后，会迅速与大脑中的知识储备进行比对和推测，如果主观上判断新信息更有利则进行迭代升级，如果主观上判断新信息不如已有储备则丢弃新知识。

当然，每个人对新信息的优劣判断标准不同，实际效果也不尽相同。有些人会积累科学知识和科学思路，用科学的标准来判断新信息；有些人会积累迷信传说和迷信思路，用迷信的标准来判断新信息。我们认为，好的主观判断会尊重客观检验的结果，这就是所谓理性的最主要特征；不好的主观判断会放大幻想、感受、偏见、面子、私人关系等小因素，忽略客观事实或已经通过客观验证为真的信息，从而接受无效或低效的信息输入进行迭代，或者丢弃更正确、更高效的信息输入。

知识储备丰富且尊重客观事实的人，容易积累和迭代出更优秀的知识储备。知识储备越优秀且开放度越高的人，解决问题的能力就越强。他们在遇到不同或未知的新信息时，好奇心和包容度也越强，不会因为偏见而盲目排斥，反而乐于通过探索获得真知。这样的人进步速度快，大脑所形成的预测模型也会更加准确，从而能更高效地解决问题、少犯错误，拿到更大的成果。

在理解了大脑的发展过程和开放度高低的因果关系后，我们可以用上述四个阶段来快速定位一个人的开放度：无知而全开放的婴幼儿阶段、纯粹而高开放的儿童阶段、混乱轻狂的青春期阶段以及稳定有序的成年阶段。

我们也可以用以下四个状态来快速评估一个人的心态开放程度，用以判断他未来在某个领域或某件事情上的发展效率。

4. 知道与不知道

不知道自己不知道

我们看过太多创始人，在没有准备好的时候就开始盲目创业。

我们也跟很多专业领域的人交谈过，不超过 3 分钟就能发现他对所谈领域不甚了解却滔滔不绝。

这种状态就是典型的**不知道自己不知道**。

不能说他们没有想法，他们可能用极为热情的方式侃侃而谈。有的人在大厂里打过工，颇具行业经验和职场阅历；有的人是技术天才，做出过好的产品；有的人是富二代、明星，想依靠自己的人脉、名气来跨界；有的人是看到别人挣钱了，觉得自己也有机会；有的人是找不到工作，恰好看到几篇财经热点新闻……他们有很多想法“啪、啪”地从脑袋里蹦出来，经过上网搜索、找人聊天、付费咨询 FA（融资中介机构），就可以在人工智能的帮助下做出精美的 PPT，用很小的成本讲很大的故事。

他们觉得自己知道，但其实不知道自己不知道。

所以，他们往往很自我，甚至有些狂妄。

很多人虽然有一技之长，但从没有开过公司，不知道财务、人力、税务、法务等最基本的常识；很多人虽然名噪一时，却看不见自己脚下平台的作用，以为是自己魅力大到无所不能；很多人会开公司、会搞资本，却对产业链条中最核心的细节规则不花心思，一股脑儿丢给其他人；很多人挣到钱是因为宏观趋势和微观运气，但他们以为是自己的智慧和努力的结果，当再次复制那套打法的时候才发现已不适用。

不知道自己不知道，大概始于青春期阶段的开放度问题，容易自负、容易偏执、容易情绪激动、不容易解决问题。表面上看起来知道很多，他们也愿意让别人认为自己很懂，但只要进入实质性的细节，就不难发现他们的匮乏。

我们在第二段“底层储备”中所较真的细节，其实就是考量一个人知道多少自己要做的事情。好的底层储备是好的开端。无论准备做什么，即将开始的这件事必然有一些核心必备信息，包括数据、关系、规则等等。倘若一个人只会放大自己知道的，却无视这些客观上应该知道的，就属于不知道自己不知道。这样的状态很容易把事情搞砸。

知道自己不知道

大多数普通人属于这样的正常状态，很明白自己懂什么、能干什么，同时也很清楚自己不懂、不会的边界，不做非分之想，不逞能，谨慎处事以避免犯错。

学生在考试之前，对自己的学业能打多少分进行评估，基本就处于这种状态。上班的人对自己已有的知识和技能也会有评估，干好了多拿钱，干砸了被惩罚，心中有数，不敢乱来。开鸭血厂的老板不会去搞家具生产，因为从供应链到生产技术再到市场受众，都大不同。科学家、医生、技术大牛等在自己的领域里会特别自信，在不同的细分领域就会谦虚。

一个人越是有所长，他的知识边界就会越清晰，也更深知隔行如隔山的现实，所以通常都是“非我所长我不碰”的原则。反倒是“大忽悠”因为没什么学识，也没什么责任心，所以什么都能说。

这个阶段的人心怀敬畏，往往比较谨慎，力求自己不犯错误。

从另外一个角度讲，知道自己不知道的人，很容易判断谁比自己懂得多。

在基金谈投资的过程中，有一个不成文的规则，那就是投资人和创始人聊业务，如果投资人懂的比创始人还多，则说明这个创始人不行。换句话说，创始人比投资人在相关领域懂得多是一个基本条件，而且这条及格线分值不高。因为投资人的信息是各方汇总而来的“二手信息”，不是真的在行业中摸爬滚打积累出来的“一手信息”，如果创始人的知识储备连汇总出来的二手信息都超不过，那理论上人人都有可能成为战胜他的对手。

像基金投资人和互联网平台公司的老大，因为他们接触得多，所以他们的知识储备肯定丰富，覆盖面广，深度也够，所以他们可以按照自己的储备进行筛选，给那些比自己认知更深刻、更有效的人提供支持。从这个角度讲，投资人和平台老大也是正向使用了自己的认知边界。我知道自己不知道哪些信息,那么在该领域中比我懂得多的人，就有资格进入下一轮的筛选和讨论。

知道自己知道

大部分人会认为自己在学会某种技能并找到工作之后就算有稳定的身份了，能够独立立足于社会，用劳动换取收入，有自己的人脉，然后不断学习、扩充，完成良性循环发展。例如，获得了什么学位、在哪个单位上班、具体做些什么工作、拥有什么社会身份、亲戚朋友的身份等等，都是自己认为的自己。

人到了这个阶段，会追求更精、更专，可以用自己的所长追求更高的效率、寻求更大的成果。

当然，也会有人并不知道自己究竟知道多少。

知道自己不知道是用自己不知道的盲区在外部设定了一个边界，但当我们向内观的时候，如果能够清晰回答出下面这三个问题，就算知道自己知道：

（1）擅长如何解决问题？

（2）能够满足谁的需求？

（3）应该具备多少价值？可持续发展吗？

第一个问题回答起来比较容易，每次考试成绩、每个专业证书、每项任务、每份工作，都能帮助人认清自己解决问题的能力。从第二个问题开始，能回答清楚的人就越来越少了。

人类社会不比野生环境，一个人如果不能满足其他人的需求，就并无价值。虽然这一点很残酷，不符合主流观点所强调的“自我中心”论调，却无比真实。除了基础的生理需求，如吃、喝、拉、撒、睡等，人类拥有现在这般发达的大脑皮层，就是进化过程中大量的社交、分工、合作、竞争的结果。所以，现阶段人类的这些高级的思维功能和行动能力，向外是为了解决问题，向内也是大脑本身的乐趣和需求。大脑需要你干这些满足其他人需求的事情才有快乐和成就的满足感，这是客观事实。

我们从小接受的各种教育，其本质都是让我们脱离动物性，学习在人类社会中的生存本领——适应社会规则、满足社会需求。所以，在成年人的世界里我们不必过于避讳，可以直面这个真相：你能满足谁的需求？

我做过一个百人调研，回答问题的都是年满 24 岁的成年人。根据统计结果：上班人群中有 73% 的人回答能满足上级领导和同事的需求，其中医生都回答可以满足患者的需求（疑难杂症和不治之症除外）；上学的人群中，只有 44% 的硕士及以上研究生回答能满足导师或用人单位的需求（应届毕业生）；做销售和主播的人则很难清晰描绘自己能满足谁的需求，且没有足够的信心认为自己不可替代；创业者数据较少，其中技术创业者的回答更清晰一些，就是对该项技术有期待的用户，商业创业者则只能根据数据来描绘画像；投资人无一例外地回答自己可以满足社会的、LP（有限合伙人）的和创业者的需求。

这可以得出结论，不是每个人都清楚自己的服务对象和满足对象。但技能储备越清晰，对服务对象的描述和定义也就越清晰，对自己所应具备的价值也就越清晰。

心理学有一个名词叫“同一性”，是指个体在心理发展过程中形成的对自我本质的持续且统一的认知体系。这一概念最早由埃里克森（Erik H. Erikson）提出，是其心理社会发展理论的核心概念。简单点说，就是一个人清楚地知道自己是谁。

引用理论来讲，同一性包含三个关键维度：

（1）自我统合感：将过往经历、当下状态与未来预期整合为连贯的自我叙事；

（2）社会角色认同：在家庭、职业、文化等多重社会关系中确立自己的定位；

（3）自我价值承诺：形成稳定的价值体系和生活目标，建立对特定信念的忠诚感。

用白话讲，知道自己知道这个状态就是满足了同一性的三个关键维度：我知道自己是谁（自我叙事）；我知道自己能做什么、应该做什么，能满足什么需求（社会角色）；我知道自己要追求什么，以及如何判断追求过程中的是非与取舍（自我价值）。

这些话听起来仿佛是"正确的废话"，但在我们调研过的人群中，一旦开始认真思考这三个方面，只有9%的人能清晰、完整地回答所有问题。这也说明很多人在自我定位、自我边界、行为准则和目标追求方面始终处于懵懂状态，即便能说得很好也可能难以实际做到。

真的知道自己知道什么，也包含使用和践行这些对自己的定位和追求。臆想和自我标榜不能算知道，知行合一才是真正地知道自己知道，这也是少数人才能修炼出的珍贵状态。

不知道自己知道

不知道自己知道是一种特别好的状态，很多临界值的突破、很多跨领域的创新、很多新的开悟都源自这种状态。身处这个阶段的人，会保持对新鲜事物的好奇心，又能利用自己大脑的储备快速学习吸收新的知识。

需要注意的是，这种高级的状态是建立在特别优质的知道自己知道的状态之上。无论是储备信息的宽度、厚度还是联结度，都属于很好的知道自己知道的状态，只有这样的人才可能处于不知道自己知道的状态。

其实并不难理解，举一反三、触类旁通，就是说的这种状态。已经存储在大脑中的信息模块非常丰富扎实，且彼此之间的联结也复杂高效，当一个新的信息引发了关注之后，大脑会迅速网络化调用全部的储备信息来对新信息进行比对分析，无论从现象、数据、规律、逻辑还是美学的角度来讲，只要和已有储备信息存在相关性或相似性，就可以立刻吸收并进行去粗取精的转化工作，将新信息非常高效地转换为储备信息。

这就是为什么他们会最初不知道自己知道，但一接触就可以很快知道的原因。

很多突破性的甚至跨界的创新都产生于这种高级的认知状态——把几个已经各自通透的模块联结在一起碰撞激发，创造出原来没有的新成果。另外，很多百折不挠的伟大坚持也产生于这种高级的状态：在不知道自己即将面对何种困难的时候，有勇气慨然直面，用稳定的信念迎接各种未知的压力和挫折，并使用丰富多样的解决方案逐一克服，坚定地朝着目标前进。这也是王守仁所说的“物来顺应”“此心不动”的境界，也是毛主席所说的“敌军围困万千重，我自岿然不动”的自信。

一旦一个成熟的人形成了优秀的预判模式，包括但不限于价值观、方法论、原理、规律、范式等等，他就可以使用这些稳定的核心和优质的储备来迎接任何新的环境。尤其当一个人拥有很高的心态开放度的时候，就能和外界环境高频互动并快速迭代自己的储备信息，以实践为检验真理的标准，不断解决问题、不断优化算法、不断知行合一。

所以，当我们看到一个人有丰厚的储备、有谦虚的好奇、有坚定的信念、有认错的勇气，那就可以判断：这个人必然拥有非常好的心态开放度，他会努力向着所追求的目标迈进，成功的概率也远较其他人高。

5. 透明度高是好事吗？

在《三体》的设定中，三体人因为生存环境的极端严酷，进化出了思维透明性，他们无法隐藏自己的思想。他们的交流直接通过思维而无需语言，这使得欺骗几乎不可能。

心态开放度高的一个表现特征是透明度相对高。

这里所说的透明度，有点类似三体人的思维透明度，是指一个人所表达出的语言或行为没有隐瞒、没有欺骗，真实性很高，可以简单地定义为“有什么说什么”以及“直来直往、不要花样”。

很多人怕透明，常常采用隐瞒和欺骗的方式表达，是因为他们已经预判到结果——倘若自己实话实说，或者把自己做的事情公之于众，一定会遭受否定甚至惩罚。比如，当面批评领导或同事的思路不正确，或者当面评价其他人的外貌、能力，或者希望多占便宜少担责任，或者牺牲他人为自己谋利，等等。如果是在竞争中，把自己的策略方案透明出来，则会害怕被对手反制，导致己方前功尽弃、成为最终的损失者。

而透明度高的人不是勇敢无脑，也不是善良、真诚或单纯这么简单的原因，其本质是思维高度发达，因为他们接得住其他人的所有反馈，包括好的和坏的，接得住自己的透明引发的所有结果，对所有可能的发展结果预判得足够充分、足够细致、足够准确，所以才会采取透明的策略来输出。因为在他们看来，**透明的效率最高。**

一个人能做到高透明度，必然对其他人可能产生的反应有充分的准备，其他人配合也好、刁难也罢，无论如何此前所设定的大方向都不会受影响。高透明度其实是一种高维度的认知，对其他人而言是向下兼容，对对手而言则是降维打击。

桥水基金的前首席执行官瑞·达里欧就非常推崇透明的工作原则，他甚至要求桥水基金的每位员工都能保持透明，也会在会议过程中要求大家各抒己见，不必介怀矛盾或输赢，一切以最终的投资成绩来进行判定，会议中所有人的发言都留有记录。这样的工作机制会训练大家认真思考、积极发言，并为自己的观点承担责任，避免了大量虚与委蛇和低效信息。在这个实际案例中，每个人都有很好的教育水平和专业观点，每个人都被要求遵守相同的透明工作原则，那么彼此间的沟通、合作甚至竞争，也都是干货对干货，效率自然高。

历史上也有很多无解的阳谋运用于对手之间。阳谋也是谋略，只不过充分结合了既有规则和人性规律，即使公开自己的动机、策略和具体做法，对手依然无法拒绝参与、只能配合应对，最终还能实现自己的诉求。

汉武帝的“推恩令”就是经典案例。

汉初实行分封制，诸侯国势力庞大，曾经发生过“七国之乱”这样严重的情况，严重威胁中央集权。汉景帝曾用武力镇压，但未能根除隐患。汉武帝掌权后则不再直接削藩，而是颁布“推恩令”，要求诸侯将封地平均分封给所有儿子，而非仅传嫡长子，这名义上是为了实现“广施恩德”，实际上导致诸侯国越分越小，最终无力对抗中央。

推恩令以当时所有人都遵从的儒家“孝悌”和“仁爱”为道德依据，符合“父慈子孝”的主流社会伦理。如果有诸侯反对，那就等于公开承认自己“不仁不义”，这对于其统治的合法性会产生致命的打击。诸侯的庶子原本一无所有，推恩令赋予他们合法的所有权和继承权，这合理地对诸侯形成了压力，他们如果拒绝执行推恩令，家族内部就会爆发矛盾，甚至一发不可收拾。

单次分封对诸侯国的削弱看似微小，但经过几代传承，一个大诸侯国就会裂变为十几个小国，绝无可能与君主的统治抗衡。

这套“合法政策”毫无可反对或可挑剔的理由，各诸侯即使预判到了未来的结果，根据现有的规则也只能服从。而一旦封地开始再分，诸侯家族内部争夺利益的人性欲望也会成为他们的弱点，从中央的角度来看控制起来易如反掌。

这就是面对对手的高透明度的经典案例。

所以，真的把方方面面想明白，把其他人所有反馈的可能性都穷尽，就可以给出高透明度的表达。这不仅可以实现自己的目标，且能避免误解、猜忌、欺骗等无谓的消耗，是最高效率的沟通方式。

高透明度的优点就是效率高，当然需要一个发达的思维能力和开放度作为其基础。

《三体》小说中设定的三体人生活在三颗恒星（半人马座 α 星）的混乱引力系统中，极端恶劣的环境迫使他们进化出高度集体化的社会形态。个体的生存完全依赖群体的高效协作，所以才会有思维透明这样的状态，实现了极低成本的沟通，从而避免出现内部猜疑浪费算力。三体人通过思维的直接投射进行交流，他们的思想对同类是“可见”的，以满足三体社会高度秩序化的需求。在小说中，三体人个体难以脱离集体意志，创新和自由思想受到限制。

在现实中，我们没有办法实现三体人的真思维透明，也没有必要被迫成为一个完全坦白的透明人。我们可以保留自己的想法，可以为了实现自己的目的而采取隐瞒、欺骗等策略，但一定要清楚的是，对于大家所关心的目标和任务而言，如果一个人是高度透明的，所有表达都符合事实、具备依据和逻辑，那么这个人的心态开放度很高，内心坦荡、目标明确、算力发达，是可以高效合作的优秀人才。

与透明度高的人沟通合作，只需要关注观点本身，谁都可以直抒胸臆，谁说的对就听谁的，不会因把身份地位、关系背景、权力利弊等杂项代入而形成干扰，更有利于双方减少损耗，提升效率。同时，与透明度高的人合作，也大多是愉悦的。虽然沟通的过程可能会略显冷冰冰、直愣愣，甚至会让人不舒服，但所有沟通和形成的情感关系，都是全心全意为了共同的目标，这个大知层面的共同利益以及共同拼搏奋斗的过程，要比那些表面上好听的话和客气的态度更能让人感到安全和舒服，所形成的依赖和信任也更加持久。

本段总结

在本段中，我们力求能分析清楚一个人的心态开放程度，因为心态开放度高可以帮助一个人快速纠错、快速学习、快速优化、快速成长，持续形成相对最优的决策。一个人心态开放度越高，能触及的高度也就越高。

我们借用个体的生命发展阶段做类比，定义了第一套描述开放度的方式：

全开放的婴幼儿阶段；

高速成长的儿童阶段；

混乱轻狂的青春期阶段；

稳定有序的成年阶段。

随后，为了便于大家观察和判断，我们又描述了四种认知状态：

狂妄：不知道自己不知道；

谨慎：知道自己不知道；

踏实：知道自己知道；

好奇：不知道自己知道。

大家可以用这四种状态判断一个人在某个领域的认知状态，从而判断出他可能持有的开放度。

第九段　使命愿景

学习完九段识人法则前面的八段，我们可以非常准确地评估一个人的过往、现状和未来趋势。如果你正在找人，在面对一个足够优秀的人时内心难免会激动。这时，如果他想要做的事情恰好也是你想要的，那么大脑立刻会因为共同的愿景而分泌多巴胺，让人精神抖擞、满怀期待。也有的人喜欢说“这件事让我有很强烈的使命感”，一个词就能表达出那种积极的心态和全力以赴的斗志。因为使命和愿景意味着这是他的奋斗目标，他会去尽全力追求，你无须担心他的意志品质和决心，无须从外部进行监督和鼓励。

但有点麻烦的是，现在几乎所有人都会说这两个词。

1. 使命愿景不是海市蜃楼

一些好听的流行词汇

现在有些人无论是否真的有实力和有决心，都会说很多流行的漂亮词。比如，使命、愿景、格局、眼界、vision、insight 等等，当这些词漫天飘舞的时候，投资人的多巴胺也可能被激活得漫天飘散。我们先来做个简单的翻译和定义，然后再展开讲讲如何辨识真伪。

Vision，直译为视力、视觉，引申为看到的未来美好的样子，也就是梦想的意思，还可以引申为看到了别人看不到的真知灼见，所以也有洞察、先见的意思。显然，在描述一个伟大的事业时，使用这个词的人不会是指的物理视觉，而更倾向于其梦想、愿景，或者深刻的理解和真知灼见。

Insight，直译为洞察力、见识、深刻的理解，用中文里的“懂行”就足以贴切概括。

眼界，指看到过的东西和希望看到的东西，“眼界狭窄”指的是没见过世面，“眼界开阔”则指的是阅历广泛，自然也就追求高远，这和“会当凌绝顶，一览众山小”有异曲同工之妙。

格局，这个词很有意思，既包括了追求的目标，也包括了包容或计较。如果形容一个人“格局很大”，那么此人必然目标高远，为了这个目标可以海纳百川地包容。如果形容一个人“格局太小”，显然是因为此人追求的目标太小，因此会计较很多琐碎的小事，不能包容。

使命，直接的意思是被委派去办理的任务或命令，引申为重大的责任。所以，在使命这个词里隐含着一个甲方，也就是发出命令的人、赋予任务的人，或者说就是身怀使命的人要为其负责、向其汇报的人。虽然，现在人们嘴里常说的使命感都来自自己内心深处的责任感，没有谁给他们下命令，但细究的话，还可以问问，“你完成这个具有使命感的成就后，最希望得到谁的认可？”

愿景，可以直接理解为愿望中的景象，也就是远大的目标和美好的梦想。

把这些投资界流行的高尚词汇解释清楚后，我们不难发现其中的规律。如果这些词义指向现在的深刻见解，就是九段识人法则中在第三段“底层储备”中所讲的既有能力水平；如果这些词义指向未来的追求，就是九段识人法则中在第四段“知行高效”中所讲的大知，自己付出的所有努力最终希望成就什么目标；在眼界和格局两个词中，还多少隐含了一些高阶知行合一的能力——排除干扰。

因此，我们把上述流行词汇用“使命愿景”概括起来，作为第九段识人法则的考核指标，旨在基于前八段的判断基础上，重点辨析这些伟大的目标和**自我成就的驱动力是真是假**。

与第一段和第二段中所讲的防骗方法不同的是，我们现在所面对的这些人，都经过了前面八段的分析和考察，具备大量客观的信息支撑，他们不是浅薄的骗子，而是具备一定实力的优秀的人。如果这些人真的在追求他们心中的愿景，完成他们感受到的使命，那就是完美的状态。如果他们只是把这些好听的流行词汇随口说说，尽管他们有不错的实力和优秀的品质，也经历了前面八段的考核，也无法通过第九段的考核。

事实上，真的能通过第九段考核的人是有的，但确实难得。

有底层储备，才有资格谈愿景

我有一个比较熟的朋友，跟我认真地讲过他的“终极愿景”。

裘博士的本、硕、博都是计算机专业，当时年纪已经过四十岁，家里一儿一女，生活稳定。裘博士软件开发能力很强，对算法也有心得，且一直保持与时俱进的学习状态，没有被世界上飞速变化和升级的技术甩落马下。他之前在国际大厂上过班，做过部门副总，领导开发的产品也拥有很大的用户数量。后来辞职自己开公司，最多的时候有 80 多个员工，公司的生产和营收搞得相当不错。

他说，他最近刚刚确定了自己的人生终极目标：搞一家公司，生产可以折叠变形的科技轮椅，辅以自动驾驶、台阶爬升、试听辅助、人工智能陪护等功能，提高老年人和残疾人的生活质量。他还追加了一个说明，说这款高科技的智能轮椅不必搞成钢铁侠的全战甲模式，不必添加低空飞行功能，因为老年人既不需要防护武器攻击，也不需要通过飞行的方式来提升行动效率。之所以想要折叠变形，其实是受了外骨骼装备和脑机接口技术的启发，可以让行动不便的老年人平时坐轮椅出行，遇到必须行走或爬楼梯这样的环境，就一键变形成外骨骼装备，帮助老年人克服行走障碍，同时保证安全。自动驾驶和脑机接口技术嫁接在这种设备上，不需要老年人顾虑太多安全问题，只要提供基本意识指令完成复杂动作即可。

他说，随着全球医疗水平的提升，绝大多数社会都会步入老龄化，老年人对此的需求只会越来越多。银发经济恰如早晨六七点钟的太阳，刚刚呈现出巨大的发展潜力。这个设备的科技含量和社会价值都很大，也是自己喜欢的风格，自己老了还能亲自使用测试，估计到时候公司的股价会节节攀升。

他在讲这一段的时候，眼睛里有光。看得出来，他是真的兴奋，真的有热情，真的有期待。

我也很有兴趣地听他讲完，告诉他这个设想完全值得成为一个人的终极愿景，之后问了他第一个问题：“对这个愿景，目前你有哪些底层储备？”

他愣了一下，开始思考。

我给他解释了底层储备的意思，并列了几条关键思路供他参考：

普通轮椅目前属于二类医疗器械，你对这个市场的产业链和资质要求了解多少？

普通轮椅加装了其他复杂的功能之后，也就是加装了折叠变形、自动行驶、人工智能陪护等功能之后，属于机器人产品，还是继续保持二类医疗器械性质？

你现在擅长的是软件开发，对机器人相关的硬件产业链了解多少？要做折叠变形，电池、传动、轴承、材料、外骨骼、视觉、雷达、脑机接口、健康监测等等领域，有多少储备？

这样的设备成本大概多少，售价多少，国内有多少老龄人口（含其子女）可以购买？

如果这个创意公布，市场上会有哪些竞争对手加入这个赛道？他们目前的优势产品有哪些？你的核心竞争力是什么？

列举出折叠变形机械设计领域的三个公认大牛。

列举出动力总成领域的三个头部企业。

列举出外骨骼设计制造行业的三个主流技术方案。

列举出健康监测软件、驾驶（机械）控制软件、自动驾驶软件、人工智能陪护软件的头部供应商。你是做软件开发的，这个题可能更熟悉一点。

听完最后一个问题，他倒吸了一口冷气。

皱着眉头想了一会儿，他开始回答我的问题："我明白你最后一题的意思，虽然我对软件行业熟，但这题我也没把握回答，隔行如隔山，更何况你的问题也不是问我能不能在开发能力方面胜过他们，而是有没有可能把这些不同的东西整合进一个微型平台里。这是做系统，不是做应用软件的范畴，而且难度要比做汽车的车机系统大很多。我是搞应用软件开发的，这个离我最近的我都没把握，其他就更是近乎文盲。"

我没说话，只看着他笑笑。我觉得他真的很聪明，这么快就理解了底层储备的意思。

他又不甘地抬起头，眼睛里依然有光，认真地说："但我学习能力强，你问我的这些问题，我觉得我认真去行业里调研学习，几年时间足够掌握情况。而且，我一个人一家公司肯定干不了所有的事，现代化生产就是要集成，要整合产业链里所有的成熟方案，我只要找对人、找对合作企业就能解决大部分问题。"

我说："理念是对的，我也相信你可以。但记得真的要去做。等过几年，你对前面的问题都了然于胸，再试着讲一讲你的人生终极目标，如果那时你还有现在的热情，差不多就可以启动了。"

他问："那别人是怎么开始搞机器人、搞外骨骼、搞科技医疗设备的？"

我答:“那你是怎么开始搞软件开发的?”

他没说话，但我知道他在那一刻，彻底理解了底层储备的意思。

阶段性目标谈得上使命，谈不上愿景

使命感，是个听起来坚定而伟大的词，里面的意思既包括了“这是我应该做的”,也包括了“有一股伟大的力量在赋予我力量和责任”,还包括了“为了完成使命,在所不惜”的意思。“使命感”一词其实特别贴合心理学中所讲的“内驱力”,第一认为“这是我要做的事情”,第二认为“我可以做好这件事情”，两个因素齐了，内驱力也就产生了。

不同阶段的创业者会有不同的目标,绝大多数目标用不上“愿景”这样的词来描述。如果创业者用了“使命感”来描述，在特定条件下是可能成立的。

初级创业者的愿景是挣到钱，财务流实现自给自足，这样不用打工上班失去自由，还能体会一下做公司掌控权力的感觉。

“我的使命就是靠自己挣到钱，自己给自己当老板，给自己自由和尊严，不去做受气的牛马。”这里的“使命”，既要对自己的生存负责，也要对自己的“自由”负责，是自己给自己的使命，用在这里能成立。

第二阶段，公司有了稳定的生意，招募员工，正规经营一开始，房租、工资都是硬成本。这个阶段的创业者会尽自己一切努力保证公司活下去。这时他们的目标是业务稳定、公司存活，万一运气好，也许能挣到更多，规模更大。

“我的使命就是不亏本，能给员工发够工资，自己还能有结余，公司能活下去，业务能多一点儿。”这里的使命感，除了要对自己负责，还要对员工负责，要让公司存活下去。责任多了一些，任务重了一些，来自外部的压力也大了一些。

第三阶段，公司真的挣到了钱，创始人实现财富大收益，创始人这个阶段的愿景是实现阶层跃迁，见更大的世面，玩更大的游戏。

“我的使命是让自己的生命变得丰富，不再做普通人，这世界这么大，我有资格去看看。”这里的使命感其实没有具体目标，也没有具体责任，更多是一种摆脱了“不堪过往”的爽快和对未来的兴奋。觉得之前的自己很卑微，想要提升和扩张，“使命感”用在这里就有点欠妥了，突出了一种翻身就算扬眉吐气的强烈个人情绪。

再升一级的话，大家的愿景各不相同，有的创始人希望进一步加强企业竞争力，实现（接近）垄断，更容易挣更多钱；有的创始人会集中全力钻研，希望实现技术方面的突破；还有一类创始人的愿景是使自己和自己的企业成为社会中有影响力的一员，通过方方面面努力来满足社会发展的需求，促进社会进步，让人类生活变得更美好。

这时候，他们会讲述各自的使命感。看他们所处的不同阶段，看他们各自阶段的不同追求，看这些“使命感”潜在的含义中是在对谁负责，试图获得谁的认可，就能知道他们讲这些话是出于真诚，还是出于追求流行的辞藻。看细一点儿，我们就不会被随意使用这些高级词汇的人所误导。

为了养家糊口努力打拼，是值得赞许的照顾家庭的使命感。拼尽全部，不问荣辱，只为做出自己想要的东西，是值得尊重的人生价值使命感。抛家舍业只为国家做贡献，更是值得赞许的无私使命感。

“使命感”这个词的所指有可能目标很小，是迫于压力的，要向具体的人或者机构负责，也有可能目标宏大，没有谁给他压力和任务，只是自己的毕生追求，甚至是向社会和全人类负责。但无论如何，只要人们在用这个词的时候确实是在为之付出奋斗，就符合了我们在第四段知行高效中讲的知行合一。小知有小知的知行合一，大知有大知的知行合一，都能使用“使命”一词来表述自己有目标、有奋斗、有责任感。

“使命感”的反面案例

我认识一位大佬，他自述的愿景非常高级，但故事结局让人无奈。

大佬年轻时就以优异的成绩毕业，顺利加入了硅谷的科技公司，赶上了行业最好的时候。从美国大厂获得第一桶金辞职之后，他回到中国创建了自己的公司，又赶上了几年前中国移动互联网应用行业发展最旺的时候，带领公司打造了很好的产品，取得了不错的市场业绩，使得公司和他自己名噪一时。

第二桶金实现了财富自由，他再度带领一些人搞起了自己的基金，专门从事一级市场的风险投资。

大佬有很广的人脉，融资能力也很强，新基金募资顺利，招兵买马开始扩展业务，每次开会都特别强调要投出最牛的企业，不但要挣钱，还要产出好的社会价值，要投出能让社会进步的企业。**他说这是**

他的愿景，对这件事，他有很强的使命感。

初来乍到的小伙伴一开始都干劲儿十足，但随着时间的流逝和业务的推动，大家却发现很多地方不对劲。比如，一些明显有问题的人会被投资，一些业务上跟风的公司会被投资，甚至一些主打短平快的短线公司也会被投资，但一些明明很硬核、拥有原研科技的企业却因为几年内挣不到钱、对资金的需求又大被屡屡拒绝，得不到他们想要的支持。

此外，在每次季度会议上，大佬真正关心的是 ROI①，每个季度都要计算一次、比对一次，虽然说这是给 LP 的数据汇报，但他强调的用力程度却足以让他忽略了除此之外的其他问题。有些人员管理、财务管理已经出现漏洞的公司，把关键数据做得很漂亮，让大佬拿到一个好看的 ROI 数据，就能蒙混过关。种种短线利益关注和大佬所标榜的投出长线企业相去甚远。

业务上没那么认真，季度会的休闲旅游却搞得有声有色。在全球范围内挑好地方，著名海岛、雪山、沙漠、湖畔，住最好的酒店，玩最爽的项目，桨板、冲浪、跳伞、直升机、火山徒步，公司在这些方面的投入非常大方，承接服务的旅游公司也对大佬和每一位员工毕恭毕敬，就像对待自己的老板一样周到。

五年后，面对 LP 的质疑，大佬陷入了深深的困惑，五年内投资

① ROI, Return on Investment 的缩写，意为投资回报率。ROI=(税前利润或增长 / 投资总额) × 100%。

的企业没有一个能拿到理想回报，大部分投资资金都不了了之。同时，很多思路不合、理念和追求不合、业务能力却很棒的小伙伴都陆陆续续退出。之后，大佬的基金再也没有什么像样的投资成果出来。

Insight 的高维度和低维度

投资人常说的“某人对某件事情有 insight”，也就是我们翻译成的“懂行”，其实也分高、中、低维度，并不是一提到 insight 就代表理解通透。用九段识人法则中第五段所讲的升维思考能力来考量，可以得到更清晰的结论。

对一件事情、一个体系、一个行业的懂行，基本上可以分成三个级别。

初级懂行就是懂技术、懂方法，能解决眼前问题，例如能计算、能编程、能销售、能执行规则以实现目标。**高级懂行**是理解原理，掌握方法论，可以预判未来变化，保持自己技能的优化迭代，解决未来可能发生的问题。**深刻懂行**是能看懂各种现状的成因，透过现象理解本质，并牢牢抓住问题的本质，从根本上避免不利局面的发生，甚至找到其他人无法认识到的机会和因素，创造新的局面，从而影响和改变整个行业。

我们以 2025 年美国发起的、中美之间以关税为手段的“贸易战”为例，说明这三个不同的懂行级别。我们先来回顾一下客观发生的实际情况。

回顾事实

第一回合（2月）

美国:2月1日以“芬太尼问题”为由,对中国商品加征10%关税。

中国：2月4日对美煤炭、液化天然气加征15%关税，原油、汽车等加征10%关税。

第二回合（3月）

美国：3月3日对中国商品追加10%关税（累计20%）。

中国：3月4日对美农产品加征10%—15%关税。

第三回合（4月初）

美国：4月2日美国对全球180多个国家实施“对等关税”，单独对中国加征34%附加税（综合税率54%）。

中国：4月4日宣布对美所有商品加征34%关税。

第四回合（4月中）

美国：4月8日将中国商品税率提至104%（含此前20%），9日再加码至125%。

中国：将对美关税同步反制至125%，并声明“鉴于在目前关税水平下，美国输华商品已无市场接受可能性，如果美方后续对中国输美商品继续加征关税，中方将不予理会。”

第五回合（5月）

中美双方在日内瓦谈判后达成协议（5月12日）

美国：取消针对中国输美商品的91%加征关税，暂停24%关税90天，保留10%基础税率，对芬太尼相关商品保留20%的关税。

中国：同步取消 91% 反制关税，保留 10% 基础税率，对部分敏感产品（如稀土）维持非关税限制。

实际上，这一波跌宕起伏的数字关乎每一个普通人的具体生活。怎么去理解双方的复杂博弈和可能产生的实际影响呢？

不懂行

在现行国际贸易的绝大多数情况下，关税由国内进口商来负责缴纳，然而很多人虽然身在局中却并不清楚。很多人认为提高关税是给出口方设置难题的好方法，“你卖东西从我们国家挣了钱，既然你要多卖东西，你就应该多交关税。我提高关税你就要选择取舍，你要么自己承担关税成本少赚一点，要么把关税计入成本提升价格。价格提高肯定会不太好卖，那就找我来谈。”这种对关税的理解还停留在古希腊的零售游商时代，已经远远不符合实际情况了。

初级懂行

从业者是懂行的。从事贸易本身或关税工作本身的人，对于相关的数据和信息会非常熟悉。他们了解进口国的法律政策，牢记进口国针对不同国家、不同货物的关税比例，对各种登记、检验流程非常熟悉。进口商很懂商品行情，知道哪些国家的货物质量更好、价格合适，知道自己需要进口的数量和可以操作的价格空间，也明确国内的销售途径和预期利润空间。出口方当然更明白自己的产品优势和合理价格区间，能和进口商之间进行清晰的谈判并约定合同，并根据实际需求设定自己的生产计划。

所以，他们能熟练解决各类跟国际贸易相关的技术性问题，相对于不懂行的人来说有比较专业的认知水平。

高级懂行

懂的更多的人会看得更远，不仅仅聚焦在关税和贸易价格本身，他们的 insight 更进一步。

他们对关税税率保持高度敏感，因为任何风吹草动都会带来收益和利润的直接变化。假设关税被提高 10%，出口方和进口商都会计算自己的价格变化和销量可能受到的影响。他们彼此间会讨论一个双方都能接受的新价格来应对关税的波动。在 2025 年发生的中美关税贸易战中，美国政府提高关税后，就有美国进口商向中国的出口企业反馈，“没有关系，即使是现在这个高得离谱的新关税税率，也不会影响我们之间的交易，所有新增成本我们都可以承担，你们只要能继续供货就行。”这些决策，显然是经过计算之后的理性决策，也直接说明了进口国对于相关商品的刚性需求。出口方也会根据这些影响因素的波动，提前做好自己的生产计划和成本控制，并找到尽可能多的销售渠道来应对可能发生的不利局面。

除此之外，还有很多人会根据这些数据的变化对经济形势做出衍生判断。比如，如果关税提高导致货物进口量减少，那么国内进口相关的港口业务、运输业务和销售业务都会随之减少，整条相关产业链的价值会大大缩水，从事这条产业链的工人收入也会相应减少。商品减少必然会造成物价上涨。原材料的涨价还会层层累积，最终导致零售端商品的更大幅度涨价。收入减少，商品价格上涨，会直接影响人民消费能力和生活质量，这又会引发宏观货币政策的变化和政治环境的变化。另外，人们还会预判关税的变化会对哪些行业甚至企业产生巨大影响，那么接下来在股票市场和期货市场应该做多还是做空，不同的人会有不同的决策，大多数人会根据对市场的预判买进卖出，有些人还会预判大多数人的预判，把握股市的反应伺机狂赚。

深刻懂行

还有一些人对纷繁混乱的局面理解得更加深刻，因为他们不仅仅懂得表面上的经济数据波动，更能深刻理解眼前一切现象的成因。这种懂行的程度，才是真正的"insight"。

为什么进口国会做出提高关税的政策？他们的目的是多挣些税钱，还是为了保护或者建立自己国内的产业链，还是为了打击出口国的生产和贸易，还是有其他没有明说的目的？作为出口国应该怎样应对才能最大限度地保护自己？

在前述关税战的过程中，美国不断提升对华关税税率，招数频出，如果真的跟随对方的节奏来应对，很容易陷入全面的被动，因为美国的真正意图并不在于贸易本身。

实际上，在中国将对美关税对等反制提升至125%之后，美国政府于当地时间4月16日，曾经非正式地威胁过，要将中国输美产品关税提升至245%。

就此，中国外交部发言人回应称，"中方此前已经强调，美方对华轮番加征畸高关税已经沦为数字游戏，在经济上已无实际意义，只会更加暴露出美方将关税工具化、武器化，搞霸凌胁迫的伎俩。关税战、贸易战没有赢家，中方不愿打，但也不怕打。如果美方继续玩弄关税数字游戏，中方将不予理会。倘若美方执意继续实质性侵害中方权益，中方将坚决反制，奉陪到底。如果美方真的想通过对话谈判解决问题，就应该停止极限施压那一套，停止威胁讹诈，在平等、尊重、互惠的基础上同中方对话。”

这就是看懂了对手的动机，不为表面现象所干扰的稳定、清晰、准确的判断。也正是因为这种高维度的透彻理解，才能穿透现象看本质，做出有效的对策。

当然，这背后还有全力建设“一带一路”的新多边贸易体制、科技实力的提升、军事力量的建设等等一系列举措，是纵览全球政治格局和经济格局之后所做的全面应对举措。

容人度会影响格局

格局大很好。

格局大，说明追求的目标大。一个人只追求温饱舒适的话，不必有也不会有大的格局。

格局大，也说明能容纳的多。为了追求伟大的目标，可以用大智慧容纳不同的人，能够容纳困难和挫折、容纳非议和误解，也不会跌倒或迷失在自己的狭隘欲望中。

所以，格局大就意味着不贪恋自我，不计较偏狭，他们容纳的事情多，追求的目标大。

历史上，唐太宗李世民对各方人才的包容，就是大格局的经典案例。

很多人都知道李世民和魏徵的故事。魏徵正言直谏，李世民从谏如流，在历史上形成了一段明君诤臣的佳话。

但大家可能不知道的是，魏徵跟随李世民之前，是太子李建成的人，不仅在政治上是李世民的对手，而且屡屡给太子李建成出谋划策，希望削弱李世民的影响力，巩固太子的地位。

例如，武德五年（622 年），窦建德的旧部刘黑闼勾结突厥寇犯山东。魏徵建议李建成去请战立功，因为在李渊的三个儿子中，李建成虽然是嫡长子，但是功绩不如李世民，不利于将来的皇位争夺。李建成听从魏徵的建议，主动向李渊请命出讨刘黑闼，最终将其擒斩，平定山东，给自己积累了战功。类似这样的事情，魏徵在李建成麾下一直在用心用力。

武德九年（626 年）六月，李世民发动了著名的玄武门之变，诛杀李建成与齐王李元吉，魏徵也被俘虏。李世民听说了魏徵的才能，也知道他此前没少给李建成出主意，便问他为什么要离间他们兄弟。

要知道，这个时候的李世民掌握了绝对权力，不会有任何顾忌。但魏徵只是据实回答：先太子要是按照我说的去做，就没有今日的祸事了。

一般人听到这样的回答会怎么做?

会暴跳如雷，因为这话里有对抗、有惋惜、有高傲，就是没有归顺和服从。但李世民早已看重魏徵的才能,他心中所图的根本不是魏徵的服不服气、顺不顺从，更不会在意自己是否具备让人害怕的威严，而是此后政权巩固和国家建设对人才的需求。所以，李世民根本没有计较，将其赦免，授为詹事府主簿，从此将魏徵的才能为己所用。

事实上，李世民之所以能干出伟大的事业，和他超高的容人度存在直接的因果关系。

除了魏徵比较有名之外，李世民麾下有一名武将也同样有名，叫做尉迟敬德，后世也称之为尉迟恭，和秦叔宝俩人还成为中国民俗中的门神。尉迟敬德是李世民的前敌人“定杨军”刘武周的部将，曾经在战场上数次击败过李世民的手下，也是李世民击败“定杨军”之后的降将。就是这样一个前脚还在跟唐军杀得昏天黑地的“血仇”敌人，后脚就得到了李世民的重用。而且李世民“用人不疑，疑人不用”，委任尉迟敬德为自己精锐骑兵的统领。这么深度的信任，连身边人都看不下去了，提醒他要提防尉迟敬德，否则有反叛杀身的危险。但事实证明，李世民的眼光和容人策略没有问题，尉迟敬德也用自己的忠诚在后面的数次大事的成败中起到了至关重要的作用。

不止魏徵和尉迟敬德是前“仇敌”,很多李世民麾下的英才都具备类似的“前对手”身份。

还有很多不是敌人的人才，也纷纷投入李世民麾下贡献力量。其中具有代表性的两个人，就是有“房谋杜断”美称的房玄龄、杜如晦。他们是在李世民攻打完长安后主动投奔过来的。房玄龄善于出谋划策，遇到事情会给出系统而缜密的应对策略供李世民参考。杜如晦则善于分析和判断这些策略的优越性和风险点。他们不但成为李世民的决策智囊，还为他介绍和推荐了非常多的人才。

能容下对手，能容下异见，能用妥当的方法和所有聚在身边的人才相处，并发挥他们各自的才能，这样的心胸和能力，是一个优秀的领导者才具备的品格。

学习这样的绝佳案例，才能真的让我们理解什么是格局。

对于个人而言也是如此。

当一个人拥有了真实的高水平底层储备,就能解决高价值的问题。

当这个人拥有了知行高效的行为模式，明确了自己的目标并保持知行合一，就能少走弯路，排除干扰，提高效率。

当这个人拥有了升维思考的能力，对于事情的判断会变得清晰而准确，决策正确率将大幅提升。

这样的人能够做到一个个体的极致高水平，但也会面临个人能力的临界值。

要想解决更复杂的问题，控制更多因素和资源，覆盖更大领域和范围，实现更有价值的目标，就必须要做到容人有度，对不同的人用不同的策略和态度，该团结的团结，该斗争的斗争，把朋友变得多多的，敌人变得少少的，求同存异，一起推进事业的前进和发展。

情绪决策会影响格局

格局大，就要多容人、多容事，只要对大局有利，可以胸襟旷达，海纳百川，无所不及。

这也是王守仁所讲的“致良知”“知行合一”的核心价值观。大知既定，此心不动。

那么，在这个实现目标的过程中，如果不能控制自己的情绪，则很有可能在重大压力面前决策失衡。我们在九段识人法则的第七段情绪稳定中曾经讲过，情绪会对决策产生重大影响。格局大、胸怀广的人，必然不会随意释放和放大自己的负面情绪，即使面对不利信息和恶意刺激，也能稳如泰山，不忘初心。

我们要特别注意一个人在各种情况下的情绪表现，重点看看他会计较什么，着急什么，担心什么，得意什么。

有的人会计较待遇的好坏，挣钱的多少，如果吃得好、外表光鲜，就会感到满足，反之则会觉得自己被亏待了，不值得为了这样的事情而奋斗；有的人会计较累不累、工作时间长不长、难度大不大，甚至计较竞争激烈不激烈，而忽略自己的职业责任和应尽义务；有的人会计较身份地位的高低，动不动就和其他人暗自比较，对于年龄、资历、身份地位不如自己的人莫名其妙产生鄙夷和轻视，对比自己身份地位高的人则谄媚讨好，趋炎附势。心中有这些杂念的人，显然不会有好的格局，也不会为了自己的目标而全力奋斗。

有的人会为收益太低而着急，有的人会为成本不够而着急，有的人会为技术瓶颈而着急，有的人会为市场上的不公平竞争而着急，这些为事业本身而着急的，都属于正常现象，也是用心的表现。但是，有的人会因为自己的权力和影响力而着急，当别人对他不够顺从和不够尊敬的时候会怒火中烧，对规则无视，对事情发展也毫不关心；有的人会为自己的名誉和风评而着急，当遭受到揶揄讽刺时会停下手里的正事，花大力气来争辩，甚至投入巨大资源来试图消除争议和负面评价，不接受非议和批评。但对于一个情绪稳定的决策者来说，有效的批评和非议，哪怕是恶意的和轻蔑的，都是有效改进的建议，如果比对确认为无效的流言蜚语，则完全可以不入耳、不入心。

有些人的担心属于杯弓蛇影，有点风吹草动都会警惕紧张；有些人的担心属于杞人忧天，没有客观情况发生也会习惯性地设想出一些可能性把自己当作受害者。这两类人的不合理担心都源自认知能力弱，进而形成了悲观的判断习惯，会从不好的起点对未来的发展进行预测，容易增加成本，降低效率。与此同时，他们还有个致命的缺点，就是当真正的困难和压力来临的时候，容易比其他人更快情绪失控，导致不合理地做出或战或逃的极端决策。

有些人会因为一点小成绩而沾沾自喜，有些人会因为一时的顺利和风光而得意忘形，全然忘记自己的使命和追求。这种很容易就喷发出来的喜悦情绪，尤其是超过实际成果价值的喜悦情绪，也是实现伟大目标的软性障碍。因为，真正能促进事业发展的愉悦情绪，是积极的期待和乐观的精神，以及经过努力之后实现成果的自我认可。因为深深地知道得来的不易，所以这种自我认可必然同时包含着坚韧和谦虚。而来得太容易的成果，特别容易引发自满和得意，只有那些没有艰苦奋斗过的人才会产生小题大做的快乐和傲慢，这样的人也必然没有能力和意志去完成更复杂、更艰难的挑战，也就自然没有能力实现更高价值的目标。

所以，情绪不稳，格局不会大。

开放度和好奇心会影响格局

一个人如果能拥有第七段的情绪稳定能力，结合前面第三段到第六段的各种能力，已经可以取得优秀的成绩了。

前辈们曾经创造过的辉煌，这个人有可能通过模仿、学习、致敬来重复实现同等规模的成就。

但如果人人如此，人类的文明就会有明确的、固化的临界值，因为没有人能超越前辈们的认知，突破前辈们的边界，走出前辈们没走过的路。

比起满分答卷来讲，取得卷面题目之外的突破性分数更具价值。人类的文明也正是在这种不断突破已有边界的更迭之下，才得以步步向前延伸，层层积淀深化。

因此，更加高级的愿景，不仅仅是想要复刻前辈的辉煌，也不应该是对已有知识的重复表述，而应该是更加深刻的 vision 和 insight，是站在巨人肩膀上的开拓和突破。这一切都需要具备很高的心态开放度。

高的心态开放度，需要一个人本身就具备了良好的底层储备和知识结构，在知道自己知道的前提下，打开思维的雷达，敏锐捕捉可能形成突破的新信息。当大量信息涌入的时候，可以通过与已有储备的比对，挑选新的、更有效的信息进行更迭存储，把陈旧的、谬误的、落后的信息高效删除，这就是建立高开放度的基本过程。

更加难得的是神经网络的关联能力。当一个人的大脑拥有了良好的储备，就如同建立了丰富的数据库，他不但能将这些知识储备加以应用，还能把原本没有关联的知识储备进行巧妙的关联，通过好奇心激发出新的可能性，建立更丰富的神经网络连接。这种连接一旦形成，就会产生前人未曾发现的新猜想，再经过实践的验证，形成可以指导实践的新理论。

没有打开思维的能力，就没有产生突破的能力。所以，一个思维固化、偏执自负的人来谈 vision、insight 和愿景，要么是在重复他听过、见过的样子，要么就是信口编造了一个美丽世界。

而心态开放度越高的人，也就有可能走得越远，攀得越高，乃至突破目前的极限。有这项能力的人去讨论 vision、insight 和愿景，才更有实现的可能性，也更具价值。

极致使命愿景：只想做好那件事

当我们用底层储备、知行高效、升维思考、容人有度、情绪稳定和心态开放这六段标准拆解完那些华丽的流行辞藻之后，我们将用**“使命愿景”**一词来作为代表，阐释其成为九段识人法则中的终极考察标准。

需要注意的是，第九段考察标准的使用须建立在前八段考察的基础之上。

因为，使命愿景不是海市蜃楼。

往往投资人和创始人聊到这个词的时候，双方都知道是在抽离眼前的具象而聊未来，投资人想看看创始人自己觉得能做多大、能走多远，创始人则经过前期种种交流和考验后，终于可以若真若假地抒发一下情怀，展望一下自己的未来了。其中有些人是纯粹地寻得知己吐真言，也有些人就是信口开河画大饼。

大家都是精英，都接受过高等教育，谁还说不出个像样子的使命愿景呢？

然而，真正的使命愿景其实都是知行合一体系中的大知，要有非常具体的行动来匹配，那才是一个优秀的人心中取之不尽的力量源泉。真正的大知不是说，而是做，正像王守仁说的那样，要在“事上练”，点点滴滴的努力都应该符合其自述的使命愿景才对。

因此，要考察一个人心中的使命愿景，千万不要只听他说那些理想的语言，还要谨慎求真。

2. 见微知著，谨慎求真

要考察一个人心中的使命愿景，要特别注意以下四点：

他的投入有多少？

不要说“留出精力做大事，细枝末节可以不必亲躬”。大事都是点点滴滴的细节累积出来的。在自己的使命愿景中，每件小事都足够重要。

他会“死磕”什么？

“死磕”一词最早源自京津地区的市井俚语，形容打架斗殴时“拼死纠缠”的状态，后逐渐被抽象化为一种精神符号，指**不计成本的坚持**，其中“死”字可以理解为“宁死也要”地不计成本程度，“磕”字就是纠缠、坚持、对抗的意思。一个人为了什么会进入“死磕”状态，可以作为评定其使命愿景的精准指标。

除了舍得投入大量时间、精力和成本之外，死磕的精神更集中表现于**对高标准、严要求的坚持**，苦和累都不算什么。有的时候其他人还会不理解：“这人为什么要在这么小的地方死磕啊？”

2025 年春节，一部中国动画电影《哪吒 2》取得 150 亿的电影票房，不但创造了中国电影史的新纪录，而且登入全球动画电影票房榜首，位居全球电影票房榜第六位。电影导演饺子和制作团队接受采访时都表示，“有时候对动画细节要求很高，每一帧上不满意的地方都可能返工上百遍，一段哪吒突破穿心咒的 10 秒镜头，整整做了一年时间，就是抠细节。”外人都不理解，认为观众根本不可能在短短几秒内看清楚这些费心费力的细节，但导演表示，“我们就是希望把自己想做的东西做到最好，而不是为了应付观众，也不是把票卖出去观众不挑毛病就完了。”

饺子导演下面的这段话，可以精准地解释什么是使命感和心中的愿景，也是我们判断一个人是否心怀使命愿景的绝佳参考。

“观众的眼睛是雪亮的，认没认真，真的一眼就看得出来。我们一开始设定的目标就是尽量先设定自己完不成的目标，然后再拼命完成。

好不容易得到的机会，观众既然喜欢，而且这么期待第二部，如果我随随便便把第二部给端上桌了，这个不符合我们的追求。

“我们第一部怎么出来的，我们得牢牢记住，那就是死磕出来的，是拼出来的。第一次我们只有 1600 多人参与到这个制作中，第二部有 4000 多人参与其中。因为观众给了我们这做《哪吒 2》的机会，我们必须珍惜，我们用心的投入，观众一定看得出来，只要看得出来我作品就没白做。

“（做得这么精致）也不是为了故意炫技，只是觉得好不容易得到一次机会，我巴不得掏心掏肺把我所有想实现的东西全实现出来。每一步都花时间。所以一开始磨剧本的时候，本来我挺有信心的，（没想到）后来一共改了 66 版剧本，每次过来光线（出品公司）我都是硬着头皮，（因为知道）批判大会又要开始了。所以剧本磨得非常辛苦，但好歹是磨出来了。

“但磨出来了之后我想，剧本既然磨得这么辛苦，那么做人设的时候、做场景设计的时候，我一定得把关把好，要不然对不起剧本。这样就把那些设计人员折磨得非常痛苦。那一关折磨过去了，画分镜头的时候（再来）。既然前面两关很难过，下面这些我一定得把控好点……

“就这样，每一个环节都是这样的心态过来。因为前面那个地基已经起得很高了，后来就导致产生了这么一个情况：**每个细节都是死抠，**一旦发现哪个地方过得挺轻松，就觉得肯定有哪里不对，一定是标准太低了。没有麻烦，制造麻烦也要让它变得难（笑），让各方面尽量能做到自己都觉得没有遗憾。

“一方面要你足够有创作力，一方面一定要非常认真地对待自己的作品，剧情之所以要花这么多时间去打磨，就希望它是能够经得起（观众）检验的作品。市场是很诚实的,所以我们也要对自己的作品足够诚实，就一定要做到自己所能做到的最好。

“我觉得要做导演要做艺术创作都得较真。因为也是喜欢这个项目，大家都希望精益求精，把自己手里的工作做到极致。

“以往我们所仰望的那些大山，其实也是死磕出来的，慢慢地一步一步走出来的，只不过以前带着这种畏惧感，不敢走上这条道路，但最后发现自己还是有这种潜力，天下之事都不新鲜，所有难做的事都是人做出来的。”

饺子导演死磕《哪吒》细节的例子，就是一个完美的使命愿景的案例。

古语说，“求其上而得其中”，如果自我标准设定不高或坚持不严，最终做出来的产品不可能特别好，一路滑坡的结果只能变得更差。

当一个创始人声称要创作一个完美的产品、要革新一项行业技术、要促进社会某种进步的时候，他的大知首先要设定够高，目标高远之后则需要点点滴滴、分分秒秒的死磕才有可能实现。不在意、敷衍、凑合的方式，会让他声称的使命愿景最终落空。

他能忍耐什么？

为了实现目标，人需要在奋斗过程中忍耐和坚持，尤其是在压力大的时候。有的人为了达成目标，可以起早贪黑把工作排满，四处奔波，连轴转到废寝忘食，这是最基础的生理之累。有的人为了攻克难题，全神贯注投入研究和管理，费心耗神到失眠憔悴，这是大脑算力之累。

有的人还要在奋斗过程中，忍受很多误解甚至侮辱，对不公或不实的评论也要“打落牙齿和血吞”,为大计忍受委屈。还有一些人在奋斗过程中会发现，尽管自己拼尽全力，但团队里有人凑合偷懒，从中作梗，甚至还有背叛、离间、胁迫、造谣、排挤、栽赃、嫁祸等各种困难发生，面对这些内部外部的压力，能解决的解决，该忍耐的忍耐，不计较一时得失荣辱，才有可能实现心中的目标。

小不忍则乱大谋，这一道理不仅仅展现在古文故事中，现实生活中的案例也比比皆是。看一个人，如果他的使命愿景够大，为了这个目标可以忍耐的东西够多,这就是“物来顺应”“此心不动”的真实写照，也是最终能够获得成功的重要因素。

顺境中不自满，困境中保持希望

“人生可比是海上的波浪，有时起，有时落，好运歹运，总嘛要照起工来行。三分天注定，七分靠打拼，爱拼才会赢。”

心中真的持有愿景使命，还有一个重要表现是始终保持**积极的进取心**。平凡时坚持积累；遇到小成果和小顺境的时候可以开心但不会得意忘形;遇到逆境的时候，无论前景和周边多暗淡，总会保持希望，用辩证的思想看问题，找到不利局面中的有利因素，用发展的眼光看问题，不沉沦于现状，积极为下一阶段做好准备。

拥有上述表现，才能算是心中真的拥有伟大愿景，才是真的有使命感。

全书总结

要精准地看懂一个人，我们需要凭借九段识人法则经历四个步骤：

第一步，学会不要被对方身份的光环误导，不要被人设伪装给蒙蔽，用第一段方法破解人设伪装，避免上当；用第二段方法化被动为主动，识破骗子，接近真相，获取更多有效信息。

第二步，用第三段的标准学会看一个人的底层储备，了解他关于过去的三个问题，可以判定他的大脑中储备了什么样的最佳技能、最擅长解决什么问题。如果底层储备和他接下来要做的事情高度重合，那么他在这件事上就拥有很好的开端。

第三步，看一个人当前的状态，三项指标依次为：知行高效、升维思考、容人有度。

第四段重点关注知行高效。知行合一的人，效率一定高。目标明确、方法得当、知行合一，成功的概率很大。

第五段重点关注升维思考的能力，包括回溯推理、战略前瞻、俯瞰全局。

第六段重点关注容人有度，主要看一个人能容什么人，容多少人，如何容人。容人越多，可做的事情越大。

第四步，预估一个人未来的发展空间。

第七段重点看情绪稳定程度，情绪稳定可以用来保底。情绪稳定，不是没有情绪，而是情绪与环境保持同步，同时不超越理性做出决策。不同的刺激源–情绪反应，可以体察出创始人的真实心境。

第八段重点看心态开放度，心态开放能力可以用来摸高。高开放度的人学习快、进步快、迭代快、解决方法多样有效；低开放度的人则会固执、死板、难以交流，并容易推卸责任和爆发情绪，未来也没有太大发展空间。

第九段主要辨析一个人是否真正持有使命愿景，这可以决定他能走多远、做多强。

使命愿景不是说些好听的梦想，而是要通过观察四点日常状态来判断其品质和真实性：主要精力投入有多少？会死磕什么？能忍耐什么？能否始终保持积极进取心态？

如果这四点日常状态与其所说的使命愿景保持高度一致，那么他会坚定而迅速地接近目标，减少很多途中的风险和损耗；如果这四点日常状态和其标榜的使命愿景背道而驰，那么他所说的使命愿景只不过是悦耳的华丽辞藻，不具备真实价值。

跋　我的过去、现在和未来

世界上的各种事都是由人组成。因此,看人准确具有极大的价值。

看清坏人，可以避免损失；看准人才，能够创造大的价值。

所以，很多行业大佬追求看人准确。

无论司法、贸易、投资、管理，甚至儿女的婚嫁选择，如果可以做到看人准确，总是一件让人心情舒畅的事。

达成看人准确的路径有两条，一条是经验，另一条是研究。

有经验的人在自己熟悉的领域看人可能很准，但换了陌生的领域就不太行，师傅带徒弟那样的传承也很难。有效的研究则可以基于实证和总结，提供稳定的判断准则以扩展传承。注意，是有效的研究，仅仅符合形式要件的空泛研究不行。

我是一个搞研究的人。

即使是电视节目现场，也是我用来观察和分析人的各种行为的特殊实验室。除了《非常了得》《最强大脑》和《非诚勿扰》这样的电视节目之外，我还在很多领域的一线研究人的行为，见真人，经真事，得真数据，做真验证。

30 岁以前，我本应是个程序员。假使从事那个职业，运气好的话，我可以一辈子和机器、算法打交道，应该也挺快乐的。

读博士开始转行

我的本科和硕士专业都是计算机编程。读博士的时候，却选择了数字媒体专业方向，转而研究以三维动画和视觉特效为基础的新视觉产业相关内容。没想到这个转换直接开启了我的第二个人生主场。

读博士其间，我学会了三个重要本领。

第一，为了用三维动画软件所设计的人脸五官动作能够表达鲜活的表情，我学习了大量人类表情的肌肉运动规律和五官形态规律。

第二，通过动作捕捉系统把真人的各种运动数据代入给虚拟人角色，我学会了观察躯干和四肢的运动力线，注意人体姿态的扩张、收缩以及分析运动的幅度和频率。

第三，还有一众优秀的本科、硕士师弟师妹各种古灵精怪的可爱行为，比如在课堂上先夸我、后糗我、然后哄堂大笑，而后我再通过自嘲来化解窘态，我发现了大量行为反应和心理变化之间巧妙的关联。

也就是从那时起，我开始认真地、系统地学习和研究人类行为分析。

校园实验研究

在学校里，我组织学生们做实验，重复验证学术界前辈们关于表情分析和动作分析的论文。现如今的实验伦理规范不允许我们再展开前辈们那些著名的实验，如津巴多的斯坦福监狱实验和米尔格拉姆的服从性实验，只能设计更精致的实验来验证纯粹而细致的理论假设。其间，收获很多，思考很多，也有很多疑惑和质疑。

比如，“如何在实验场景中激发被试产生真实的愤怒情绪？”这个实验设计就难倒了所有人，包括我在内的研究小组成员直到今天也没有琢磨出符合实验伦理规范的刺激方式。而愤怒是生活中随处可见的情绪，小到有人不排队，大到因为贸易或法律而争辩，真实的人们总会产生或轻微或汹涌的愤怒情绪。这就使得仅凭实验无法提供关于愤怒情绪的真实数据和结论，也就意味着没有实验结果可以用来指导实际应用。

虽然惊讶、厌恶、恐惧、悲伤、愉悦这五类情绪的激发略微容易一些，但真正的难点来了：微表情是一种破绽，是一个人想要掩饰某些信息而尽量装作若无其事却在表情和肢体动作中不由自主地露出的破绽。这就要求在实验场景中，被试也要有意识地掩饰这些已经迸发出来的真情绪，我们才好获得关于微表情和微反应的有效实验数据。举例而言，我们可以效仿前辈学者的方法，通过考试成绩的欺骗来让被试产生恐惧或悲伤情绪，但如何才能让他们再多一层顾虑并努力克制、装作若无其事的样子，这种实验设计的难度就很大。

所以，学校实验模式很快遭遇了瓶颈，无法继续推进。

好在，我们很幸运地找到了一个完美解决方案——走出学校。

司法案件循证研究

我开始以中国政法大学教师的身份，参与大量实际案件的侦办和研究。在此，也衷心感谢那些允许我加入、给我提供宝贵研究机会的单位，我就不一一列举致谢了。

在我看来，能够在司法案件中对嫌疑人进行行为分析，这种研究模式堪称完美，嫌疑人的所有思维、举动、反应也是最佳研究素材：

1. 嫌疑人倘若做过违法犯罪的事情，他们的大脑会留有记忆和主观感受，反之亦然；

2. 嫌疑人会在接受调查时自然采取“防护”心态，以避免自己遭受法律惩罚；

3. 嫌疑人想要掩饰罪行，就一定会有对抗策略，或简单粗暴走情绪对抗，或谋划深远走心智对抗，由此产生的各种反应也非常多样化；

4. 侦查人员对嫌疑人的表述和行为要做出大量分析，要防止被误导欺骗，更要找出有效信息，这个过程形成了很多成熟的测试方式和测试工具，可供借鉴；

5. 在司法实践中，一切在侦查过程中对嫌疑人进行的分析都不允许仅仅停留在主观结论，最终都要以物证为准检验其准确性，这种检验方式非常客观，也非常真实，各方都会尽最大努力保证物证链的完整和有效。物证检验准则对于推进研究的有效性至关重要。

这个研究方式迄今为止还是我的主项之一，这项工作最初的六年工作密度最大，研究成果也最多。

在普通刑事犯罪案件的研究中，我们的测试结论和传统多道心理生物记录仪（测谎仪）结论数据重合度超过90%，所有人都欢欣鼓舞。一是因为我们的方法禁忌少、方便实用，而在传统测谎仪的测试规范中，如果被试患有疾病、服用某些药物、睡眠不佳、情绪不佳、饮酒、有轻度认知障碍等情况，他就不能参加测试，因为上述状况会对其生理指标产生干扰。但对于我们的微反应测试方法来讲，只要对方的神志还可以交流，无论意愿是否配合，无论身体是否受到药物、酒精、疾病的干扰，我们都可以测试，因为我们观察的是被试的情绪状态和相关反应，而且平均每个人只用60分钟就可以得出有效结论。这些优势也使得我们的研究得到了更大范围的认可和支持。

在职务犯罪案件研究中（截至2016年底），我们见识了更具心机的嫌疑人，以及更复杂、更艰难的心理对抗和博弈。这类犯罪会给嫌疑人留出更长的时间去做准备，包括证据准备、人员准备、说辞准备，因此大多数情况下，在他们被调查之前，他们已经做好了周密的对抗策略，有的人甚至有战略、有战术、有联盟，侦查员在开始阶段手里掌握的证据往往只占他们所有犯罪证据的一小部分，而侦查员会问的每个问题，嫌疑人都可能在脑海中打磨过几百遍应该如何回答。可想而知双方的心理博弈难度会有多大。这些案件的研究过程使我了解了很多人的罪恶欲望和行为，也学习了大量具体的谈话控制方法和心理攻防技术，受益匪浅。

还有其他领域的司法活动此处不宜展开，我都尽我所能扎实研究，把最好的成果反馈给这些信任我的单位和同志们。

通过这十余年的循证研究，我们的方法取得了突飞猛进的迭代优化，尤其擅长分析人在心理对抗状态下的情绪反应和行为决策。除此之外我们也发现，虽然微表情在不同的人身上具有规律的同一性，但要想有针对性地“交流好”，还需要更全面地分析一个人的追求、欲望、忌惮、心理依赖、技能知识、思维模式、大脑状态等等。有了这些更全面的分析，才能对一个人的行为进行更准确的分析预判和决策干预。就这样，分析人的体系也随着微表情的研究推进而逐渐成熟。因为这些研究工作和成果，我有幸受聘为中国心理学会法律心理专业委员会委员（2017-2021），正式成为心理学体系内的一名研究工作者。

电视节目的娱乐行为研究

参加电视节目对我来说是个意外。

幕后工作的启发

其实，在正式出镜之前，我的研究小组就以测谎团队的身份参加过某个电视节目的幕后制作。当时制作团队是一流的，主持人也刚刚声名鹊起并颇有观众缘。观众在屏幕上看到的节目形式是“主持人提问，嘉宾敢不敢回答实话”，我们则负责测试参与者各种问题并给出结果。问题越深入就会越尖锐，但奖金也越高。这个节目播出后收视率很好，但没多久就被叫停了，因为很多问题不宜放在屏幕上暴露给公众，更何况那些参与者也不是个个良善。

而对于我来说，有一点深感遗憾，就是这个节目里有很多问题都没法进行物证检验，尤其是越往后越扎心的那些问题，例如“你是不是到现在还在恨他？”而参与者如何作答却有很多影响因素，比如想拿更高的奖金、怕播出后被议论、担心知情人揭露等等，在众多因素中可能尊重事实和尊重自己的内心是最不重要的一个准则。

参加制作这个节目，给了我一个重要启发——不同人的说谎心态差异很大，行为差异也很大。

作奸犯科被调查的人，心理压力大，对抗心态强，准备策略全。与此同时，他们面对的环境压力也大——法律铁面无私，司法机关缜密专业，获取物证的科技先进——所以我们看到的是嫌疑人在法律高压之下采取谨慎收缩的策略和行为。

综艺节目则是另外一个极端——行为人几乎没有任何严肃压力。所以他们的行为会更松弛、更随意，即便有大量夸张演绎也是被允许的，既不会真的受到什么伤害，也不会接受什么惩罚。

发现了这个重大差别之后，我的心瘾被勾出来了。

既然要研究看人，就要尽可能多地看人，看各种人，看各种心态，看各种行为。样本量越大，验证真伪量越大，我才能总结得越全面，倘若把审视嫌疑人的分析模型套用到普通人身上，难免会犯很多低级错误。

江苏卫视《非常了得》

2011年，江苏卫视打来电话，那时我正在办公室回看讯问录像。

他们说了节目形式，每期邀请8位素人嘉宾讲述自己的故事，其中有真有假，挑战者要靠连续猜对故事的真假闯关，孟非和郭德纲主持，我和柳岩负责从旁分析协助。对我而言，这个节目的设定有点“量身制作”的意思，恰恰是我想要的“听故事–问问题–辨真假”模式，而且是在纯轻松、无（严肃）压力的条件下来分析人的行为。

节目播出效果很好，我也变成了更多人知道的“综艺明星”，从此有了电视人的新身份。

对我而言，一开始猜错是非常忐忑的，因为在我之前，从没有过一个“专家”的角色会在电视节目里公然“犯错”，我不确定这会给我个人和这个专业带来什么后果。但是后来我猜着猜着就开心起来，即使大家对我有非议我也觉得值，因为我有了实打实的收获。

一是节目组织了大量嘉宾来参与游戏，他们心态不同、表述习惯不同、应对提问的反应模式不同，但微表情的规律仍然具有一致性，这一点让我特别开心。要是让我自己来组织，不可能有这么多形形色色的人来参加这项“实验”。

二是这节目倒逼我改进了提问方法。我不能再使用特别严肃、特别犀利的方式来提问了，因为既没有物证那样的依据，也没有侦查那样的权力。要和开心的普通人交流，就要用开心的普通问题，还要通过有限的问题找到破绽，这样的难度其实比侦查大了好多。好在我学会了，能够通过看似普通的聊天找到关键有效信息。

三是我通过节目给更多感兴趣的观众科普了微表情的基础知识，有机会把网络上那些不靠谱的伪知识错在哪里解释清楚，让更多人摆脱误解，这是特别开心的一件事。

除此之外，我还学会了用平常心面对褒奖和非议，学会聚焦核心信息就事论事，不受噪声干扰，自己的心境得到了很好的提升。

自那以后，我就常常出现在一些优秀的电视节目中，虽然有些观众批评我娱乐效果差，认为我不应该参加综艺节目，我却始终乐在其中。

东方卫视《四大名著》

这是一档孟非、尉迟琳嘉、谢依霖主持的民生类节目，不以搞笑为目的，以倾听真实的民间疾苦，再由主持人和现场观众一起给出主意的形式来帮参与者排解困难。节目只做了一年，前半年是每期邀请不同的艺人做飞行嘉宾，四个人一起坐下和“诉苦”参与者聊天，后半年我一直坐在第四个位置上，从心理学的专业角度和我过去的见闻积累出发，提供一些建议给“诉苦”参与者。在节目中，我们遇到了很多人间困惑，包括厌食症、延长哀伤障碍、整容成瘾等等，我也竭尽所能做到既轻松又有效的输出。参加这个节目，让我摆脱了此前司法侦查和纯娱乐综艺的两个极端样本的局限性，看到了更多真实的人生境遇，也更准确地理解了情绪的意义。

江苏卫视《最强大脑》

这是一档迄今为止还在热播的脑力展示节目。《最强大脑》首次与观众见面后就立刻掀起了新的收视高潮。节目邀请到了全国顶尖的魔方高手、短期记忆高手、图像识别高手和运动控制高手等脑力达人，用竞赛的方式给观众们表演超越常人的大脑能力，再加上专业的科学评委、体育教练和热门综艺嘉宾，节目很快拥有了众多拥趸。

我受邀参加了2016—2017两年的节目，用我的储备观察着场上每一位脑力达人的行为模式和应激反应。对我而言，这又是一个全新的样本库，因为他们拥有与众不同的大脑能力。我盼望着有新发现，也验证着这些脑力达人是否和我所熟悉的大学生、嫌疑人、综艺人、民生人有些许不同。答案让我长舒一口气，没有。他们在自己擅长的领域里训练储备更丰富，大脑算力更发达，解决相关问题更顺畅，但他们依然符合规律，在焦虑的时候容易急，在轻薄的时候容易傲，在压力大的时候容易沮丧，在收获成绩的时候开心。这个样本库的增加，给了我很大的收获和鼓舞，让我对行为分析这项技术更有信心。

江苏卫视《非诚勿扰》

非诚勿扰开播比《非常了得》还要早些，主持人孟非的睿智和正直加上节目自带的满满的话题，使得这档节目成为真正的国民综艺，观众跨越几代人。

也是从这档节目开始，我“莫名其妙”地进入到情感综艺领域。参加节目的都是普通年轻人。我这里说的“普通”，是指非嫌疑人、非娱乐人、非疾苦人、非脑力达人。他们有的聪明、有的富有、有的漂亮、有的潇洒，各具特色，大家聚在一起讨论红尘间最令人迷惘的情感话题。

我参加这个节目之前是理工男思维，对于情感问题的兴趣不大。参加节目时则会观察他们的言谈举止，辨识他们的表达意图，帮一些人把说不清楚的意思说明白，也帮一些人看懂另一些人的小伪装。从技术角度讲，这些任务难度不大，但这个节目却赐予了我认知体系中的一个新拓展——情感是每个人生命中的重心。

人在每个阶段都需要情感依赖，儿时依偎父母，年轻时期待恋爱，中年可能个人能力和成就达到峰值但依旧在心底需要一份寄托，老年迟暮时身体和心灵都需要关心抚慰。情感不是生活的配料，反而是贯穿整条生命线的主料。无论贫穷富有，如果一个人的情感关系是稳定和健康的，他的行为大概率是健康的，反之，我们也的确看到很多异常行为，包括很多严重到违法犯罪的行为，都或直接或间接地与其情感状态有关。

这对于我这个一直推崇理性和逻辑的理工男来讲，是个非常重大的启发。它让我意识到我的分析对象是活生生的人，不是物理也不是化学，必须要把情感因素考虑进来才能提升对人的认识水平。

现在，我还在央视的情感节目《向幸福出发》中做嘉宾主持人和点评人，也是得益于《非诚勿扰》给我的新思维和新视野。

投资人视角的行为分析研究

2015年，我收到一个陌生人发来的私信，他是一家美元风险投资机构的合伙人，看了我很多节目，觉得我的技术和分析人的思路很有意思，想约我见面聊聊。见面后得知我不仅仅参加电视节目，还有其他领域的研究后，他直接邀请我加入风险投资的业务流程。不像其他同事负责看业务，我以自己的专业知识储备负责看人。专职心理学者的加入是当时风投行业里的全新创举。

对我而言，这个机会意味着我可以深入投融资一线，学习新的业务模型，分析新的人群样本，把研究再次进行扩展和升级。

从2016年开始，我加入了这个团队的工作，针对创业者和融资行为开展全新的研究，也是花钱最多的循证研究。其间亲历过上千个项目，我参与的投资总额约为3亿美元。这个数字对于风险投资行业来讲只是很小的一笔金额，但对于一项基于实证检验的研究而言，应该算是一笔很大的验证费用。

我加入团队的时候，基金上下，从合伙人到分析师，都非常认同投资就是投人的理念，但在具体应该投什么人的标准设定上，却存在多种说法且差异巨大。

多数人认为锁定连续创业者是成功率最高的路径，认为他们已经迈过了坑、触发过雷，懂得什么是公司管理，懂得应该如何业务运营，只要项目够好、资金到位，那么成功的概率肯定比第一次创业者要高。

也有强烈的意见偏爱大厂离职高管，主张只要听到准备离职的风声就第一时间接触并储备关系，对方一有创业的打算就第一时间介入。

有的主张按照统计数据来总结特征，把包括年龄、性别、出生地、教育程度、创业前职业经历、创业公司所在地、行业、人脉等各种已经成功的创业者信息进行收集和统计，力争求得共通之处。

所有人都在努力寻求“可能成功创业的人”具备哪些品质，大家也会通过阅读来寻求点滴灵感。比如，桥水基金前总裁瑞·达利欧在《原则》中提倡的“透明”，黑石集团创始人彼得·彼得森在《黑石的选择》中强调的“道德规范”，等等。中国高瓴资本掌门人张磊在其著作《价值》中，曾经比较全面地总结过伟大创业者和企业家应当拥有的特征：

➢ 拥有长期主义理念
  · 坚持初心
  · 保持进步
  · 没有“终局”
➢ 拥有对行业的深刻洞察力
  · 从大局到细节，从转瞬看趋势
  · 对变化与不变的洞察
➢ 拥有专注的执行力
  · 义无反顾地投入
  · 把小事做到极致
➢ 拥有超强的同理心

- 做第一名顾客和第一名员工
- 做全方位沟通的中心

除此之外，还有很多零散的描述人的关键词，如好奇、自恋、自信、聪明、坚韧、远见等等。红杉资本中国基金创始人沈南鹏甚至表示，在早期投资中，很难用量化的方法判断一个创业者是否优秀，只能描述其有“鲜活的面孔和灵魂”。

全新的游戏规则，全新的人物风格，需要全新的分析模型。这次的挑战逼近了我的极限。

最初，我把心理学中关于分析人的一些工具和常识分享给大家，包括但不限于大五人格、MBTI 人格、大脑结构、“系统 1”和“系统 2”、各种激素的作用、奖励系统、习得性自信、情绪的基本原理、微表情分析等等。但这些内容直接套用在分析创业者身上，总是感觉不够“透彻”。即使我擅长的微表情能分析清楚创业者在回答问题的过程中是否出现了兴奋、自信，或者抑制、掩饰、心虚等反应，对于判断其未来创业成功率也无法贡献更多。

这其中有三个关键影响因素。

基金不可能仅仅根据行为分析的结论来做投资的决策，宏观行情、赛道规模和公司业务水平也必须考虑，而人的因素只是其中一项。

验证关于人的分析是否准确需要时间。从投资完成到公司取得大的成功，再到基金能够退出并获得回报，整个周期的完成才能证明当时对人的分析是否准确。这个过程短则 3 年，长则 5~10 年。

所有对人的分析只能预判一个人当下的状态和特征，无法全面预测未来以年为单位的发展变化，人也的确是会变的。更何况，自一家公司创业开始，其后续的发展不仅仅与自己是否优秀有关，还与宏观政策、经济形势、市场变化、竞品水平等外部因素强相关。就算是此刻能把人的核心特质全部预判准确，也无法计算清楚这个人和他的企业在未来不断变化的市场中会产生何种变化和结果。

5 年的时间里，我们看了非常多的创业者，有的傲慢，有的尖刻，有的忧郁，有的松弛，有的努力。我们至少研发、迭代了 10 版指标体系，其间不断推翻、不断淘汰、不断加入新的指标，不停地用实际案例进行验证，眼见数座高楼起，也眼见数座高楼塌。

又经过 5 年，经过细细梳理和总结，我终于得出了一个基本逻辑。

如果一个人此时此刻问题多，那么起点低，未来发展风险多，成功概率低。

如果一个人此时此刻够优秀，那么起点好，抵御风险能力强，失败概率低（要特别注意的是，失败概率低和成功概率高不是同一件事）。

如果此刻能够挑选出优秀的人，过滤掉问题多的人，虽然不能保证百分之百投资成功，却可以降低投资的风险。在一群优秀的人中培养出一个更优秀的人，这件事更容易成功。

想通了这一点，我非常开心，也和风险投资行业内的一些大佬交流，获得了他们一致的认同。于是，就有了这本书。

这本书首次公开了九段识人法则。在这个从浅到深逐渐升级的识人体系中，它依次聚焦于识人的九个重点目标，包括：

第一段　人设破解

第二段　接近真相

第三段　底层储备

第四段　知行高效

第五段　升维思考

第六段　容人有度

第七段　情绪稳定

第八段　心态开放

第九段　使命愿景

每学习完成一个段位的识人法则，你就能实现在看人和识人中的一个阶段性成果。比如，在第一段的“人设破解”学习完成后，你可以避免被人设伪装的光环所欺骗，减少误判和损失；在第二段的“接近真相”学习完成之后，不但可以避免被骗，还能采取主动的掌控手段，从陌生人身上获取大量有价值信息，变被动为主动；在第三段的“底层储备”学习完成之后，就可以轻松判断出大部分人的真实水平，把恰当的人才放在恰当的位置，发挥人才最大的价值，提高事情或任务的成功率；从第四段开始，都是九段识人法则独有的行为分析指标，用来量化分析一个人的核心特质和能力，有助于找到高价值人才。

我始终在做行为分析研究。观察人的行为，收集数据，分析这些行为背后的成因，并据此模拟还原行为人的意识网络。然后，要么判断评估，要么预判未来。

毫无疑问，我会和这件事打一辈子交道。